21世纪高等院校市场营销专业精品教材
Excellent Course of Speciality of Marketing for High-level Universities in the 21st Century

# Marketing Planning

# 市场营销策划

（第五版）

孟韬 编著

东北财经大学出版社
Dongbei University of Finance & Economics Press
·大连·

**图书在版编目（CIP）数据**

市场营销策划 / 孟韬编著．—5版．—大连：东北财经大学出版社，2022.1（2026.1重印）

（21世纪高等院校市场营销专业精品教材）

ISBN 978-7-5654-4354-1

Ⅰ．市…　Ⅱ．孟…　Ⅲ．市场营销-营销策划-高等学校-教材　Ⅳ．F713.50

中国版本图书馆CIP数据核字（2021）第194728号

东北财经大学出版社出版

（大连市黑石礁尖山街217号　邮政编码　116025）

网　址：http://www.dufep.cn

读者信箱：dufep@dufe.edu.cn

大连雪莲彩印有限公司印刷　　东北财经大学出版社发行

幅面尺寸：170mm×240mm　字数：341千字　印张：16.75　插页：1

2022年1月第5版　　2026年1月第4次印刷

责任编辑：朱　艳　田玉海　　责任校对：石建华　赵　楠

封面设计：沈　冰　　版式设计：钟福建

定价：42.00元

教学支持　售后服务　联系电话：（0411）84710309



如有印装质量问题，请联系营销部：（0411）84710711

# 第五版前言

作为一本《市场营销策划》的教材本身也需要策划。读者就是消费者，了解消费者的需求是开展营销策划的关键。一本营销策划书必须"以身作则"，洞察并满足读者的需求。本人从事营销策划的教学与实践已有20多年了，深感学生们需要一本不同于市场上已有的，能够快速、有效地学会怎么做策划、怎么写策划文案的营销策划教材。在为企业提供营销策划咨询服务的实践中，也有一种强烈的想法——要把实践的体会总结出有条理的文字来。为此，我们精心做了以下"策划"：

第一，形成不同于以往市场营销策划教材的体例。国内的大部分营销策划教材不仅沿袭了"STP-4Ps"的框架，而且内容也基本与营销战略、营销策略相同，即使国外的韦斯特伍德的《如何策划营销方案》、科恩的《营销策划》也是这样。显然，对于已学完市场营销课程的学生来说，无异于浪费时间。实际上，营销策划与市场营销有许多明显的不同，营销策划实战性很强，富有创意性。因而本书侧重策划流程、方法与创意，打破4Ps框架，摒弃了不能体现"策划"色彩，而实际上是"管理"行为的价格、渠道等内容，对整合营销策划文案和专题策划文案的结构和写作技巧都进行了详细的阐述。

第二，充分体现实战性，突出文案。本书想让读者学习完就能独立地开展营销策划，作出规范的营销策划文案来。因而我们在每章后设计了"策划实战"栏目，这不是理论性的思考题，而是根据一个既定的市场背景，让读者自己提出策划思路或写出策划文案。章后还附有"策划案例与文案"，有的是一个比较完整的案例，也有的是一个正式策划文案的简写本或一部分，尤其是策划文案会让读者把知识转化成文案。

第三，提供大量案例和相关知识。本书侧重选取读者，尤其是90后、00后读者在生活中能够遇到的有趣的消费品、互联网营销策划案例，引发读者进一步思考。本书正文中穿插了近40个"小案例"，配合每章所讲知识，也设有约30个"补充阅读"，介绍与本章内容相关，但又相对独立的一些内容，以扩大向读者提供的信息量。这些都以专栏出现，也丰富了本书的形式。在正文中，我们尽力向读者提供条理化、图表化的方法、流程，便于读者记忆和在实践中运用。

第四，将新的理论和方法介绍给读者。书中介绍了社交营销、场景营销、内容营销、微信营销、互动营销、用户创新、共享经济等新的营销理论和方法。数字经济和互联网时代下营销策划不断创新，新的方法层出不穷，本书对这些前沿的营销策划方法也作了介绍。

虽然本书还有很多不足之处，但是我们的"策划"目标是很明确的，即呈现一本有理念、有方法、有技巧、有文案，阐述透彻、案例丰富的营销策划书。本书的使用范围较宽，可以作为大学本科、高职高专的营销和管理专业学生的教材，也可以作为营销策划和营销管理人员、销售业务与销售管理人员、广告策划人员的学习和培训用书。

本书自2009年1月出版以来，受到了广大读者的欢迎。十年来，营销策划发展非常迅速，我们对本书进行了不断的修订。第五版主要在以下几方面作了完善：第一，更新了30多个时效性强的小案例、补充阅读与章后案例。第二，增加了一些新的与营销策划相关的理论和方法。例如，在第4章中增加网络市场调研法一节，并且在大数据营销中增加了对抖音利用大数据进行智能化推送和生成广告的内容。第三，对网络营销策划作了补充，通过完美日记介绍社交媒体营销，通过饿了么介绍场景营销，通过网络主播事例介绍网红营销等。

本书在编写和出版过程中，得到了东北财经大学出版社的支持，特别感谢朱艳编辑的付出。刘静、韩立佳、曾艳丽、范景明等硕士研究生参与了本书第一版的资料收集和撰写工作，刘静、宿芳、石平参与了第二版的编写工作，杨薇、刘敏参与了第三版的案例编排和整理工作，范亚博参与了第五版的更新工作，在此，一并表示感谢。同时，也对所有为我们提供了案例和内容素材的研究者和营销策划一线经理人表示谢意和敬意，也希望广大读者能够对本书的瑕疵之处不吝赐教，以便本书再次完善。我的电子信箱是：mengtao@dufe.edu.cn。

孟　韬

2021年10月

# 目 录

第 1 章

# 营销策划的发展与内涵

## 学习目标

通过本章的学习，了解中国营销策划业的发展历程以及未来的发展趋势，熟悉营销策划的类型、营销策划与营销管理之间的关系以及营销策划人的必备才智，明晰营销策划的功能和误区。

## 1.1 中国营销策划业的发展

营销策划作为独立的市场营销分支，最早起源于美国。20世纪五六十年代，美国经济在第二次世界大战后经历十多年的繁荣之后，市场形势发生了巨大的变化，市场有效需求不足，商品销售困难，市场竞争加剧，这促使营销策划职能机构和中介应运而生。早期的营销策划主要是营销广告策划和营销公关策划。20世纪六七十年代，日本经济在“十年倍增计划”的实施下高速增长，企业的高速发展需要不断地营造新的国内外市场并进行市场开拓，因此营销策划在日本逐渐成长起来，许多兼职或专职的营销策划职能机构和经营组织涌现出来，为日本企业开拓广阔的国内外市场发挥了积极的作用。

在中国，营销策划最早出现在20世纪80年代后期，其形式主要是营销“点子”、营销“创意”、广告策划和公关策划等。进入20世纪90年代中期，中国经济进入高速发展阶段，中国市场经济体制改革的不断深入，大大地刺激了生产力的发展，物资极大地丰富，市场由短缺经济条件下供不应求的卖方市场，逐渐转变为供大于求的买方市场。由此，市场营销的成功与否就成了企业能否生存发展的高悬之剑。于是，营销策划的研究从介绍国外营销策划的理论、方法、策略、案例，逐步过渡到通过结合中国的具体实际，探索中国营销策划的特点、方法和策略，以指导中国企业市场营销的实践活动。

在中国营销策划的发展中，涌现出何阳、王志纲、王力、屈云波、余明阳等一批营销策划人。这些营销策划人以及他们成功或失败的案例见证了中国营销策划业的发展历程，中国营销策划业正在从萌芽、成长阶段逐步走向成熟和规范阶段。相应的，营销策划实践也从“点子”、创意等进化为整体营销策划案、营销策略策划案、新产品开发策划案、营销广告或公关策划案等形式，营销策划的主体也由企业职员、部门经理、兼职者等转化为专业性的广告公司、公关公司、文化传播公司、形象设计公司、市场研究公司、咨询公司、顾问公司、营销策划公司等法人实体。营销策划的实践在经济发达地区广泛地为各种形式和不同所有制的企业所接受，并把企业的市场营销活动引向消费者满意、企业盈利和社会发展的良性循环中。

随着互联网进入Web 2.0时代，用户创造内容的理念深入人心，以微信、网络直播、微博、社交平台为代表的新媒体不断涌现，新媒体营销成为营销领域的新生力量。借助这些载体，消费者开始主动利用新媒体赋予的公开话语权对舆论方产生影响，每一个消费个体都可以演变为产品宣传推广的“自媒体”。借助用户口碑，开展病毒式营销，企业可以在短时间、低成本的条件下提升品牌知名度，扩大产品的宣传规模。在数字经济和新媒体时代下，网络营销策划大放异彩，如何依托网络信息技术以及人工智能、大数据等数字技术，开展网络营销、数字营销成为企业关注的焦点。

营销策划实践不断地丰富着营销策划理论，同时，营销策划理论的逐步完善，又指导着市场营销活动不断取得成功。然而，营销策划作为一门学科尚不完善；作为经营哲学和方法论正日益丰富；作为营销艺术之花，正植根于中国市场经济发展的沃土中。但是，通过企业家、市场营销学专家和策划人共同努力，营销策划已逐渐发展成为一门逻辑严谨、实践性强的系统学科。它以其内容丰富的经营哲学和绚丽的经营艺术成长为经济园地中的一枝奇葩。

随着经济的不断进步，营销策划呈现出一定的发展趋势，主要表现为：

（1）营销策划逐步由分散的“点子”、创意案例和经验上升为系统的策划理论，并不断揭示营销策划的内在本质，探索市场营销的规律性问题。

（2）营销策划由个体策划人独立完成向知识高度密集的智囊策划和法人组织策划转变。市场营销策划正在利用现代数字信息技术，如移动互联、大数据、人工智能等向专业职能群体策划方向发展。

（3）营销策划从依附性向独立性发展。在市场营销实践和市场经济的发展中，营销策划正从过去依附于市场营销管理、管理咨询，决策不独立、策划业务和学科不独立，逐步成长为专业化和产业化的独立学科。

（4）营销策划以解决企业运营中的问题为目标，更加专业化，更加注重实效性，并且，也正在克服短期、局部的缺陷，更加关注企业的长期可持续发展。

# 1.2 营销策划的内涵

## 1.2.1 营销策划的内涵与类型

### 1）营销策划的内涵

策划是一种应用广泛的思维活动，隐藏在我们身边的社会生活与经济活动之中。通常认为策划是一种运用智慧与策略的创新活动与理性行为，是为了改变现状，达到理想目标，借助科学方法和创新思维，分析研究、创意设计并制订行动方案的理性思维活动。所谓营销策划，是指市场营销策划活动的主体，根据企业的整体战略，在对企业内部条件和外部环境进行分析的基础上，设定预期的营销目标并精心构思、设计和组合营销因素，从而高效率地将产品或服务推向目标市场的操作程序。营销策划是现代企业管理的重要内容，是企业提升竞争力的必需途径。

营销策划主要具有以下四个方面的特征：

（1）创造性。营销策划的创造性，是指营销策划必须运用创新思维，提出解决市场问题、实现营销目标的新创意、新方法，甚至创造性的生活方式和消费观念，唤起消费者的购买愿望，把潜在消费者转化为现实消费者。营销策划的创造性特征源于市场营销环境的复杂多变、市场营销问题的层出不穷和市场营销目标任务的艰巨与挑战。

（2）效益性。营销策划必须以最小的投入使企业获得最大的收益。因为归根结底，营销策划的直接目的就是取得经济效益，否则就有违企业开展营销策划的初衷。效益不仅要求营销策划人员善于利用企业自身的资源，还要善于利用社会上的各种资源，如区域资源、国内资源和国际资源，显性资源和隐性资源，可控性资源和可借用资源，用系统的方法加以整合利用，使其在市场运作过程中产生“1加1大于2”的协同效应。

（3）可行性。营销策划不是一般的理论原则，它要回答和解决企业在现实的市场营销活动中存在的各种疑难问题。它不仅要提出开拓市场的思路，更要在创新思维的基础上制订市场营销的行动方案，提出创造市场、开拓市场、扩大市场的整体性、系统性策略和行动方案，此外还必须具有在特定资源约束条件下的高度可行性，企业的人力、物力、财力资源都是有限的，操作过程中如果出现无法解决的问题，必然会耗费大量资源，如若企业难以承受或投入大于收益，则得不偿失。

（4）应变性。企业处于开放性、不断变化发展的环境当中，因此，企业在策划的设计和实施过程中，有可能遇上一些对策划的实施产生巨大影响的突变事件或风险因素，如政府政策的改变、经济因素的变动、法律的制约、竞争对手战略的变化等，都将增加策划的实施风险。如果应变措施不当，很有可能导致策划失败。因此，在进行营销策划时，应尽量对各种可能发生的意外情况和风险因素进行预测分析，制定相应的对策，以增加营销策划的灵活性和应变性。

**2）营销策划的类型**

营销策划的内容丰富，领域广泛，依据不同的标准，从不同的角度可以有不同的划分。

（1）以策划的对象（客体）为标准可分为企业策划、产品策划、服务策划、品牌策划、价格策划、渠道策划、促销策划、企业形象策划、广告策划和网络营销策划。

（2）以市场发展程序为标准可分为市场选择策划、市场进入策划、市场渗透策划、市场扩展策划、市场对抗策划、市场防守策划和市场撤退策划。

（3）以市场营销的不同层次为标准可以分为市场营销基础策划与市场营销运行策划。

（4）按营销策划的主体可分为企业内营销策划和第三方营销策划。企业内营销策划指由企业内的市场部或企划部人员作出的营销策划。第三方营销策划则是由独立的营销策划公司、管理咨询公司等中介机构作出的营销策划。

（5）按营销策划的目标可分为营销战略策划和营销战术策划。营销战略策划注重企业营销活动与企业总体战略之间的联系，内容涉及企业战略发展方向、战略发展目标、战略重点等，并依此设计企业的营销战略。营销战术策划则注重企业营销活动的可操作性，是为实现企业的营销战略所进行的战术、措施、项目和程序的策划。

（6）按营销策划起作用的时间长短可分为过程策划、阶段策划、随机策划。过程策划贯穿于企业营销的全过程，属于长期策划；阶段策划贯穿于企业营销的某个阶段，属于短期策划；随机策划是在企业营销活动的某一时点随时策划，属更短的策划。

（7）按营销策划的组成部分可分为企业形象策划、企业营销组合策划、产品服务开发策划、市场拓展策划和营销诊断策划。

上面提到了许多不同类型的策划，每种类型都有其策划重点和特点，可根据策划活动的市场环境和营销目标进行设计。

### 1.2.2 营销策划与营销管理的联系与区别

营销管理是企业为了实现其经营目标，通过以需求为核心的市场活动分析、规划、执行和控制而实施的产品和服务构思、定价、分销和促销的管理行为。当一桩潜在交易中至少有一方考虑如何从另一方获得其所渴求的利益，营销管理就会发生在为实现目的而采取手段的过程中。其任务就是按照一种帮助企业已达到自己目标的方式来影响需求的水平、时机和构成。简单地说，营销管理的实质就是需求管理。营销本身就是一个整体，营销管理就是在这一整体流程中所做的为使企业营销按照既定的、有利于企业生存和发展的、有章法可循的一套行动纲领。营销管理作为一种艺术和科学，它需要选择目标市场，通过创造、传递和沟通优质的顾客价值，获得、保持和增加顾客以实现企业利益。

一般情况下，营销策划的内容包含在营销管理当中，但营销管理讲述的是企业市场营销管理都涉及哪些方面、如何做和为什么要这样做，而营销策划则告诉营销策划人员怎样做营销计划和如何设计与实施，制订出营销计划。也就是说，营销管理侧重于营销理论的阐述，营销策划集中于营销理论在实践中的运用。

营销管理和营销策划作为两个具有内在密切联系的不同概念，其联系与区别主要表现在如下四个方面：

（1）营销策划是营销管理的内容之一，营销管理是营销策划的基础。它们之间是依附与被依附的关系，即营销策划依存于营销管理，没有营销管理，也就不存在营销策划。

（2）营销策划是实现营销管理任务和目标的手段。营销策划作为营销管理的重要组成部分，其功能的充分发挥可以促进营销管理任务的顺利完成和保障营销目标的实现。因而，虽然营销策划是营销管理的一部分，但也对营销管理起指导作用，可以说营销策划是营销管理的核心。

（3）营销管理的范畴统领着市场营销活动的全过程，营销策划更具有艺术性，营销管理更具有科学性。营销管理存在一套规范、科学的管理规律、流程和方法；营销策划作为更贴近实战的部分，必须有独特新颖的创意和制订出动态权变的实施方案。

（4）营销策划和营销管理有一个共同的终极目标，就是达到顾客满意和实现企业利润最大化。虽然营销管理和营销策划的侧重点不同，但营销策划开拓市场和营造市场的目标，最终还是要落实在营销管理的目标和结果上，以满足消费者的需求和实现企业经营目标。

### 1.2.3 营销策划人的必备才智

作为一名优秀的营销策划人员必须在知识、素质、能力方面具备一定的条件。

**1）知识方面**

（1）理论知识

营销策划是一种高智商活动，靠的是头脑、智力，因此策划人必须具备一定的专业理论知识，其中包括心理学、社会学、经济学、营销学、广告学、传播学、会计学以及统计学等学科的知识。

（2）社会知识

营销策划是一项实践性与操作性很强的创造性活动，是应用于社会并为一定组织服务的。营销策划人员只有具备社会生活知识，了解社会现象，掌握社会心理，尊重并利用社会风俗习惯，才能策划出符合实际的具有可操作性的活动方案。

（3）政策、法律知识

由于营销策划是在符合既定政策和遵守法律的前提下进行的活动，因此营销策划人必须要熟悉当前的政策和法律，以设计出好的策划活动并顺利实施。

**2）素质方面**

（1）独立性与创造性

优秀的营销策划人员一般没有依赖性，不轻附众议、人云亦云。其富有独特的见解、与众不同的思维方式和独到的方法，勇于变革和创新。

（2）科学性与严密性

优秀的营销策划人员崇尚科学，思维缜密，追求真理，注重论证，追求策划方法的科学、严密、系统和高效。

（3）宽容性与变通性

优秀的营销策划人员一般具有宽广的胸怀、谦虚认真的态度，并善于学习他人的长处，虚心接受他人的批评和建议，使策划不断完善，提高策划方案的可行性。

（4）主动性与积极性

优秀的营销策划人员一般具有强烈的好奇心和求知欲，喜欢思考，不满足于现状，乐于挑战，力求做得更好。

**3）能力方面**

（1）洞察力

优秀的营销策划人员要具有敏锐的洞察力，从过去和现在的资料中，迅速地察觉出可供策划的资料，分辨出问题的症结所在。敏锐的观察可以使营销策划人员迅速觉察到一般人所未注意到的情况甚至细节，能够抓住一般人熟视无睹的现象及其本质，捕捉市场机会，更加快速地找到解决问题的办法。

（2）想象力

丰富的想象思维能力，能够快速地找出表面看起来互不相干的事物之间的有机联系，找到解决复杂问题的多种方法、途径，用策略架起现实与目标之间的桥梁。

（3）分析力

理性、冷静地思考分析问题，能够正确评估各种解决问题方法的优劣、利弊，能够从多个策划构思中去粗取精，去伪存真，完善策划方案。

（4）执行力

营销策划的执行和实施，需要策划人员有坚韧的意志力，能够排除外界的干扰，拥有处理各方面关系的沟通能力和协调能力，从而将营销策划方案认真地贯彻执行，最终达到想要的结果。

**补充阅读1-1**

**营销策划的跨界思维**

跨界策划，是一种新锐的策划理念和思维模式，通过嫁接外行业价值而进行创新，制定全新的企业和品牌发展战略。当今时代，企业需要互联网思维转型，即学会互联网式的生存发展模式，借助网络进行传播、销售产品，让网络更多地融入企业的价值链当中，这本身就是一种跨界战略。常见的跨界策划有以下几种：

产业跨界。这实际上是一种产业多元化的发展战略，中国IT巨头联想，除了电脑业务之外，还涉足现代农业和白酒行业，在自身的战略版图中绘制了一张舌尖上的蓝图。无论是向食品饮料行业的产业延伸，还是从传统企业向互联网企业转型，产业跨界都要以企业自身核心竞争力为基础。

产品跨界。产品跨界的常见模式是1+1，可以通过主流+主流创造新蓝海，也可以通过边缘+边缘创造新主流。例如，智能手机不再是单纯的通信工具，而是附加了娱乐、社交等功能。

传播跨界。如今可选择的传播媒介很多，企业要探寻适合自己的跨界融合全媒体传播模式，还要对各种新媒体的出现有更敏锐的感知力，比如微信。

渠道跨界。在当前企业的渠道布局中，O2O线上线下的渠道交融成为一种重要的渠道战略能力。小米手机不断扩大线上营销份额，并且线上线下已经有了很好的互动融合。格力、海尔等也在大力拓展线上渠道，积极参与线上直播营销。

文化跨界。企业实施文化跨界营销，重要的是找到自身文化优势和消费者文化需求特征的文化跨界共鸣点，从而对产品进行文化差异性定位和包装植入。奔驰CLK敞篷跑车的设计理念就融合了阿玛尼的“少即是多，注重舒适”的设计哲学，彼此找到了共同的文化语言，成为跨界合作的经典案例。

# 1.3 营销策划的功能与误区

## 1.3.1 营销策划的功能

营销策划是市场经济发展的产物，是现代企业获取竞争优势的手段之一。具体来讲，营销策划的功能主要表现在以下几个方面：

**1）促进市场经济的发展，增强企业的竞争力**

营销策划作为企业生存发展的重要手段，不仅要策划出新的消费需要和市场，还要策划出满足这些需要和市场的活动方案。当营销策划被广大企业普遍采用时，将会对经济的发展产生巨大的推动作用。营销策划以多学科知识的整合为基础，用创造性的营销思维打破传统观念的禁锢，用富有创意的营销理念和经营哲学指导企业进行营销制度、营销方式、营销策略和产品等方面的创新，并用这种创新去适应需求、创造需求和满足需求。企业在正确的营销策划的指导下，以消费需求为中心，能够高效率地配置自身的有限资源，更好地满足和创造需求，提高企业的盈利能力，从而提高企业的整体市场竞争力。

**2）解决企业难题，提高经营管理水平**

随着科学技术的发展，社会生产力的不断提高，产品同质化的趋势越来越明显，消费者有足够多的选择余地，商业经济由卖方市场过渡到买方市场。这种形势直接导致了企业间竞争的白热化，这就迫使企业改变以往的生产、产品、推销导向，实施以消费者需求为中心的市场营销导向。现阶段的企业虽然接受了一些市场营销的观念和方法，但更多的是按惯例和经验来进行营销活动，缺乏科学的理论指导和系统的营销管理基础。营销策划可以发现企业存在的症结，并利用企业内外部资源有效解决难题。它以需求管理为核心，把市场需求作为市场经济条件下一切生产经营活动的起点和归宿，以市场营销为龙头改造整个经营管理流程，按市场需求配置企业的资源，从而提高企业的管理水平，改善企业的经营现状。

**3）促进企业资源的高效配置，创造良好的经济效益**

营销策划是智力、知识高度密集的营销活动，它以市场需要为中心，通过多学科知识的集合和碰撞，打破传统观念，用创新的思维和系统的观念，把企业既有的和可利用的人才、资金、技术、设备以及信息等资源有效地整合起来，高效配置出企业的营销组合。因此，成功的营销策划必然会创造出良好的经济效益，实现企业目标。

**4）降低未来的不确定性，使企业稳定发展**

企业是处在一定的市场环境中生存发展的，而市场环境又是多变的、不稳定的，这就给企业带来了很多不确定性因素，而不确定性就意味着风险，从而增加了企业管理的难度。一套合理的流程化的营销策划可以帮助企业管理者有效地降低这种不确定性，增加公司期望的未来某些方面的实现程度。这是因为营销策划是建立在对未来进行科学性预测的基础之上，考虑可能出现的各种情况，使企业管理者能够做到未雨绸缪，对未来有更好的把握。可见，营销策划在一定程度上能够克服外界环境的不确定性，促使企业稳定发展。

**5）塑造企业形象，提高企业无形资产价值**

在现代市场经济条件下，企业之间的产品竞争，实质也是企业之间的整体竞争。推销产品，首先要推销企业，产品要占领市场，企业首先要占有人心。因此，塑造企业独具个性、富有魅力的整体形象，就成为市场竞争的最新武器。塑造企业整体形象必须进行精心的营销策划，通过精心策划，在塑造企业整体形象的同时，也将使企业的知名度、美誉度不断提高，企业的无形资产不断增值。

## 1.3.2　营销策划的误区

**1）营销策划是万能的**

随着市场竞争的日益激烈，企业在经营与管理中遇到的难题也越来越多，一些管理者就把解决问题的希望几乎完全寄托在营销策划上。其实营销策划只是企业众多职能之一，它不可能解决企业面临的所有问题，而且营销策划要取得成功光靠营销策划自身是不够的，有许多因素影响着营销策划的成功率。这些因素包括公司制度、产权与组织结构、国际化程度、企业文化、企业家境界、公司高层的支持力度等。一个企业要想在激烈的竞争中生存发展，其首要任务是苦练本身内功，企业自己的综合素质和领导者的综合素质是决定企业成败的关键因素。因此，企业应该首先注重提高自身整体素质，加强企业的市场应变能力、核心竞争能力。

**2）营销策划的"经验论"与"知识论"**

有些人在企业营销一线的时间比较长，有丰富的行业营销管理经验，甚至对自己所从事行业的市场营销也有一定的研究，因此就认为自己可以做好策划了。实践证明，有实践经验是做好策划的必要条件，但不是充分条件。同样，一些人认为拥有专业的知识就能做好营销策划，这也是营销策划认识上的一个误区。因此，拥有丰富的知识或实践经验都是做好营销策划的必要条件而不是充分条件。也就是说，要做好策划，作为一个优秀的策划者，一定要善于把有关的知识与实际相结合，做到理论指导实践，实践完善理论。

**3）盲目追求轰动效应**

不少策划人时刻想制造轰动效应，以求得媒介的免费宣传与消费者的关注。营销策划关于传播部分的要求是有效传播，即将正确的信息传达给潜在消费群。所谓"造势"也好，"轰动效应"也好，绝大部分只能是帮助企业提高知名度，为了一时的新闻价值，往往不能将正确的产品或项目信息传递给有效的购买人群，最终导致营销策划工作只能停留在追求热闹的表面上。

**4）策划多而策略少**

综观整个营销策划界，不难发现，目前的营销策划要么简单地套用营销理论，要么机械地套用其他策划案例，面对市场信息、营销策略的分析与运用等方面非常贫乏。其原因在于整个营销策划界策略研究基础薄弱，缺乏整合行业、企业、品牌、产品、市场特点而进行的基础性营销研究。整个社会还缺乏一种研究营销策略的风气，还比较肤浅和浮躁。

**5）模仿其他企业的成功案例**

这实际上是对策划核心的误解。在如今激烈、多变的市场竞争中，企业要获取竞争优势就必须进行一系列的创新，在营销策划方面更是如此。策划的核心是创意，也就是说，每一个策划方案都是一种新思维的表现，是赢得竞争胜利的先决条件。一个企业成功的策划方案并不一定适用于另一个企业的条件和当时的市场环境。在市场竞争中，市场的形势复杂多变，企业要获得竞争优势，就必须对自己的竞争手段进行创新，或者在模仿其他企业方案的基础上进行创新，这样才能战胜对手。

**6）营销策划越复杂越好**

做好营销策划需要丰富的理论知识和实践经验，但这并不等于说营销策划越复杂越好。营销策划的目的在于高效率地完成营销任务，而不在于追求营销策划的复杂程度。如果简单地认为简洁的营销策划意味着低质量，复杂的营销策划则代表高质量，那么就犯了形而上学、舍本逐末的错误。此外，营销策划要根据企业高层决策者的特点来进行。例如，一些企业高层管理者是不喜欢复杂的策划的，他们更青睐于简单有力的形式，这时候复杂的策划书往往会引起他们的反感，从而遭到否决。所以，营销策划书要根据其服务对象的特点，选择其表达方式的复杂程度，走出“越复杂越好”的误区。

**7）营销策划方案的刻板执行**

营销策划方案的制订，是在调查和分析过去和现时状况之后，在对未来的不确定性进行预测的基础上形成的。这种预测虽然有一定的依据，但并无法保证未来就是按照方案中所预测的那样进行。市场是瞬息万变的，一些策划者没有考虑到的问题随时可能出现，使实际情况与原来的设想有偏差，这就需要企业在执行营销策划方案时具有一定的灵活性，针对情况的变化对策划方案做相应的调整，必要时甚至可以放弃原方案，重新制订符合市场状况的方案。只有时刻关注市场，不断评估策划方案，才能使营销策划达到理想的效果。

**小案例 1-1**

**小策划带来的大麻烦**

某啤酒制造商的高档啤酒上市，为了快速推动该产品进入某地区市场，该啤酒公司计划进行大规模的投入。于是，他们聘请了一家广告公司策划促销活动。该广告公司策划方案是：当地的《××晨报》与该啤酒公司联合促销，即凭一份当天发行的《××晨报》，可以领一瓶啤酒。活动推出后，反响还不错，很多人拿着报纸纷纷到指定地点兑换啤酒。但进展到中途，却看到了许多报摊主挑着报纸去经销商处兑换啤酒，一兑就是上千瓶，这与计划中设想的很多消费者参与的情形有很大的差距。于是，该公司赶紧登报重申，每个人凭身份证只能领一瓶。本来是想规避有些人从中作弊，结果却发现，如此一限定，兑酒的人相比以前少了很多。市场总监领着报社的总编去现场一看，结果让他们大吃一惊。由于20个兑酒点都明确限定每个人只能兑换一瓶啤酒，因此，报摊老板见无机可乘，干脆将报纸涨价，原来零售0.5元/份的报纸，涨到了1元/份，如此一来，去兑酒点兑酒的消费者少了。在兑换了4 000多箱啤酒后，该啤酒公司停止了这项活动。

## 策划案例与文案

### 疫情之后，5A级景区嵖岈山打出营销组合拳

后疫情时代，全国各大景区为引流、锁客纷纷使出杀手锏，但大多都未能摆脱

游客稀少、增长乏力的魔咒。面对疫情反复、暑期档红利消失等现实挑战，河南省驻马店5A级景区嵖岈山却打出了一套营销组合拳，走出了一条既叫好又叫座的个性化品效推广之路。

组合拳之一：抖音挑战赛

2020年6月，嵖岈山景区启动“抖来嵖岈尖叫一夏”抖音挑战赛活动，嵖岈山成为国内美好目的地计划第一站。通过抖音挑战赛这种全民参与的活动形式，并设置丰厚奖品福利，如华为手机、大疆无人机、无线耳机、景区旅游年卡等，鼓励游客积极参与活动，达到广泛宣传景区的目的。

此次活动，嵖岈山凭借美好推荐官招募、美好路线定制、美好话题联动、美好印象扩散四大维度，打通明星达人资源、短视频攻略定制、挑战赛话题互动和平台流量加持的营销路径，打造全新的嵖岈山文旅品牌形象。

组合拳之二：网红体验项目

2020年暑期到来之际，嵖岈山景区推出全新的网红产品组合，以天空漂流、飞拉达、丛林飞跃加门票套票的形式，多重优惠措施吸引游客参与互动游玩。

除了可以感受“中华盆景”的秀美和奇特之外，还可以体验各种互动娱乐项目的惊险刺激。景区新增网红打卡点“天空漂流”，千米玻璃滑道720度“急流勇进大回环”，“与浪共舞”速度与激情！让你时刻“无尖叫，不夏天”！

组合拳之三：精品路线研学游

嵖岈山景区入选2020河南暑期研学旅游精品线路，8月份景区与携程平台开展了“老家河南、清凉一夏”暑期推广活动。“少年壮游计划”青春体验官和旅游达人们来到嵖岈山，登山戏水玩户外，尽享清凉夏日体验！

近年来，嵖岈山连续举办四届“嵖岈山国际山地运动文化节”，通过山地运动系列赛事活动，嵖岈山也成为全民健身热门打卡地。每逢周末，就连网红阿姨们也会来此，婀娜的身姿、优雅的步伐与秀美景色 遥相呼应，试比谁最美！

组合拳之四：打“飞的”出游，免景区门票

河南省文化和旅游厅联合南航、东航推出“老家河南”暑期航空旅游产品，凡2020年8月至9月乘坐南航、东航来河南的旅客，凭本人10日内登机牌和身份证可免费进入嵖岈山景区游玩！活动期间，嵖岈山景区为航空旅客设立VIP换票窗口，还可以享受景区内丛林飞跃、飞拉达攀岩项目半价优惠！您坐飞机花钱，来景区免门票！打“飞的”跨省游，省钱省心！

通过一系列的活动营销、产品定制及宣传渠道推广等内容，进一步引爆嵖岈山暑期旅游市场，拉动旅游消费需求。端午节期间同比三年旅游收入增长近60%，暑期同比上年增长148%。

在整个文旅市场增长疲软的大背景下，嵖岈山通过抖音主题挑战赛抢占暑期游热点、通过研学游及百万学子游河南引流提量、通过个性化主题活动刺激游客心跳，打出了一套适合自己的营销组合拳，并取得了品效兼具的成效，为文旅市场的复苏蹚出了一条别样“出路”。

资料来源 佚名. 疫情之后景区营销怎么玩？这个景区打出了一套组合拳［EB/OL］.［2020-08-28］. https：//tour.dahe.cn/2020/08-28/718785.html.

**案例思考题：**

1. 嵖岈山是如何进行后疫情时代营销策划的？

2. 嵖岈山的策划体现了营销策划的哪些特点？

## 策划实战

在这一章中我们提到，作为一名优秀的营销策划人需要在知识、素质、能力等方面都具备一定的条件，想一想，自己在这些方面都具备了哪些条件？还有哪些欠缺？试为自己的职业发展制订一个策划方案，发挥自己优势，弥补不足，以使自己在短期或稍长时间内展现出一个营销策划人的魅力。

## 本章小结

营销策划的实践不断地丰富着营销策划理论，而营销策划理论的逐步完善，又指导着营销策划和营销活动不断地取得成功。

营销策划具有创造性、效益性、可行性和应变性等特征。

营销策划的内容丰富，领域广泛，依据不同的标准，从不同的角度可以有不同的划分。

作为一名优秀的营销策划人员必须在知识、素质、能力方面具备一定的条件，洞察力、想象力、分析力、执行力尤其必不可少。

营销策划的功能主要表现为：促进市场经济的发展，增强企业的竞争力；解决企业难题，提高经营管理水平；促进企业资源的高效配置，创造良好的经济效益；降低未来的不确定性，使企业稳定发展；塑造企业形象，提高企业无形资产价值。

营销策划的误区主要有：营销策划是万能的；营销策划的“经验论”与“知识论”；盲目追求轰动效应；策划多而策略少；模仿其他企业的成功案例；营销策划越复杂越好；营销策划方案的刻板执行。

# 参考文献

[1] 孟韬，毕克贵. 营销策划方法、技巧与文案 [M]. 北京：机械工业出版社，2021.

[2] 王怀军，王新利. 浅析营销策划实战流程——营销策划八步曲 [J]. 商业现代化，2012 (4).

[3] 徐建民. 营销策划 [M]. 北京：北京大学出版社，2012.

[4] 董丛文，易加斌. 营销策划原理与实务 [M]. 北京：科学出版社，2014.

[5] 叶万春. 营销策划 [M]. 北京：清华大学出版社，2013.

[6] 张鸿. 营销策划学 [M]. 广州：中山大学出版社，2009.

[7] 廖灿. 金牌策划Ⅳ [M]. 北京：中国经济出版社，2005.

[8]《现代营销》编辑部. 营销策划：要选对媒体找对人 [J]. 现代营销，2008 (1).

[9] 毕明辉. 企业营销策划的误区与对策 [J]. 经济研究导刊，2007 (11).

# 第2章 营销策划的流程与组织

## 学习目标

通过本章的学习，掌握营销策划的一般原理，理解并掌握营销策划的整体流程以及各个步骤的工作及作用，熟悉营销策划组织的人员构成以及各种角色所起的作用，了解营销策划的两种实现途径及其优劣势。

# 2.1 营销策划的原理与流程

## 2.1.1 营销策划的原理

商海搏击，智者胜，正所谓没有一流的策划就没有一流的营销，没有正确运用营销策划原理，也就不可能诞生一个璀璨的营销策划方案，也就无法成就一个企业在商海中搏杀的凌云壮志。营销策划原理贯穿企业整个营销活动的始终，但它并不要求在设计和实施策划方案时生搬硬套理论，而是隐含在营销策划活动的每根神经中，去指导企业市场营销活动。

一般讲营销策划原理主要有以下四种：

**1）创新原理**

创新是人类赖以生存和发展的主要手段，没有创新就没有人类社会的发展进步。创新，适用于人类一切的自觉活动，不能创新便缺乏生机，缺乏魅力，如死水一潭。

创新可谓营销策划的第一大原理，“出奇方能制胜”。在你死我活的商战中，没有新意的营销策划只会使企业销声匿迹，而不会为其带来巨大成功。企业只有独辟蹊径，创新才能使事业兴旺。

另外，创新的营销策划方案必须有可操作性，否则只是纸上谈兵罢了。曾经有一家公司出奇招准备在珠穆朗玛峰上立一块广告牌，它认为这可是世界上最高的广告牌，必定引起轰动效应，实现出乎意料的宣传效果。为此，该公司进行了精心策划，拿出了全套方案。可万事俱备的时候问题来了：这样的广告牌如何立于珠穆朗玛峰之巅呢？无奈，公司只能放弃这一不切实际的“策划”。

**小案例 2-1**

**海尔开放创新平台社区，用户参与研发的入口**

海尔开放创新平台（HOPE平台，Haier Open Partnership Ecosystem）由海尔开放式创新中心开发并运营，是中国最大的开放创新平台。平台于2014年6月底正式上线后，已经吸引了10万多名用户。海尔开放创新平台是海尔进行互联网转型的重头戏之一，其目的就在于为海尔内部员工、外部合作方、资源提供方及平台每一位用户构建一个生态圈，在生态圈里，让所有人都能够通过创新、创业，贡献自己的价值，同时获得应有的利益。

与其他开放创新平台不同，海尔开放创新平台不仅提供技术资源的配置，还打造了一个用户参与创意的社区，让用户全流程地参与企业研发。海尔开放创新平台的“社区”是该平台的第二大核心板块。在这里，用户可以及时与社区内的工程师们进行交流，得到工程师们最专业的回答，工程师们也在回答问题的过程中获得灵感，从而研发新品以更好地满足用户的需求。

互联网时代，消费者的需求、角色与其所拥有的权利正在发生转变，消费者正在转变为“产消者”。海尔在转型中，通过这样的平台和社区，能更好地让用户全流程地参与到产品的设计、研发中来。

HOPE平台把技术、知识、创意的供方和需方聚集到一起，提供交互的场景和工具，促成创新产品的诞生。自成立以来，HOPE平台支持海尔各个产品研发团队和超前研发团队创造了众多颠覆性产品，如MSA控氧保鲜冰箱、净水洗洗衣机、水洗空调、天樽空调、NOCO传奇热水器、防干烧燃气灶等，受到消费者喜爱，在市场上迅速成为明星畅销产品。

截至2020年年底，HOPE服务的行业包括家电、能源、健康、日化、汽车、烟草、材料、智慧家居、生活家电等20多个领域。目前，HOPE平台上聚集着高校、科研机构、大公司、创业公司等群体，覆盖了100+的核心技术领域，社群专家12万+，全球可触达资源100万+。

海尔开放创新平台在和用户交互的过程当中，不断迭代，并把各种资源都整合进来。同时，海尔开放创新平台也为寻找技术资源与精准匹配提供了一个平台。遵循开放、合作、创新、分享的理念，海尔开放创新平台与全球研发机构和个人合作，为平台用户提供前沿科技资讯及超值的创新解决方案，最终实现各相关方的利益最大化。

**2）顾客导向原理**

现代营销思想集中体现在满足消费者需求上。以顾客为中心，生产出符合消费者需求的高质量、低成本、低价格的产品，提供舒适宽松的购物环境和良好的售后服务，是市场对生产企业、销售商的基本要求。其反映出营销理论由“生产中心论”到“销售中心论”再发展到以满足消费者的需求为企业宗旨的营销思想。

只有为顾客提供了物美价廉的商品和良好的服务，才能赢得顾客，进而建立起顾客对某一品牌、某一购物场所的忠诚，最终形成团结在企业周围较稳定的消费者群体，而且这种群体可以发挥其群体效应，通过公众传播的方式，影响其他顾客的消费行为和消费心态。

**3）动态发展原理**

营销策划的发展原理要求营销策划人员在策划时首先自己能通权达变，并要求所设计出的策划方案能够让执行者在执行时可以随机应变，因势而变，具有足够的变通、适应能力。市场就是战场，形势瞬息万变。政府的法规政策在变，社会文化习惯在变，竞争对手在变，消费者在变，企业自身也在变，产品在更新换代，质量在提高，因此说市场营销的主体和客体都在变化着。

营销策划要求把不断发展变化的企业推向瞬息万变的市场，就必须在策划中遵循营销策划的动态发展原理，“变则通，通则达”。营销策划的动态发展原理还要求在营销战略决策过程中要因时而变，因势而动，真正使营销思想及操作能适应市场需求和消费者心理，进而促使其产生购买行为。

**4）资源整合原理**

该原理要求营销策划工作者把营销活动中所涉及的市场和自身的各种元素、各个层次、各种结构、各个功能按照营销创意、营销策划总目标和阶段分目标的主线集约整合起来，内部调整、聚合，扬长避短，避实就虚，以实现系统整体功能。

营销策划需要把企业营销外部影响因素（如政策、法规、社会习俗、文化背景、宗教、科教、竞争对手、供应商、分销商、辅助产业、消费者等）充分考虑进来，利用联盟、合作的方式发挥利益相关者的价值。同时，把企业营销内部的制约因素（如奖惩制度、职工积极性、产品部门、销售部门、财务部门、人力资源等）调动起来，每个员工在自己的岗位上发挥最佳水平，让策划的每一个环节顺畅、可行、高效，达到以最小投入获取最大产出的目的，充分让投入营销活动中的每一种资源“燃烧发热”。这样，整体所达到的效果将是任何一种简单的促销战略所不及的，其也将带来积极可观的经济效益。

**小案例2-2**

**“TFBOYS三子”：中国智能手机代言之战**

CBNData星数发布手机品类明星带货力榜单，易烊千玺以综合实力第一的成绩排名榜首。

TF三子虽然年轻，但代言手机的历史都不短。2016年，三人一齐代言OPPO手机，后来王俊凯升级为单人代言，王源转投小米，易烊千玺加入华为。几年下来，除了位于手机带货榜榜首的易烊千玺，王源成绩同样优异，位列榜单第三。可惜同组合的王俊凯在手机这个品类上的带货能力稍稍落后，此次并未进入前十。这也许是因为OPPO代言家族的明星数量庞大，粉丝购买力分散，再加上2019年并没有以王俊凯为主打的手机新品发布，排名靠后无可厚非。易烊千玺和王源同为品牌单独代言人，名次却相差两名，这又是因为什么呢？从两个品牌与代言人的互动中，或许能窥见一二。

作为手机榜“榜主”的易烊千玺，在2018年6月24日宣布成为华为NOVA全球代言人。一年时间，他先后参与推广了NOVA3、NOVA4和NOVA5等三个系列的产品。2019年6月21日刚刚上市的NOVA5，一个月的时间已有超过6万的销量。在营销方面，华为是真的把易烊千玺代言人的功用发挥到淋漓尽致。华为官方通过建立微博话题“千玺在NOVA星等你”，经常与粉丝联动。如今该话题的阅读量已经达到30.4亿。在易烊千玺18岁生日之际，华为还特别发布定制版手机套装“玺礼”，给自家代言人撑足了场面，提高了粉丝们的购买力。在代言后5个月左右，也就是“玺礼”刚刚发售的时间，易烊千玺的代言效果指数突然由1.21大幅增长到1.86。期间，又有“双11”的威力加持，销量持续走高。华为如此大花心思，确实取得了令人满意的销售效果。

我们再来看看小米的代言人王源。CBNData发布的手机品类明星带货力榜单5项带货力指标显示，王源的粉丝具有更强的购买力，为什么王源的排名还是输了呢？其中，也许是小米的营销手法出了问题。自从王源成为小米品牌代言人后，铺天盖地的物料也不少。小米创始人雷军还邀请王源进行了一次长达3小时的对谈。这种企业家和明星代言人对谈的模式也是品牌营销的一种新模式。视频一出，立刻在微博和抖音等平台获得了大范围的曝光。尽管曝光度高，但是大众对该视频的反应基本落回到雷军和王源的性格讨论上，还有部分网友表示“被雷军圈粉”。比起代言人王源，这次营销最大的赢家反而变成了雷军。此外，在产品关联度上，相比华为大费工夫推出的“玺礼”定制版手机，小米只针对王源做了几款限量版定制手机壳。对比华为和小米官方旗舰店的商品搜索页，易烊千玺的物料非常醒目，反观小米，却基本看不到代言人王源的相关元素。

手机这个品类只是观察明星带货力的一个缩影，但从这个缩影也能看出，明星本身的口碑和流量是带货力的基础，品牌对于代言人的营销也影响巨大。

资料来源 TFBOYS手机带货PK：都是大厂代言人，为什么易烊千玺赢了？[EB/OL].[2019-07-22]. https://www.meihua.info/article/3314273135805440.

## 2.1.2 营销策划的流程

营销策划是一种科学性与艺术性相结合的企业市场活动，具有很强的实践性，构成其整体的各个部分之间相互联系并具有一定的逻辑性。所以，一般我们在进行营销策划时都有一个具有可操作性的策划流程，这样不仅提高了营销策划的可控性，也便于对策划结果进行评估。

图2-1向我们展示了营销策划的一般流程。它分为确定策划目的、搜集与分析信息、创意的提炼、制订策划方案、方案的评估、实施及控制方案、效果的评估与修正七个环节。下面我们将对每一个环节进行阐述。

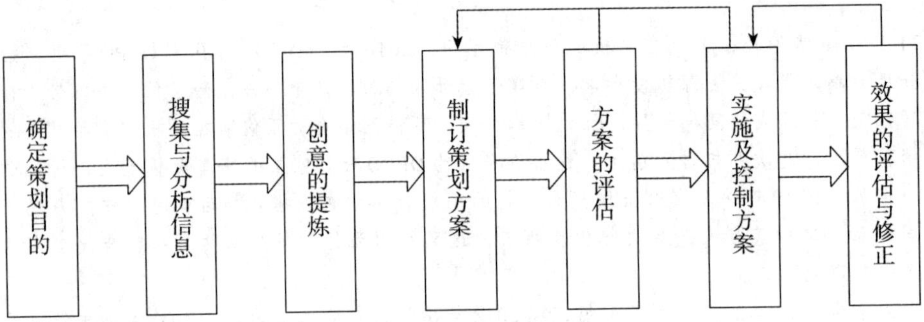


图2-1 营销策划的一般流程

**1）确定策划目的**

营销策划是为解决企业经营中出现的问题而进行的一种运筹谋划性工作，具有很强的目的性。策划人进行策划时首先要明确策划的目的，以使策划做到有针对性，有的放矢。明确策划的目的，是营销策划的起点，也是最基本的要求。

在确定策划目标时最重要的是按照科学的方法去界定实际情况中遇到的问题。界定问题的方法主要有：专注于重要问题法、细分问题法、深究委托策划者本意法、追踪问题使问题明确化的方法等。

**2）搜集与分析信息**

明确了策划的目的，就得根据目的搜集相关信息。但作为策划人应该知道的是，有些时候，策划的目的是在搜集与分析信息之后才提出来的，目的的提出和搜集分析信息这两个环节经常是交叉反复进行的。对策划有用的资料信息是策划的基础和依据，没有资料信息或信息不全、不准确，都会影响营销策划的效果。资料信息分为一手资料和二手资料。一手资料主要是靠调研获得；二手资料的来源主要有政府出版物、报刊、书籍、内部来源以及互联网（Internet）。

有了大量的资料信息，策划人则可以利用SWOT分析方法对企业所处的外部环境、内部条件及经营现状进行分析，以使企业明确外部市场的机会和威胁以及企业自身的优势和劣势，进而明确企业目前所处的位置。

外部环境按照从大到小的顺序分析，应先宏观环境，再行业环境，最后是经营环境，但从关注的程度和花费的精力上，则应该重小轻大，即最重要的是经营环境，其次是行业环境，最后是宏观环境。内部环境的分析重点一般应当放在企业的总体战略和企业资源的优劣势等方面上，目的在于找到符合企业自身状况的营销策划方案。

**3）创意的提炼**

确定了企业的营销目标、收集并分析了信息资料后，营销策划人就要运用各种创意方法进行创意构思，对策划对象进行系统设计，并分析创意的可行性。创意是营销策划的一个关键点，也是营销策划应用的核心部分。能否有好的创意并在整个策划过程中合理运用，关系到营销策划的成败。关于创意的来源、作用、技法及开发途径，我们将在第3章详细讲述，这里就不赘述了。

**4）制订策划方案**

从确定目标、收集分析资料到构思创意，实际上策划已经开始，只不过没有体现在文案中而已。随着创意的不断细化，对其可行性的不断评估以及计划的不断深入，一个完整的策划方案就逐渐显现了。一般情况下，制订策划方案的流程如图2-2所示。

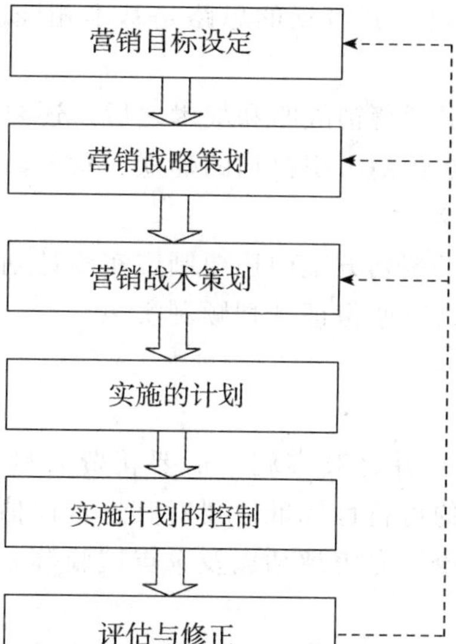


**图2-2 制订策划方案的流程**

（1）营销目标设定。清楚而准确地确定市场营销目标，是整个营销策划活动能够实现策划目的，取得良好效果的前提，也是评价策划方案，评估实施结果的依据。营销目标必须科学合理，通过努力可以达到，并依据一定的原则和步骤来确定。确定目标的原则有方向性原则、客观性原则、科学性原则、系统性原则、明细性原则等。确定目标的步骤一般为：目标调查、目标拟定、目标评估、目标论证和目标深化。

（2）营销战略策划。确定了营销目标之后，就要根据策划的目的、资源约束条件、企业的市场地位等，围绕营销目标，将创意转化为完善的营销战略。营销战略策划在整个策划流程中居于十分重要的地位，因为营销目标的实现在很大程度上取决于营销战略策划这一环节。营销战略策划主要包括市场细分、市场目标化、目标市场定位等，也就是营销中常提到的STP活动。市场细分就是按照购买者所需要的产品或营销组合，将一个市场分为若干不同的购买者群体，并描述他们的营销行为轮廓特点的营销行为；市场目标化就是指当公司进行了市场细分后，在权衡了外部各细分市场的吸引力和企业自身的能力和资源的基础上，公司决定要进入哪些细分市场的营销决策行为；目标市场定位就是确定企业或其产品和服务相对于竞争对手在目标市场上处于一个什么样的位置。关于营销战略策划，我们将在第5章详细阐述。

（3）营销战术策划。在营销战略方针指导下，将其细化便成为营销战术。营销战术策划是指企业根据营销战略而策划制定的一系列更为具体的营销手段，具体内容包括产品策划、价格策划、分销策划、促销策划、品牌策划等。营销战术策划是营销战略策划由宏观层面向微观层面的延伸。企业的营销战术策划可以是全面的，比如企业整体的营销策划；也可以是单项的，比如企业的品牌策划。不管是全面策划还是单项策划，其策划的思路是基本相同的，需要考虑的战术要素也是相似的。

（4）实施的计划。制定了营销战略和战术之后，还要把战术转化为具体、明确的实施计划。实施计划包括营销组织机构的建立、营销活动程序安排、营销预算和有关技术设备及人员选择等。

（5）实施计划的控制。策划方案中还要制定实施计划的控制措施，为实施策划方案的人员提供控制依据，以便保证计划顺利实施。

（6）评估与修正。

**5）方案的评估**

企业制订营销策划方案并将其实施，需要花费大量的人力、物力、财力等资源，为了使方案达到一定的可行性标准，要对其进行评估。对营销方案的评估方法一般有经验判断、逻辑推论、专家评估以及选点试验等。

**6）实施及控制方案**

营销策划实施，指的是营销策划方案实施过程中的组织、指挥、控制和协调活动，是把营销策划方案转化为具体行动的过程。企业必须根据营销策划方案的要求，分配企业的各种资源，处理好企业内外的各种关系，加强领导，提高执行力，把营销策划方案的内容落到实处。在实施及控制策划方案的过程中，实施人员应将稳定性与灵活性相结合、程序性与机遇性相结合、交替性与交叉性相结合、全面贯彻与不断反馈调节相结合。

**7）效果的评估与修正**

营销策划实施以后，要对实施效果进行评估与修正，这样有利于完善营销策划方案，并使之处于一个良性的循环状态。所谓营销策划的评估，就是将营销策划方案的预期目标与现实中得到的实际目标加以比较，通过比较对营销策划实施的效果进行评价；营销策划的修正是当发现营销策划的实际实施效果不理想时，对造成不利影响的因素加以修正，以使营销策划能够达到策划者所希望的目标。营销策划的评估与修正主要包括项目考核、阶段考核、最终考评和反馈改进等内容。

（1）项目考核。项目考核是指当一个项目完成以后对项目完成的情况所进行的评估。当一个项目完成得不理想时，营销策划人和营销管理者应首先找出原因，然后提出相应的解决办法，必要时，还要对整个营销策划方案作出调整。

（2）阶段考核。阶段考核指的是当营销策划一个标志性的阶段完成时，对其实施效果进行的评估。一般一个营销策划方案可分为几个标志性的阶段来进行，当一个阶段完成后，就要对这一阶段的营销策划实施情况进行评估，以此防止营销策划在后期实施过程中出现大的偏差。

（3）最终考评。最终考评就是对营销策划实施的结果进行分析，以便查看营销策划的期望值与实际结果是否有差异。若发现有较大的差异，就必须找出原因并提出相应的解决办法。营销策划人员要善于总结营销策划方案及其实施过程中的经验教训，以便提高下一次营销策划的质量。

（4）反馈改进。对于营销策划书在实施过程中出现的问题，企业必须加以总结并反馈到下一次的营销策划中，只有这样企业营销策划的水平才会不断得到提高。这一步骤也使得营销策划的流程成为一个闭合的循环通路。

## 2.2 营销策划的组织

企业的营销策划及营销活动是由组织中的人员来完成的，人员的素质是组织的核心。市场营销经理必须设计和管理企业的组织机构，各职能部门的营销管理者自主权的大小、沟通程度、相互信赖程度都与组织有关。因此，合理的组织有利于市场营销人员的协调合作。

市场营销策划组织是指企业内部对涉及营销策划业务活动而设计的相应职能部门、职位的结构形式、营销职能的组织工作及与其他职能部门的协作关系，借以确保营销策划达到预期目标。当今的市场环境呈现出流行化、市场微型化、品牌弱化、竞争加剧、商品大众化以及网络信息技术渗透的特点，使企业面临着一个不断变革的环境，而随着环境变化速度的加快，发展的趋势也越来越难以预测，因此未来营销组织以及营销策划组织的模式也必须作出相应的调整，朝着适应环境、不断创新、不断变革的方向前进，更具灵活性和适应性，使营销主体和营销环境在动态中实现平衡。

**补充阅读2-1**

**国外知名营销策划/管理咨询公司概览**

波士顿咨询公司：不断创新咨询工具和理论。公司成立于1963年，是美国一家著名的企业管理咨询公司，在战略管理咨询领域被公认为先驱。公司最大的特色在于已经拥有并还在不断创立的高级管理咨询工具和理论，如著名的“波士顿矩阵”。截至2020年，大中华区由5个办事处组成，分别设立在上海、香港、深圳、北京以及台北地区，共有200多名员工，主要为大中华区的客户提供咨询服务。

麦肯锡公司：一体的合作伙伴关系。公司成立于1926年，是世界级领先的全球管理咨询公司。公司使命在于帮助领先的企业机构实现显著、持久的经营业绩改善，打造能够吸引、培育杰出人才的优秀组织机构。公司采用“公司一体”的合作伙伴制度，在大中华区拥有包括北京、香港、上海与台北四家分公司，完成800多个项目，涉及公司整体与业务单元战略、企业金融、营销/销售与渠道、组织架构、制造/采购/供应链、技术、产品研发等领域。

奥美广告公司：全方位管理品牌。奥美是全球十大传播公司之一，为客户提供多方面的传播服务，如广告、直销行销、公共道德、互动营销、促销和视觉管理等。品牌管家的观点是：品牌管家是一个完整计划，以确保所有和品牌相关的活动能反映和忠于品牌的核心价值和精神。“品牌管家”是一个过程，即建立品牌后，还要不停地培育它，令其茁壮成长，使其在客户和消费者心中更具有价值。

罗兰贝格管理咨询公司：多文化咨询。公司于1967年成立于德国，如今，罗兰贝格管理咨询公司已成为一家由130名合伙人所共有的独立咨询机构。作为一家业务国际化的前沿战略咨询公司，它在欧洲市场上稳居咨询公司前三名，并在全球战略咨询市场上跻身前十。公司的咨询顾问来自全球近40个国家，形成了行业中心与功能中心互为支持的跨国服务力量。公司多文化的咨询团队借助紧密联系的公司内部网络和全球知识库为客户提供国际水准的优质服务。

## 2.2.1 营销策划组织的构成

所谓营销策划组织，一般也称作营销策划委员会或营销策划小组，它将策划活动所需的各类人员整合在一起，是在充分发挥策划主创人智慧的基础上形成的团结合作的组织系统。这种组织机构依策划主题而设，具有临时性的特点，营销策划项目任务完成后，策划小组便可以宣告解散，其后续工作可由企业的常设组织机构如企划部（科）来负责实施、监督及控制等。虽然是临时性的组织，但营销策划组织仍具有较强的权威性、专业性和严密性，对整个策划活动的成败起着关键性的作用。

通常，营销策划组织由一名主任（组长）、2～3名副主任（副组长）和若干成员组成。一个完备的营销策划组织，其主要成员及其相互间的关系如图2-3所示。

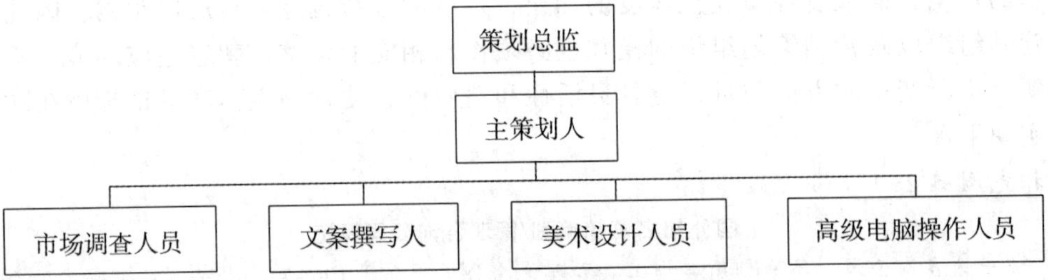


图2-3 营销策划组织结构图

策划总监。策划总监全面负责监督和管理营销策划委员会（小组）的各项工作，其主要工作职责和任务是协调营销策划组织与企业各部门及各方人士的关系，安排、保证工作进度和效率等，一般应由企业的总经理、营销副总经理或策划部经理担任。

主策划人。主策划人如同文艺类中的编导一样，在策划过程中起着关键性的作用。他不仅指挥各类策划人员的调研活动，而且牵头组织策划人员的创意活动并最后负责策划文案的拟订。营销策划的成功，很大程度上就是在主策划人充分发挥聪明才智、发挥组织协调能力的基础上集思广益的结果。主策划人不仅应具备较强的业务素质和各方面能力，同时也应富有企业营销策划的成功经验和高度的责任感。

市场调查人员。准确、完备的市场信息对于策划活动的后续工作是十分关键的。这就要求策划组织必须设立专门的人员来负责策划活动所需的相关信息的调查、搜集、整理和分析等工作。对于调查人员来说，敏锐的观察力、准确的判断力和有效获取信息的能力都是其应具备的最基本的素质和能力。

文案撰写人。通常情况下，策划文案的撰写应在主策划人的领导下由多个撰写人共同完成，这样既能保证策划工作的效率，也有利于集思广益，提高策划工作的质量。单个文案撰写人虽然只负责文案的部分撰写，但他们必须熟悉和了解整个策划过程。娴熟的文字表达能力，认识问题的深刻性和富于创新思维是衡量文案撰写人水平的主要标准。

美术设计人员。优质的商品都要有精美的包装，营销策划的过程实际上也是一个对企业、产品美化包装的过程。美术设计人员可以利用美学原理，通过创造性的想象来丰富和完善企业的视觉形象、商品标识、广告等，以增强策划文案的感染力和冲击力，提高策划活动的有效性。

高级电脑操作人员。数据库的建立与整理、提案中特殊图形制作等任务的电脑处理是比较复杂的，需要专业技术人员来完成。高级电脑操作人员能保证策划活动及时、有效地获取信息。

营销策划的组织应尽量完备，同时它也应是一个由多方人士组成的、富于创造性的机构。只有这样，才能集思广益、博采众长，使营销策划这项复杂的活动顺利进行。同时，营销策划组织并不是一成不变的，企业可以在一定时期内进行组织形式的调整、改进，要本着精兵简政的原则，减少不必要的环节和层次，降低营运成本，减员增效。

**补充阅读2-2**

### 营销策划方案实施的五种基本模式

要想使营销策划方案顺利实施，企业根据自身的情况，选用一定的实施模式是很有必要的。一般的，市场营销策划方案的实施主要可以通过以下五种基本模式来进行，即指令性模式、转化性模式、合作性模式、文化性模式和增长性模式，如表2-1所示。

表 2-1 营销策划方案实施模式对比表

| 模式类型 | 主要特点 | 领导者角色 | 优 点 | 缺 点 |
| --- | --- | --- | --- | --- |
| 指令性模式 | 凭借权威发布各项命令来推动方案的实施，突出领导者的决策性作用 | 领导者、决策者 | 统一决策和指挥，利于方案的顺利实施 | 易受市场信息、领导者素质、决策与执行分离等因素制约 |
| 转化性模式 | 运用组织机构、激励手段、控制系统来促使方案实施 | 设计者、协调者 | 利用行为科学方法，能使方案的实施更加科学有效，是指令性模式的补充和完善 | 并不能克服指令性模式所有的缺陷，且易产生新问题 |
| 合作性模式 | 决策的参与范围扩大到企业高层管理层，方案由集体制定、实施 | 决策者、协调者 | 集体参与和决策，使信息更准确、完备，能有效提高方案成功的可能性 | 并非全员决策，仅是不同观念、目的的协调与平衡，其结果可能以牺牲经济合理性为代价 |
| 文化性模式 | 在整个企业中宣传一种适当的文化，推动方案的实施，基本实现了全员参与决策 | 组织者、指导者、宣传者 | 合作参与范围扩大，有利于消除组织间的矛盾与隔阂，减少方案实施的风险，加快实施速度 | 易受员工素质、领导者态度的影响，实施困难，易流于形式 |
| 增长性模式 | 策划方案是由基层经营单位到最高决策层自下而上产生，并非自上而下推行 | 组织者、领导者、决策者 | 将领导负责与集体决策相结合，为策划方案的成功实施提供了保障 | 耗费人力、物力、财力，易受领导者素质、组织制度等因素的制约 |

## 2.2.2 营销策划的实现方式

企业进行营销策划，主要可以通过两种方式来实现：一种是“自力更生”，另一种则是借助于“外脑”。当然，企业也可以把“自力更生”的方式与借助于“外脑”的方式结合起来综合运用。具体要采用哪种方式，企业应根据实际情况灵活掌握。

**1)“自力更生”方式**

“自力更生”方式，即企业自行组织企业内的营销管理人员建立自己的策划部门进行策划。实力较强的大型企业，可以建立自己的策划部门，委派专人负责企业的策划工作。自己组建策划部门，一方面能为企业节约大量的咨询费用，另一方面也能适应大企业在发展过程中对策划工作的客观需求。策划部门就像企业的大脑，企业能通过它进行各种策划。作为企业自身的一个职能部门，自我组建的策划部门对企业的各种情况是较为熟悉的，也较易获得来自企业内部的各种相关信息和数据，由其制订出的策划方案也更能贴近企业需要，更易与企业的发展战略相一致。

**2）“借用外脑”方式**

“借用外脑”的方式，即通过外聘专门的策划人员或专业的策划公司来进行策划。对于大多数中小企业来说，借助“外脑”进行策划要比“自力更生”方式有效得多。一方面，企业小，事也少，专门去组建策划部门反而会增加企业成本，降低效率，相比之下，“借用外脑”更省事；另一方面，大多数中小企业并不具备组建策划部门的条件。当然，“借用外脑”也要有一定的度。“外脑”的作用应当是参谋性或辅助性的，而不是代替企业进行决策。过度迷信或依赖“外脑”，反而很容易使企业走入营销策划的误区。

究竟是自己策划还是依靠“外脑”，并没有统一的标准。企业应在综合考虑自身的规模、实力，以及策划工作的频度和复杂程度等多项因素的前提下，认真分析投入产出比，从而选择一种有效的方式，以完成企业的策划活动。

## 策划案例与文案

### 聚美优品企业家代言

聚美优品是中国第一家化妆品限时特卖商城，由陈欧、戴雨森等创立于2010年3月，致力于创造简单、有趣、值得信赖的化妆品购物体验。聚美优品首创“化妆品团购”模式：每天在网站推荐十几款热门化妆品，并以吸引人的折扣低价限量出售；同时承诺“百分百正品”，以及“拆封30天无条件退货”。其一度成为中国最大的化妆品限时折扣网站，拥有上百万的女性用户，每天成交近两万单，月销售额超过了3 000万元。注册用户80万人，在化妆品团购的市场份额已达60%以上。作为中国电商界的黑马，聚美优品仅用了3年时间，就完成单月销售额从10万到6亿元的突破，并晋级与天猫、京东、亚马逊等比肩的B2C电商第一阵营，牢固地占据中国美妆类电商第一站的领航地位。

聚美优品CEO及创始人陈欧，2012年3月荣登福布斯创业者榜。他16岁留学新加坡，就读南洋理工大学，大学期间曾成功创办在线游戏平台Garena，26岁获得美国斯坦福大学MBA学位，27岁创立聚美优品。

2012年11月10日起，陈欧突然“走红”，在网络上引起追捧热潮。一则陈欧亲自参演的宣传片受到观众的欢迎：“你只闻到我的香水，却没看到我的汗水；你有你的规则，我有我的选择；你否定我的现在，我决定我的未来；你嘲笑我一无所有不配去爱，我可怜你总是等待；你可以轻视我们的年轻，我们会证明这是谁的时代。梦想，注定是孤独的旅行，路上少不了质疑和嘲笑，但，那又怎样？哪怕遍体鳞伤，也要活得漂亮。我是陈欧，我为自己代言。”除了广告片本身在网络上爆红，各种改编版的“高校体”“城市体”“行业体”等也迅速蹿红。“陈欧体”的成功营销，在很大程度上提高了聚美优品的品牌知名度和影响力。不到2分钟的“陈欧体”广告片，究竟有什么魔力，能够引起如此大的反响？

1）内容出彩，激发消费者内心的共鸣

出色的广告文案应该能够给消费者，尤其是目标客户群体留下深刻的印象，而想要达到这一点则需要通过多种形式激发消费者内心对品牌、产品的好感，而不是硬性的语言推销。“陈欧体”能够受到消费者的普遍关注和欢迎，出色的内容功不可没。

“陈欧体”广告非常精准地辨识出自己的目标客户群体——以20世纪80年代、90年代前期出生的一代人为主的年轻消费者。在锁定宣传受众后，聚美优品基于目标客户群背负着压力追求美好，甚至是在压力之下遗忘了梦想的特点，为消费者讲述了一个在职场奋斗前行的故事，既道出了当前年轻人所遇到的困难，也展现了年轻人的理想与憧憬，引起公众的广泛共鸣。广告以片断的形式展现了年轻一代考学、工作、恋爱等一系列经历，期间穿插着“你只闻到我的香水，却没看到我的汗水”“梦想，注定是孤独的旅行，路上少不了质疑和嘲笑”等励志的广告词，特别是陈欧最后击碎玻璃的那一刹那，仿佛是对困难宣战，令人振奋不已。聚美优品的这则广告是以梦想之名来讲述奋斗故事，配合充满穿透力的台词，唤醒了大家内心深处的梦想和回忆，引起消费者的心灵共鸣。而让消费者产生情感上的共鸣，现在已成为很多广告的主攻点，比如中华牙膏的“闪亮未来、我的微笑”活动、益达口香糖的酸甜苦辣系列、雪佛兰汽车的老男孩微电影等都以此同样取得了巨大的成功。

2）改编热潮，SNS营销助力病毒传播

聚美优品的这则广告最初是在电视上播出的，但最终走红还是借助于网络媒体的力量。虽然聚美优品在《快乐大本营》投放此条广告引起了一定的反响，但社交网站、视频网站上广泛传播与评论形成的口碑病毒营销才是“陈欧体”得以爆红的真正途径。

对于聚美优品的这段励志广告，何炅、韩庚、孙杨等各界名人都在微博上进行了转发。随着电视播出和网络上来自各方的良好口碑与赞美推荐，聚美优品广告迅速在微博、人人网等社交网站以及天涯、百度贴吧等网络社区传播开来。其实陈欧坦言自己并未做太多“推广”方面的投入，SNS网站的传播能力显然让他尝足了甜头。解释“陈欧体”如此受到热捧的一个重要原因是其在网络中掀起的一场改编热潮。广告词朗朗上口的句型能够让广大网民“填空”。“你有××，我有××。你可以××，但我会××……但那又怎样，哪怕××，也要××。我是××，我为自己代言！”这个句型可以应用于各种或励志或吐槽的情景，用“陈欧体”造句一时间成了时尚游戏。

不知不觉中，聚美优品已经在创意和传播中获得了巨大的关注度。这种改编热潮让人不禁联想到几年前流行起来的“凡客体”。而比凡客诚品更高明的是，聚美优品甚至没有花重金借助明星来增加影响力，仅仅靠CEO的本色出演和友人客串就实现了广告的病毒式传播。

3）形式新颖，CEO营销获认可

聚美优品这次的广告取得巨大的成功，除了内容上引起目标消费者的共鸣，运作上借助社会化网络进行病毒式营销之外，还有一个值得企业家和营销人注意的亮点是其以CEO而非明星出演广告。与其他广告相比，这在形式上让观众有眼前一亮的感觉。

所谓CEO营销，就是借助网络、书籍、演讲、活动等传播方式宣传CEO的成长经历、管理风格、社会责任等方面的特点和优势，塑造和提升CEO的个人品牌形象，以进一步达到提升企业知名度、美誉度目的的营销策略。通过策划、传播、整合CEO自身各方面的优势资源，塑造一个出色的个人品牌形象。利用CEO等企业高层人员的人格魅力征服、感染消费者，往往能够起到比硬性的广告更好的效果。当然，企业在考虑让企业家为自己的企业代言这种形式时，一定要考虑企业家的形象和品牌需要建立的形象之间是否吻合，同时也要注意CEO与品牌融合的阶段性特点。

陈欧的形象、经历就非常适合进行CEO营销。陈欧曾在微博中表示："我从没把自己定义成化妆品行业专家，因为那种身份的公司有很多。我就是一个创业者，我发现我一讲这方面的事，关注量就很高。"再加上陈欧的外形比较帅气，化妆品类产品的购买者以年轻女性居多，所以他让自己来为聚美优品代言非常合适。

除了这次出演聚美优品广告"为自己代言"，陈欧还经常出现在各种电视节目中，如当红节目《天天向上》《非你莫属》等都可以看到他的身影。陈欧作为CEO，经常做客电视节目，现在又出演广告，被一些声音评为"不务正业"。但是作为聚美优品的CEO，陈欧个人无论是在电视屏幕上还是社交媒体上的露脸，都是在为聚美优品进行着品牌传播。陈欧的这种CEO营销，使其广告费用得到控制的同时，也让品牌获得了急需的知名度。

资料来源 刘杰克. 陈欧体走红市场的营销启示［N］. 企业家日报，2013-03-25.

**案例思考题：**

1.结合本案例说明聚美优品是如何利用CEO营销开展营销策划的。

2.尝试总结什么样的企业可以利用CEO营销这种策划方法。

3.你还知道哪些聚美优品的营销策划？

## 策划实战

在苹果CEO乔布斯看来，"情感的经济"将取代"理性的经济"。他一直批判消费电子产业只重视技术的传统做法。从1998年的iMac到2001年的iPod，再到iPad，iPhone，乔布斯以自己的行动告诉消费电子行业，仅仅依靠技术运算、硬件配置而制胜的时代已经过去，取而代之的是"与消费者产生情感共鸣""让顾客难忘的体验"。当产品能召唤消费者的情感，它便驱动了需求，这比任何一种差异化的策略更有力量。

与苹果的快速发展相反，曾经的行业巨头诺基亚似乎没能很好地适应这个"情感的经济"时代。2013年9月，诺基亚被微软公司收购。被并购后的诺基亚该何去何从，请你为诺基亚手机设计一个发展的策划方案，使其在新一轮的移动革命中崛起。

## 本章小结

营销策划原理贯穿企业整个营销活动的始终，但它并不要求在设计和实施策划方案时将其生搬硬套到理论中去，而是隐含在营销策划活动的每根神经中，去指导企业的市场营销活动。一般营销策划原理有：创新出奇原理、顾客导向原理、动态发展原理、资源整合原理。

营销策划的一般流程分为确定策划目的、搜集与分析信息、创意的提炼、制订策划方案、方案的评估、实施与控制方案、效果的评估与修正等环节。

营销策划方案的制订一般包括营销目标设定、营销战略策划、营销战术策划、实施的计划、实施计划的控制。

企业进行营销策划，主要可以通过两种方式来实现：一种是"自力更生"；另一种则是"借用外脑"。"自力更生"方式，即企业自行组织企业内的营销管理人员建立自己的策划部门进行策划。"借用外脑"方式，即通过外聘专门的策划人员或专业的策划公司来进行策划。

## 参考文献

[1] 孟韬，毕克贵．营销策划：方法、技巧与文案［M］．北京：机械工业出版社，2021.

[2] 张卫东．营销策划：知识与技法［M］．北京：电子工业出版社，2011.

[3] 黄聚河．营销策划：理论与实务［M］．北京：清华大学出版社，2013.

[4] 张光忠．营销策划［M］．北京：中国财政经济出版社，2009.

[5] 杨德慧．商务策划管理［M］．北京：北京大学出版社，2010.

[6] 易开刚．现代营销策划学［M］．上海：上海财经大学出版社，2011.

[7] 傅亚平，赵晓飞．基于网络效应的SNS网站用户参与动机和参与强度研究［J］．财贸研究，2011（6）．

[8] 郑晓燕．试论企业的营销组织与营销策略创新［J］．经济师，2013（7）．

[9] 刘杰克．陈欧体走红市场的营销启示［N］．企业家日报，2013-03-25.

# 第3章 营销策划中的创意

## 学习目标

通过本章的学习，理解创意的含义，了解创意对营销策划的作用，了解创意的几个主要来源，掌握创意的几种常用技法，能够根据创意效果的评定原则对其进行客观的评价，熟悉创意的培养方式和开发途径。

# 3.1 创意的作用与来源

## 3.1.1 创意及其对营销策划的作用

所谓创意，是指人们在经济、文化活动中产生的思想、点子、主意、想象等新的思维成果，是一种创造新事物、新形象的思维方式和行为。创意是人类智慧的体现，人类生活中充满创意，人类的发展离不开创意。创意推动了事物新陈代谢，也推进了人类弃旧图新的发展。创意在文学艺术、绘画、建筑等领域无所不在，在营销活动的战略、战术等各个环节也需要不寻常的创意。

创意是人们主体的意与客体的象的结合。客体的表象是感性认识的产物，不具备理性的内容。表象可分为会意性表象和想象性表象。当表象被作为意念、情感深深地印在人们的脑海里时，就变成了意向。这个由表象向意向的转化过程完成后，进一步进行创造性思维，就可形成创意。

创意产生于创造性的思维。创造性的思维是一种辩证思维，即认为事物是运动、变化、发展的，并要用逻辑思维去把握、驾驭整个世界万物的变化，而不是以形式逻辑的静态、固定要领来进行推理。

营销策划有关产品、企业、广告、品牌等的创意引起人们的注意并最终引导消费者作出购买决定。好的创意就是要寻求消费者的兴奋点、产品的卖点、企业的亮点、消费者对企业及其产品的共鸣点。所以，营销策划及其实施的过程是企业与公众相互沟通的过程。公众印象、公众态度、公共舆论对企业形象起着重要的作用，创意则是影响公众印象、态度、舆论的源泉。

**小案例 3-1**

**旅馆“奇妙夜”**

**按体重收费的旅馆**

美国芝加哥一家旅馆明文公告：旅客的体重未超过一定重量者不收费。这家旅馆全是双人铺，接待对象大都为旅行或度蜜月的夫妻。只要夫妇两个人的体重合起来不足两百磅就可不付钱舒舒服服地住上一夜，超过部分体重每磅收10美分。实际上，能享受此待遇的夫妻寥寥无几，但是由于这个创意，让旅店的名声不胫而走，生意特别红火。

**无人服务的旅馆**

日本东京有一家名叫新宿华盛顿的豪华旅馆。它拥有1 633间客房，没有一名工作人员。旅客到达旅馆后，只要在计算机键盘上按出自己预订的号码即可办理住宿登记手续：将钱或信用卡投入计算机内，便自动送出房门钥匙，这是一张扑克牌大小的磁性卡片，凭它可以开门，接通室内供电系统、入餐、购物。当住宿期限一到，这把神奇的卡片钥匙就会立即失去“魔力”。

**冰块“城堡”**

北欧虽然寒冷，但却有着得天独厚的优势。在瑞典有一个冰块城堡酒店，里面都是用冰块打造而成，就连床也是由冰块制成。据了解，这家酒店每年的11月，就会请一些雕刻家来进行设计，而且每一年的主题都不一样，这样更能吸引大量的游客，也正因为这样的创意，这家酒店才跻身世界上最独特的酒店之列。

## 3.1.2 创意的来源

在我们的身边，有很多人、很多企业组织通过不同凡响的创意收获了意想不到的效果。那么，究竟创意源于何处呢？这里我们给出创意的六个来源。

**1）创意来源于生活**

生活是创意最主要的来源。生活是丰富多彩的，它能为创意提供大量有价值的素材，而且能引发我们产生创意的灵感，很多优秀的创意都是对生活深入细致观察的结果。另外，创意的产生也是为了满足实际的需要，只有贴近生活，人们才能更好地接受这些新奇的想法或点子，创意才更容易取得成功。

**2）创意来源于思考**

日常生活中，如果我们只是“一如既往”，那么只能与创意擦肩而过，因为创意需要思考。思考使生活中看似平常的事情变得深奥，从而收获意想不到的东西。有太多的知识、灵感来自思考。苹果落地是件稀松平常的事情，但只有牛顿发现了万有引力。创意源于缜密的思考，思考的力量是无穷的。

**3）创意来源于幻想**

创意的产生，在一定程度上来源于我们的幻想。想象力是我们人类特有的一种思维能力。想象力的发挥，能使我们突破各种思维定式以及限制条件、环境的阻隔，使我们的创造性思维得到最大程度的发挥。很多看似不可能的事情，正是由于大胆合理的想象，才成为了现实。

**4）创意来源于兴趣**

兴趣是对于创意的形成有着重要影响的另一个因素，也是创意的一个重要来源。只有对某个问题产生了兴趣，我们的思维才能够兴奋和活跃，我们的想象力和创造力才能得到充分发挥。

**5）创意来源于积累**

机遇只给有准备的人，创意的发生也是这样。如果我们平常没有对知识、经验的广泛积累，那么要有好的创意几乎是不可能的。灵感的获得也许只是一瞬间的事，然而在灵感到来之前却是需要有大量的思考和准备过程来铺垫的。只有对某事某物进行长时间的考察、实验、思考才能获得好的创意。

**6）创意来源于视角**

事物之间的联系是复杂的，从不同的角度观察、思考，得出的结论可能会有很大的差异。我们在进行创意的过程中，要学会从不同的角度看问题，当一种思路进行不下去，无法产生创造性的想法时，换个角度、换种思考的方法，或许会“柳暗花明又一村”。因此，创意也来源于我们对事物不同的视角。

# 3.2　创意的技法与效果评定

## 3.2.1　创意的技法

创意的常用技法由易到难有以下五种：

**1）模仿创造法**

模仿创造法是指通过模拟仿制已知事物来构造未知事物的方法。模拟创造法又分为仿生法和仿形法。仿生法是指被模仿的已知事物是我们熟悉的某种生物而进行模仿创造的方法。仿形法是指仅仅模仿已知事物的形状而进行模仿创造的方法。

模仿创造法是人类创造性思维常用的方法。当人们欲求构建未知事物的原理、结构和功能而不知从何下手时，最便捷易行的方法就是对已知的类似事物的模仿而进行再创造。几乎所有创意者的行为最初都是从模仿创造法入手的。

模仿创造法不是一般的照搬或抄袭，而是因时、因物、因势而采取最适合的创意，对已知事物的模仿只是借鉴，是基础，通过借鉴在此基础上作出适合未知事物的选择和再造。

模仿创造法的应用途径包括：

（1）功能性模仿创造，即从某一事物的某种功能要求出发模仿类似的已知事物。日本汽车在20世纪六七十年代的崛起就是因为对美国汽车进行了很好的模仿创造。

（2）仿生性模仿创造，包括原理性仿生、技术性仿生、控制性仿生、信息性仿生等。人们以生物界事物的生存发展的原理、形状、功能为参照物，进行仿生性模仿创造。

（3）结构性模仿创造，即从结构上模仿已知事物的结构特点为创造新事物所用。如复式住宅来自对双层公共汽车的结构模仿。

（4）形态性模仿创造，即对已知事物的形状和物态进行模仿而形成新事物。如深圳世界之窗、锦绣中华等微缩景观是按照世界各国和我国的自然和人文景观修建的，军人的迷彩服就是对大自然色彩的模仿性创造。

（5）原理性模仿创造，即按照已知事物的运作原理来构建新事物的运作机制。

**2）移植参合法**

移植参合法是指将某一领域的原理、方法、技术或构思移植到另一领域而形成新事物的方法。它是人们思维领域的一种嫁接现象。生物领域的嫁接或杂交可以产生新的物种，科技领域的移植、嫁接可以产生新的科技成果，同样，营销策划可通过对不同领域、不同行业的企业的某些方面进行移植、嫁接，从而形成新的创意。

移植参合法包括如下几种类型：

（1）方法性移植。方法性移植法指的是把某一领域的技术方法有意识地移植到另一领域而形成的创造性的方法。例如，轿车的GPS系统就是将军事的卫星导航技术移植到了民用领域。

（2）结构性移植。把某一种领域的独特性结构移植到另一领域形成具有新结构的事物的方法就是结构性移植法。如根据蜂窝结构做成的蜂窝砖等。

（3）功能性移植。把某一种技术或艺术所具有的独特功能以某种形式移植到另一领域的方法就是功能性移植。如将电视机的音响功能移植到计算机领域。

（4）原理性移植。原理性移植是把思维原理、科学原理、技术原理、艺术原理移植到某一新领域的方法。例如：把社会化大生产原理用于改造传统零售商业，就创造了连锁经营的形式；把价值工程应用于市场营销实践，便形成了营销价值分析法。

**3）联想类比法**

联想类比法是指通过对已知事物的认知而联想到未知事物，并根据已知事物的属性去推测未知事物也有类似属性的方法。联想类比法包括以下类型：

（1）直接类比法。直接类比法是指在两事物之间直接建立联系的类比方法。如统一润滑油在美国与伊拉克开战前夕，适时打出广告语“多一些润滑，少一些摩擦”。

（2）结构类比法。结构类比法是指根据未知事物与已知事物在结构上的某些相似而推断未知事物也具有某种属性的方法。

（3）因果类比法。因果类比法是指根据已知事物的因果关系同未知事物的因果关系的某些相似之处，来寻求未知事物的方法。

（4）拟人类比法。拟人类比法是指将问题对象同人类的活动进行类比，赋予非生命的具体事物以人的生命及其思维和想象的方法。企业形象设计本身就是把企业拟作人进行设计和策划，赋予人的理念、人的视觉美感和行为方式，使之在社会公众中产生美好形象。

**4）逆向思维法**

逆向思维法是指按常规思维去解决问题而不见效时，进行逆向思维以期获得意想不到的效果的方法。逆向思维法改变了人们固定的思维模式和轨迹而提出了全新的思维方式和切入点，这无疑拓宽了创意的渠道。逆向思维与顺向思维往往交替进行，在交替使用这两种思维方法时，不断变换解决问题的途径和思维方式，并寻求最恰当的方法。

**小案例 3-2**

**富有创意的企业App**

**万能遥控器**

手机万能遥控器是一款能将自己的手机变身成各种电器的遥控器的工具。手机万能遥控器内部有遥控代码，把手机变成“万能遥控器”。一部普通的智能手机可以控制所有红外家电（电视、机顶盒、空调等），还可以将同一个控制功能以不同的名称或图标予以记忆存储，以便于不同的人员使用，并且这种控制能实现一键多控。试想，你躺在沙发上，只需轻轻触控一个键，就能打开电视、打开机顶盒、换到喜欢的湖南卫视频道、将音响音量调整到最佳等，完美实现“手机遥控”。

**互传**

互传，是超过2亿人使用的跨平台零流量文件传输利器。无论身处什么环境，使用互传急速分享音乐、电影、应用、图片，最快可达40M/s，而且完全不耗流量。Android和Android之间，Android和其他平台，手机和电脑，互传支持各种形式的连接传输。当你苦于手机和电脑的数据传输时，互传可以轻松实现手机和电脑无线连接，各类文件随心传输，对数据线说拜拜，办公好助手，轻松又省心。

**美婚照照**

在大部分婚庆App把注意力放在电商上的时候，一些互联网公司却把开发的重点放在了应用的创意上，更多地关注用户在使用App当中的娱乐性和互动性。美婚照照这款App能够帮助新人收集婚礼上亲友拍摄的照片，新人首先邀请众亲友加入自己的婚礼，之后，亲友即可通过App、微信等途径上传自己在婚礼上拍摄的照片，以各自独特的视角，为新人打造一个多角度的婚礼相册。婚礼的乐趣就是大家一起分享喜悦，这样的拍照方式能够增强宾客的互动意识，让陌生的宾客之间也能沟通彼此的婚礼感受，同时在婚礼现场的大屏幕上，还可以同步更新现场照片集，使现场宾客产生强烈的认同感。

**绿洲**

绿洲是新浪出品的美好生活社交产品，是建立在现实社交荒漠外的心灵家园。在绿洲里，分享美好生活——用户可以回归初心，逃离复杂的现实朋友圈，重拾分享生活的热情。在绿洲里，找到兴趣好友——拥有共同爱好，建立干净亲密的社交圈子，带你发现世界之美，逃离社交荒漠。在绿洲里，发现世界之美——冰岛的梦幻极光、明星达人的精致秘籍、大胃王的美食探店等。进入绿洲，精彩的世界目不暇接。

#### 5）组合创造法

组合创造法是指将多种因素通过建立某种关系组合在一起从而形成组合优势的方法。例如：市场营销学是经营哲学、数学、经济学、行为学、社会学等众多学科元素组合而成的新型学科；市场营销行为的实施则是产品、定价、分销渠道、促销等可控因素的组合；营销意识下的产品是核心产品、形式产品和延伸产品的组合。

组合的基本前提是各组成要素必须建立某种关系而成为整体。没有规则约束即为堆砌，有了规则约束才会形成新的事物。

组合也可以是原理组合、结构组合、功能组合、材料组合以及方法组合。不论什么组合，一是要考虑其前提条件，即能否组合，二是要考虑组合的结果能否优化、是否有更佳的效果。下面就是一个通过组合思维创造财富的例子。

**小案例3-3**

**哈根达斯低成本创意**

创意形成策划，策划指导营销活动，任何营销活动都是需要投入一定费用的。如何能够在追求新奇创意的同时又降低营销费用呢？低成本创意的原则就是“用别人的渠道，搭建自己的渠道”。

哈根达斯就是这个观点，现在它将自己的产品卖到了开发商的售楼处里。大凡标榜高档的项目，在举办开盘之类的活动时，都让客户免费品尝哈根达斯，以显示自己的贵气、大气。从哈根达斯来看，营销渠道拓宽了，在卖房子的地方卖起了雪糕，玩起了无店铺经营，利用别人的渠道去网罗自己的顾客。从开发商来看，则是借助哈根达斯的牌子营造氛围，为顾客创造特殊的价值和体验，成为开发商吸引顾客的一部分，帮助开发商提升了顾客价值。这是针对共同的客户群体达成双赢的局面。

所以，企业在实践营销创意的时候，总想着如何开发渠道，如何单打独斗，依靠自己的双手打天下，这是最笨的做法。借力他人渠道是低成本创意的黄金法则。

### 3.2.2 创意的效果评定

#### 1）创意效果的评定原则

创意效果是指应用创意以后对生产、销售、管理等各方面产生的影响与发挥的作用，是通过劳动消耗和劳动占用而获得的成果和效用。创意效果的评定一般遵循以下原则：

（1）可靠性原则。可靠性原则是指保证评价方法和手段的可靠性以及资料的可靠性。因此，对创意效果的评价应由有关专家进行，以避免被误导和乱指挥。

（2）目标性原则。进行创意效果评价时，必须以创意目标为准则。事前评价，主要考虑目标的可行性与可用性，如果创意目标根本不可能实现，或即使能实现也对企业无用，这样的创意应及时否定。事中评价，是指看其创意是否朝着既定目标前进，如果出现偏差，应及时校正。事后评价，是指看创意的效果是否达到了既定目标，达到了就是成功的，没达到就是失败的。

（3）经济性原则。企业是以营利为目的的组织，企业行为应考虑经济性原则，进行创意效果评定也不例外。

（4）综合性原则。评价创意应综合考虑创意的经济效果、社会效果、心理效果以及影响这些效果的各种相关因素，包括企业的可控因素和社会不可控因素，以便准确地评价创意的效果。

#### 2）创意效果的评定方法

（1）创意经济效果的评定

创意经济效果的事后评定可采用以下指标进行：

①经济收益额，即创意后的经济收益较之创意前的收益的差额。

经济收益额=创意后的经济收益-创意前的经济收益

②成本利润率，即企业利润额与所支出的创意成本之比。

$$成本利润率=\frac{利润额}{创意成本}\times 100\%$$

③经济收益率，即企业经营收入总额与创意支出成本之比。

$$经济收益率=\frac{经营收入总额}{创意成本}\times 100\%$$

除了事后评定之外，还可进行事前预测和事中评定。事前预测主要是研究创意的可行性，以企业目标为准则，以实现经济效益最大化为标准，运用各种手段进行综合分析。事中评定是为了检验创意是否按计划实施，并取得预期进展，以定性为主。

（2）创意社会效果的评定

创意的社会效果是指创意实施以后对社会环境包括法律规范、伦理道德、文化艺术、自然环境的影响。一般采取定性分析的方法。

**补充阅读3-1**

**好创意的五条标准**

对于策划人员来说，获得一个有价值的、优秀的创意，是其梦寐以求的理想。然而，怎样的创意才是一个有价值的、优秀的创意，我们又该如何来衡量它呢？一般情况下，我们可以从以下五个方面来衡量：

（1）能带来实际效果，销量和口碑有显著提升；

（2）能够将营销创意与新技术、新应用巧妙结合；

（3）创意本身构思精巧，能给人带来不同凡响的炫酷体验；

（4）能够敏锐地捕捉新的市场空间，感知文化动向，及时洞察最新的消费心理；

（5）产品本身拥有说服力，让创意拥有牢固的基础。

## 3.3 创意的培养与开发途径

创意活动是一种高智能的脑力活动，这就对创意者的素质与能力提出了较高的要求。要想适应创意活动的要求，策划人员就必须采取一定的措施来有意识地培养和提高自己的创意能力与水平。

### 3.3.1 创意的培养

要想在需要的时候，头脑中能形成一个好的创意，就必须在平时注意培养创意思维。创意思维的培养，一般从以下五个方面着手：

**1）培养创意意识**

人的创意意识分为习惯性创意意识和强制性创意意识。习惯性创意意识是指不需要主体意识的主动、特别的干预就能有效地支配人的创意活动的意识。这种创意意识一经形成，就具有稳定、持续的特点，因此要从小培养。强制性的创意意识是指创意意识的产生必须由主体意识的强制性干预而形成的创意意识，它受创意主体目的性支配，当创意活动的目的性达到后，这种创意意识多归于消失。

（1）培养习惯性创意意识

首先，要开发右脑。对于人的大脑，一般认为，左脑主司逻辑思维，表现为语言、运算功能；右脑则主司形象思维，表现为形象识别、艺术鉴赏等。开发右脑，是开发人的创造性思维的核心。

其次，要培养创意性品格。创意性品格是一种稳定的心理品质，它一经形成，就可以激发创意意识的持续延伸。创意性品格包括：尊重知识、崇尚科学、仰慕创意的品质；勤于思考、善于钻研、敢于质疑的习惯；勇于探索、刻意求新、独树一帜的创新精神。

（2）培养强制性创意意识

强制性创意意识的培养途径有外部强制和自身强制之分。

外部强制是指一切由外部因素激发的创意意识，如上级布置的指令性课题、领导委派的开发任务等。

自身强制性是由自我需要的目的性而引发的创意意识。自我需要的目的性既有经济利益的需要，如奖金、转让费等；也有个人显示心理的需要，如要借此显示自己的才能，满足心理上的成就感；更高境界的则是远大的抱负和崇高的理想的需要，从而激发创意意识。

**2）善于观察生活**

在前面分析创意来源的时候，我们曾经提到过，现实生活是创意的最终来源。因此，创意者要想使自己的思维素质与水平得到提高，首先就必须从日常生活中的点滴做起，善于观察、体验和深入生活。

生活是丰富多彩的，对现实生活的仔细观察和深刻体验，不仅能使创意者的观察能力与感悟能力得到提高，而且也能使创意者的思想得到不断丰富与完善，使其想象力得到扩展，同时，也有利于创意者摆脱线性单一的思考问题的模式与习惯，学习和掌握多角度认识问题、分析问题的技巧与方法。

要深入观察和体验生活，创意者可以通过“五看法”来实现，即一看卖场，二看广告，三看标识，四看包装，五看标签。在对卖场、广告、标识、包装、标签等进行了细致的观察和分析之后，创意者才能较为全面、有效地了解市场信息和把握市场走势，在此基础上构思出来的创意方案也才能更加贴近消费者的实际需求，满足消费者的欲望。

**3）培养广泛的兴趣**

培养广泛的兴趣，对于创意者思维素质与能力的提高也是有很大帮助的。这主要体现在如下几个方面：首先，广泛的兴趣能使创意者获得更多的社会实践与生活体验。在这些体验与实践的过程中，创意者的思想会变得更加成熟，考虑问题也会更加全面。其次，兴趣对于创造性思维的形成与拓展也是有着重要影响的。因为有了兴趣，人们才会对问题进行关注，才会进行思考、探索与发现，而这些正是人类创造性思维形成与发生的过程。再次，兴趣的培养，也有利于提高创意人员的审美能力与欣赏水平。审美能力是人类思维能力的重要组成部分，也是创意过程中创意者不可或缺的能力之一，正是有了它，才产生了大量既具创造性又具美感魅力的创意方案。

**4）知识的储备与积累**

知识的储备与积累，对于创意人员理性思维的形成与发展是极为重要的。在策划创意过程中，逻辑判断与推理是创意人员最常用到的思维方法。如果没有一定的理论知识做基础，那么对于一些较为复杂的问题，想要作出合乎理性与逻辑的判断是不可能的。因此，在日常生活中，创意人员就要注意加强对知识的广泛涉猎和积累，不仅要学习与策划、创意相关的知识，还要对其他领域的知识有所了解。只有在平时做好知识的储备和积累，在创意过程中，创意者才能做到游刃有余，避免盲目性。

图3-1就是一个营销策划人员的知识结构图。图中，由里向外依次是营销学、管理学、经济学、社会学、心理学和美学。这也表明，对于营销策划人员来说，营销学知识是其要掌握的核心知识；其次是管理学、经济学知识；除此以外，策划人员还要具有一定的社会学、心理学和美学知识。只有具备了这样的知识结构，策划人员才能更好地进行策划与创意活动。

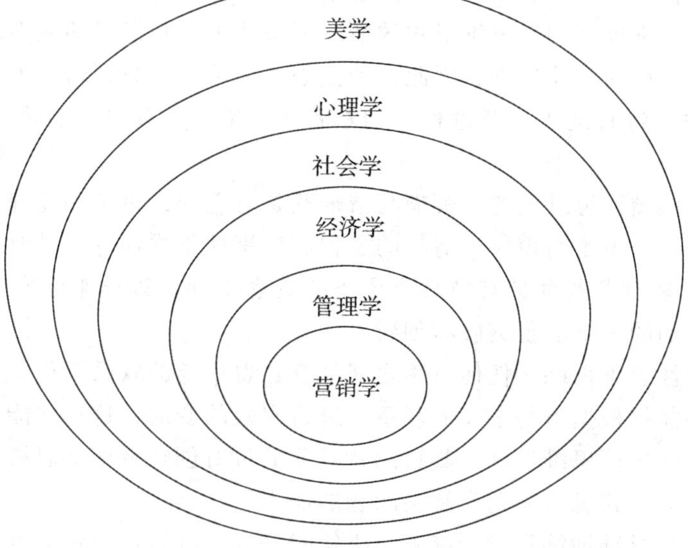


图3-1　营销策划人员知识结构图

**5）品格磨炼**

意志力与品格的磨炼，对于创意人员思维能力与素质的发展也是有着重要影响的。面对问题时，创意人员只有勤于思考、善于钻研、敏于质疑，他们的创造性思维才能不断得到开发，才能不断得到完善。而在面对困难和挫折时，创意人员只有知难而进、勇于探索、不畏挫折与失败，他们的思想才能不断得到磨炼，才能变得更加成熟。因此，创意人员在对自己的创意思维进行培养的过程中，必须加强个人在意志力与品格等方面的磨炼。

### 3.3.2　创意的开发途径

当我们看到一些好的或是新鲜的创意时，往往认为创意人得到了巨大的灵感，其实不然，赖声川在其专著《赖声川的创意学》中就提到，创意是可以“练”的，我们需要用智慧打开整个创意，冲破屏障，用新的视角看世界。开发创意是研究创意、从事企业形象策划活动的关键。开发创意的途径有以下两条：

**1）训练发散性思维**

在创意过程中，思维定式可以说是一种严重的障碍，它不仅将我们的思维固定在固有的框框之中，而且也是扼杀创造性思维的最大“元凶”。因此，我们必须想办法克服它。而要突破思维定式的有效途径之一就是进行发散性思维训练。

发散性思维，顾名思义，是与收敛性思维相对的，即人们的思维方向是辐射性的，而不是沿着一个确定的方向发展。思维的流畅性、变通性与创新性是发散性思维的三个主要特点。

一般的，发散性思维的主要训练方式有以下四种：

（1）非逻辑性思维训练。非逻辑性思维训练的主要内容就是训练创意人员在不用概念、判断、推理等理性思维形式的情况下来认识客观世界的能力。由于非逻辑思维是一种非线性的立体思维，因此，加强创意人员运用非逻辑性思维来进行认识与判断的能力，将有助于创意过程中创意者直觉能力作用的发挥和对灵感的有效把握。

（2）放纵模糊性思维训练。模糊与清晰既是对立的，也是相互统一的。创意的过程其实就是一个思维由模糊到清晰的过程。模糊性思维训练就是要通过对模糊性思维的放纵，来引发各种带有歧义或矛盾的观念出现，以此来激发人们的各种想象，从而使人们的思维实现突破与创新。

（3）变通性思维训练。任何事物之间都存在着一定的联系。创意人员在进行创意的过程中要能够根据事物之间的联系，进行有效的变通，这样才能使创意成功的把握性更大。变通性思维训练，其目的就是要通过对创意者变通思维的启发，来提高其多角度、立体式思考问题和解决问题的能力。

（4）求异性思维训练。对于突破思维定式来说，求异性思维训练的效果也是非常明显的。俗话说“条条大路通罗马”，任何问题的求解过程和方法都不是唯一的，而是有许多种。求异性思维训练的目的就是要通过对创意者求异思维的开发，来使其摆脱线性思考习惯的束缚。同时，这种训练对于提高创意者的想象能力和创造能力也是有很大帮助的。

**2）拓展想象力**

想象力对于创意活动来说是极其重要的，没有想象力的发挥，就不可能有精彩的创意产生。在进行创意思维开发的过程中，加强对创意者想象能力的拓展也是必不可少的一项。通常，拓展想象力的途径主要有以下三种：

（1）排除想象的阻力。想象的阻力既可能是来自外部环境条件的限制，也可能是由创意者自身思维障碍或态度造成的。因此，要想提高想象力，首先就必须采取一定措施，克服这些阻碍想象力发挥的因素。

（2）扩大想象的空间。想象空间的扩展对于想象力的提高与拓展来说是很重要的。虽然想象空间看似没有边界，但就不同的人来说，因为其知识水平、经验阅历的具备程度各不相同，所以这就使每个人想象空间的大小也是有差别的。想象空间越大，想象力就越容易得到充分发挥；反之，则越困难。因此，要想提高想象能力，创意人员就必须不断学习、不断实践，以扩大自身的想象空间。

（3）充实想象的源泉。所谓“想象”，其实并不是“凭空的想象”，而是来源于对各种知识的灵活运用与创新性设想。因此，要想获得丰富的想象力，创意者就需要多在想象的源头上下功夫，即要不断地深入生活，多实践、多积累、多思考。

**补充阅读3-2**

**“水平营销”与创造力的逻辑**

“水平营销”实质就是一种横向思考方式，它是菲利普·科特勒最新提出的一种营销理论，对营销策划很适用。以下我们通过《水平营销》这本书中对创造力逻辑的阐释来认识和了解创造力是如何产生的。创造性思维遵循三个简单的步骤：

第一步，选择一个焦点。焦点就是我们想要关注的东西。它可以是一个亟待解决的问题，一个要达到的目标，或一个简单的物体。

第二步，进行横向置换以产生刺激。在选择了焦点之后，接下来是进行横向置换。所谓横向置换，其实就是对逻辑思维顺序的一种中断。对焦点进行横向置换通常会产生一个联结中断，即一个空白。

第三步，建立联结，消除空白。由于我们的大脑是个自组织系统，要求建立不中断的联结，因此当空白出现时，我们的思维便会作出必要的跳跃，直到建立一个合理的联结为止。当然，要建立这种联结，有时我们将不得不有所改变。

## 策划案例与文案

即便已经成为快餐业巨头，麦当劳也一直在努力，为了更好地满足顾客的需求，麦当劳一直在尝试。中国首家麦当劳未来智慧概念餐厅在北京王府井正式开业，顾客可率先体验更大的用餐自由，随心享受麦当劳的产品与服务。这一概念餐厅时尚气息足，拥有与微信联手推出、全国首发的多项创新平台，如手机自创汉堡、手机桌边加餐。除此之外还有全国首个“线下游戏体验空间”，由于采用了先进的技术，顾客可以不排队、不带钱包，吃喝玩乐由顾客自己做主。北京王府井餐厅对麦当劳来说意义非同一般。1992年，麦当劳在此开设了当时全世界最大的麦当劳餐厅。2016年，与微信展开合作的全国第一家未来智慧概念餐厅又诞生于此。麦当劳是一家管理现代化、积极进取的餐饮公司。这一新概念餐厅的推出，正是借着先进的技术将自由选择权交回顾客。从市场营销的角度来说，给顾客提供更多选择，以便更好地满足不同顾客的需求，本来就是获取顾客满意的重要手段。该餐厅融合数字化、人性化，很好地满足了顾客的用餐需求，无论智能点餐、玩转餐厅，还是自创美食，都给顾客带来了不一样的用餐体验。

位于北京王府井大街200号的概念餐厅，在餐厅的设计上下功夫，设计简约沉稳，很好地突出了食物的色彩。大堂有触屏自助点餐机，超大屏幕，手指轻滑即可点餐。当完成点餐步骤后，顾客可选择刷卡或手机支付（如微信支付），轻松又快捷，这为顾客节省了时间。当然，顾客也可以选择传统的点餐方式，独立的点餐柜台拉近了顾客与接待员之间的距离，沟通更加便利。双点式柜台将点餐与取餐区分开来，不仅服务更快，同时还满足了手机订餐、外卖服务的需要，可谓一举两得。

在餐厅二楼，麦当劳推出全国首个“线下游戏体验空间”，打开手机蓝牙，使用微信“摇一摇”功能即可发现“开心寻宝乐园”。在“开心寻宝乐园”里，有5款适合3~9岁儿童的益智游戏，如涂鸦、讲故事、酷跑和消除等，它们融入麦当劳趣味元素，游戏积分还可兑换美食，这样家长可以和孩子一起获得互动的用餐体验，通过获得孩子的喜爱来增加家长带领孩子前来就餐的次数。

在王府井餐厅，顾客将首次体验“我创我味来”自创汉堡；通过自由搭配24种精选食材，简单6步，创造不同的汉堡组合（见图3-2）。不同顾客的不同汉堡，又是一个获得顾客满意的优秀创意。令人感到科技感十足的是，顾客在点餐后自由就坐，接待员可以依据桌面自动定位送餐到桌。除此之外，“汉堡吧”采用了开放式的厨房，汉堡烹饪过程一览无余。试想一下，见证一款自己专属汉堡的制作，是多么令人高兴的事情。从以人为本的角度出发，概念餐厅在全国首家试点手机桌边加餐服务，顾客可在用餐过程中加点饮料、小食或甜点，用手机进行下单，无须离开座位，便会有人送餐到桌，使顾客的美食之旅不会中断，为顾客节省宝贵的时间，这正是餐厅突出的优势之一。

图3-2 麦当劳自创汉堡包活动橱窗

有了出色的餐厅，麦当劳仍不忘打感情牌，利用具有中国特色的广告创意来获得中国消费者的认同。2019年1月，麦当劳中国推出新年广告《春节变形记》，通过子女和父母过年前后的“变形”，启发大家探求生活和春节的意义，鼓励我们和最在乎的人一起度过美好的时光。感情上的认同拉近了这一洋品牌与中国消费者的距离，文化的融入使得消费者更容易接受产品、喜爱产品。

除了利用先进技术和情感营销来提高顾客体验，实现顾客满意外，麦当劳还积极践行环保理念，通过产品创新来拉近与消费者的距离。2020年5月，麦当劳发布全新品牌理念：“因为热爱，尽善而行”。麦当劳中国宣布首项环保举措：在食品包装上减塑，逐步停用塑料吸管。自2020年6月30日起，麦当劳在北京、上海、广州、深圳等近千家餐厅，无论是堂食还是外带，将不再提供吸管，预计每年减少400吨塑料用量。麦当劳通过产品创新，推出了全新的无吸管新杯盖，以代替以往的吸管。这种“免吸管”的杯盖，无论是开口的大小、高度，还是造型都是相当契合消费者的饮用习惯，这是麦当劳中国在本地环保创新上的成果，也是麦当劳全球系统首创的设计。

资料来源［1］佚名．麦当劳请来工程师设计出一款高科技吸管，还特意开了一场苹果风发布会［EB/OL］．［2017-02-23］．https：//socialbeta.com/t/100802.

［2］麦当劳未来智慧概念餐厅登陆北京，首次推出微信“我创我味来”点餐功能［EB/OL］．［2016-01-27］．http：//socialbeta.com/t/news-mcdonalds-create-your-taste-restaurant-beijing-2016.

［3］佚名．麦当劳新年大片之《春节变形记》［EB/OL］．［2019-01-25］．https：//www.mc-donalds. com.cn/news/Chinese-new-year-branding-video.

**案例思考题：**

1. 麦当劳在新开的概念餐厅中是如何向顾客传递价值的？
2. 麦当劳的自创汉堡包活动如何传递顾客价值和维系顾客关系？
3. 综合分析顾客在麦当劳就餐时的总成本和总收益。
4. 在网上搜索并观看麦当劳的2020年系列广告，并分析这些广告传递了什么价值。
5. 如何评价麦当劳开发新吸管的行为？

## 策划实战

慧美整形中心是南宁市大型专业的医学整形美容机构，坐落于南宁市东葛思贤路口东葛华都4层，是南宁市乃至广西壮族自治区首屈一指的大型专业系统规范的医学整形美容机构，面积达1 000多平方米。慧美整形中心与全国各大整形医院及美容机构有着广泛密切的学术交流与合作，在广西壮族自治区整形美容界率先提出并引进“微创”“无创伤”“午间整形美容”等整形新概念，一直引领区内整形潮流，曾为区内各地患者乃至海外患者总计超过万人次做过各种整形手术。慧美整形中心的定位是：无痕打造年轻漂亮女人——医学美容抗衰老整形中心。

目前，慧美整形中心开业周年即将来临，慧美管理层决定举办一次大型庆典活动。请你根据慧美整形中心的环境、特点、优势等因素，为其设计一个具有创意的营销策划方案，以使更多的人认识并认同慧美整形中心。

## 本章小结

创意是指人们在经济、文化活动中产生的思想、点子、主意、想象等新的思维成果，是一种创造新事物、新形象的思维方式和行为。营销策划及其实施的过程是企业与公众相互沟通的过程，公众印象、公众态度、公共舆论对企业形象起着重要的作用。

创意的来源主要有生活、思考、幻想、兴趣、积累以及视角。

创意的常用技法由易到难有模仿创造法、移植参合法、联想类比法、逆向思维法、组合创造法。

创意效果的评定一般遵循可靠性、目标性、经济性、综合性等原则。

创意的培养，一般从以下几方面着手：培养创意意识；善于观察、体验和深入生活；培养广泛的兴趣；知识的储备与积累；品格磨炼。

开发创意是研究创意、从事企业形象策划活动中的关键。开发创意的途径主要有两个，即训练发散性思维和拓展想象力。

## 参考文献

[1] 叶万春，叶敏．营销策划［M］．北京：清华大学出版社，2013.

[2] 阳翼．数字营销［M］．北京：中国人民大学出版社，2016.

[3] 科特勒．水平营销：突破性创意的探寻法［M］．科特勒咨询公司（中国），译．北京：机械工业出版社，2019.

[4] 丁俊杰．创意学概论［M］．北京：首都经济贸易大学出版社，2011.

[5] 黄尧．营销策划创意［M］．北京：电子工业出版社，2012.

[6] 孙健．营销创意就这么简单［M］．北京：人民邮电出版社，2013.

[7] 林景新．创意营销传播：营销3.0时代的制胜之道［M］．沈阳：辽宁科学技术出版社，2009.

[8] 唐新勇．巧卖创意　大学生成了“鱼缸大王”［J］．现代营销，2008（4）.

[9] 侯明明，张磊．浅论新经济时代产品设计的创意思维训练方法［J］．中国外资，2012（8）.

# 第4章 市场调研策划

## 学习目标

通过本章的学习，理解市场调研策划的程序，理解并重点掌握市场调研策划的5种方法，同时理解并掌握市场调研报告的书写结构和技巧。

# 4.1 市场调研策划的程序

市场调研在企业的营销管理中发挥着十分重要的作用，是企业开发或进入新市场的探索性工具，是识别或选择有利市场的决策依据，也是市场信息反馈系统的重要组成部分。市场调研的策划程序由前期准备、文案设计、策划实施和报告撰写四部分组成，如图4-1所示。

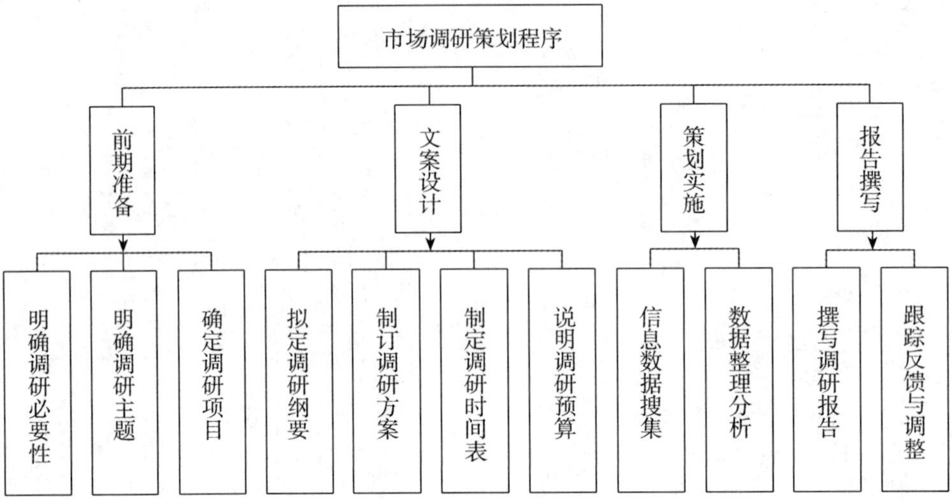


图4-1 市场调研策划程序

## 4.1.1 前期准备

**1）明确调研的必要性**

调研所涉及的领域非常广泛，可以说企业的任何一项决策都需要以一定的信息数据为依据。然而并非每一项调研都有执行的必要，因为调研是需要一定的资金和时间为保障的，这些人力、物力和财力的花费是否能给企业带来期望的回报率是明确调研必要性的原因所在。市场调研策划的必要性分析包括以下三个方面：

（1）明确搜集信息的目的和用途；

（2）明确企业是否已经拥有所需的信息、是否有充裕的时间和资金进行调研，并权衡收益与成本的关系；

（3）分析信息可获得程度的高低。

**2）明确调研的主题**

明确调研要解决的问题是市场调研前期准备中的首要任务，即调研主题是整个市场调研的核心所在，其主要功能是为后期的市场研究指明方向。调研主题的确定一般要经历两个阶段：

（1）通过小规模的非正式调研确切地掌握调研的背景环境，以更好地把握调研主题的性质以及对企业营销决策的价值；

（2）确定调研主题以后对其可行性以及可以达到的基本目标进行评估，一般是由企业内、外部对此问题有丰富经验及较深研究的专家、学者进行分析。

**小案例 4-1**

**休闲食品行业市场份额调研方案**

××调研公司是一家专业调查公司，其在为××集团做市场调研之前首先了解了××集团为进军休闲食品领域的需求：

1.巧克力、饼干、糖果、膨化食品（包括薯片、薯条）最近几年的销售额及每个品类细分品牌的销售额及市场份额（所有品牌统计所占份额要达到总市场份额的百分之八九十），数据统计范围为全国县级以上省市，不包括港澳台地区。

2.碳酸饮料、果汁、乳饮料、瓶装水等最近四年的销售额及每个品类细分品牌的销售额及市场份额（所有品牌统计所占份额要达到总市场份额的百分之八九十）。

3.北京、上海、广州三地每类产品2018—2020年的销售额。

4.每类产品未来的需求规模预测。

××调研公司根据上述需求分析得出：客户主要想了解行业市场发展现状、未来市场规模、主要企业市场份额；客户特别关注各个细分行业所监测到的企业；客户重点关注北京、上海、广州三大城市的市场规模。所进行的调研成果如下：

1.项目调查了达能、康师傅、奥利奥、卡夫、斯朗、嘉士力、嘉顿、奇宝、美丹、丹麦蓝罐、趣多多、徐福记、盼盼、旺仔、达利、青食、富丽、好丽友、圣安娜、格力高（奇蒂）、湖雪、格力高（百奇）、格力高（百力滋）、格力高（菜园小饼）、格力高（百醇）、鬼脸嘟嘟、鼎福、鹰威、珠洲、顶丰、天伦、广源、咪咪、不二家、天生园、七宝一丁、多乐之日等品牌，并得出了最近几年各个品牌的市场份额。

2.项目调查了阿尔卑斯、雅客、大白兔、金丝猴、徐福记、台尚、上好佳、孚特拉、瑞士糖等品牌的市场占有率。

3.项目调查了德芙、金帝、费列罗、吉百利、金莎、明治、好时、瑞士莲等品牌市场份额。

4.项目调查了乐事、可比克、品客、格力高（泡丽可、可珑、百多百）、好丽友、上好佳、亲亲、盼盼、通用磨坊（贝蒂妙厨妙脆角）、旺旺、康师傅、小帅才、小王子、福娃等品牌市场份额。

5.项目调查了康师傅、娃哈哈、农夫山泉、怡宝、可口可乐、润田、天与地、雀巢、益力、景田等品牌市场份额。

通过以上各产品市场分析，得出了××集团所要的各种市场信息，由此也说明了明确市场调研目标的重要性。

**3）确定调研的项目**

为了确保调研任务的完成，必须将调研主题进行分解，即由若干个具体的调研项目来反映调研主题。例如，调研主题是原有品牌延伸产品的市场潜量，那么在进行调研时应将其分解为品牌知晓度、顾客忠诚度、消费者偏好等项目，通过这些细化的项目内容分析调研主题。调研项目须作为活动进展的指导方针，评价调研主题的尺度。因此，在制定调研项目时必须尽可能准确、具体并切实可行。

## 4.1.2 文案设计

**1）拟定调研纲要**

调研纲要是根据调研主题的要求，对调研项目的具体内容进行确定，它使抽象的调研项目转化为具有可操作性的文案内容。在制定调研纲要时以下两个方面需要注意：

（1）在结构上，调研纲要一般细化到二级或三级调研项目，一级调研题目数量少，但是关系到调研主题的核心与方向，是构成调研方案的基本框架；二级调研题目是一级调研题目所涉及的一些具体调研项目；三级调研题目是对二级调研项目的进一步细化。

（2）在内容上，调研纲要是使调研方案系统化、条理化的保障，它要求调研方案的设计者要根据调研主题的要求构建体系框架，梳理、提炼、组织和安排市场研究要素，从而使调研方案成为具有一定内在联系的市场调研体系。因此，在制订调研方案时要确保各级调研项目的全面、科学、合理性，反映调研主题，同时要确保各项调研项目实施过程的可行性和可操作性。

**2）制订调研方案**

在确定了调研纲要之后，需要设计一份完整的调研方案，以保证具体实施的可参考性。通常调研方案包括以下几方面内容：

（1）确定资料来源；

（2）设计具体的调研内容；

（3）设定调研的时间表；

（4）确定调研对象和调研人员；

（5）说明调研预算。

由于不同类型调研方案的侧重方面不同，因此，设计调研方案的首要任务就是确定本项调研是探索性调研、描述性调研还是因果性调研（见表4-1）。

表4-1 **三种调研方案设计的比较**

| 项目 | 探索性调研设计 | 描述性调研设计 | 因果性调研设计 |
| --- | --- | --- | --- |
| 目的 | 了解并界定问题<br>追踪和寻求市场机会 | 描述特征、功能、属性 | 研究因果关系 |
| 适用 | 无法确定某一问题<br>实现问卷的精确、细化 | 对问题有较多了解<br>对所需信息有清楚定义 | 存在某种内在联系<br>试图寻找解决问题的途径 |
| 特征 | 小样本调研<br>不具备推断总体的作用<br>定性分析<br>处于大规模调查之前 | 大样本调研<br>定量分析<br>结论用于决策参考 | 研究变量间的相关关系<br>定量分析 |
| 方法 | 专家咨询法<br>座谈会法<br>个人访谈法 | 二手资料法<br>问卷法<br>观察法 | 实验法<br>统计模型法 |

3）制定调研时间表

市场调研是时效性很强的工作，市场调研人员应该在一定的时间限定下完成调研任务。因此，为了保证调研的顺利进行，制定调研时间进度表是十分必要的。调研时间进度表一般采用表格的形式列出调研工作环节以及相应的时间分配，如表4-2所示。

表4-2　**市场调研时间进度表**

| 市场调研工作环节 | 时间分配（%） | 人员配备 | 任务目标 |
|---|---|---|---|
| 确定调研主题目标 | 5～10 | | |
| 起草调研纲要 | 4～6 | | |
| 制订调研方案 | 10～15 | | |
| 资料收集 | 30～40 | | |
| 资料整理与分析 | 20～25 | | |
| 撰写调研报告 | 4～8 | | |

值得注意的是，不同的调研主题、调研对象以及调研方法等对其时间分配侧重点的要求是不同的，有时差别很大。表4-2所提供的市场调研时间进度表只是一个粗略的参考性意见，仅供参考，当然调研时间进度表也应随着调研方案的实施进行必要的调整。

4）说明调研预算

市场调研费用预算是调研工作的重要限定条件，因此必须进行详细的说明。同样，通过表格的形式进行逐项说明是最好的表现形式，见表4-3。

表4-3　**市场调研费用预算表**

| 费用项目 | 预算金额 | 备注 |
|---|---|---|
| 调研人员培训费 | | |
| 二手资料收集费 | | |
| 问卷设计、印刷、装订费 | | |
| 实地调研费 | | |
| 数据处理、统计费 | | |
| 调研报告撰写费 | | |
| 其他费用 | | |
| 费用合计 | | |

## 4.1.3　策划实施

1）信息数据搜集

信息数据搜集工作量大、成本高、过程复杂，是最难控制的阶段，也是最终决定市场调研质量与结果的关键环节。数据采集一般有人员采集和机器记录两种方式。人员采集是指调研人员对现有的文案资料进行收集和调查或通过访问、填写问卷等方式直接与被调查者交流并搜集信息，亦可通过观察被调查者而收集相关资料；机器记录主要是采用扫描数据的方式搜集信息。

数据采集通常分为两个阶段：前测阶段和主题调研阶段。前测阶段是指使用子样本判断主体调研的数据采集计划是否合适；主题调研阶段是指正式进行大规模的调研。具体调研方法在本章第2节中给予详细介绍，请读者参照阅读。

**2）数据整理分析**

营销人员必须对搜集的信息进行必要的筛选、整理和分析，为后期的市场调研报告的撰写，以及最后的市场决策做充分的准备。这个环节的工作对整个调研过程起到承前启后的作用，因此要进行严格的管理。有许多企业专门对此进行了制度性的规定，参见补充阅读4-1。数据整理具体分为以下四个步骤：

（1）将数据资料分类，即按数量、时序、地域、质量分组。

（2）编校，即审查、验证数据是否正确，修订或剔除不符合实际的数据。

（3）数据编码及录入，即为每一个问题及答案赋予一个数值代码，并将其录入计算机。

（4）编制图表，即列示每一种答案出现的次数，形成所有资料的数据库。

对数据进行分析，即运用统计分析技术对数据进行分析，并由此描述和推断总体特征，揭示事物内部关系。常用的分析技术包括：描述统计，即对数据资料进行概括，解释现象的集中趋势和离散趋势；参数估计，即利用样本信息推断总体参数的置信区间；相关和回归分析，即研究两个或两个以上变量之间的相关关系；多元统计分析，即针对多个变量进行分析。

**补充阅读4-1**

**某企业市场调查管理办法**

第一条 调查资料应视下列方法进行整理、统计、分析、解释和说明。

1.将调查卡或调查资料依调查目的予以分类统计。

2.将统计调查资料与下列原有资料进行比较分析。

（1）销售实绩资料；

（2）各客户销售实绩资料；

（3）各商品的利润核算资料；

（4）销售目标与销售实际对比资料；

（5）人口统计资料；

（6）地区经济、收入状况统计资料。

第二条 市场调查的组织管理工作除遵循本办法规定外，还应依照外勤业务员管理办法的各项规定办理。

第三条 各基层营业单位将调查资料按照第一条规定办理后编制调查报告，呈交上级。营业部将各基层单位的调查报告整理汇总，写出综合调查报告，提交经理办公室。

第四条 营业部在收到基层单位调查报告和资料后，应于提出正式综合调查报告前，召开营业单位主管及有关人员会议，共同研究分析评价调查结果，但单项的或专题性的调查除外。

### 4.1.4 报告撰写

市场调研报告的撰写是调研工作的最后环节，是整个市场调研工作最终成果的集中体现。调研报告的任务主要是说明市场调研的实施过程以及通过此次调研所得出的基本结论。

**1）撰写调研报告**

调研报告通常包括三种形式：数据型报告（提供调查所得的数据）、分析型报告（提供数据并进行分析）、咨询型报告（不仅提供数据、分析结果，并在此基础上提供咨询方案）。它包括三方面内容：前言、主体、附件，具体内容将在本章第3节进行介绍。

**2）跟踪反馈与调整**

调研报告的撰写并不是调研工作的终结，为了更好地履行调查工作的职责，调研人员应持续关注市场变化情况，跟踪调查，总结经验，不断提高调研水平。在跟踪反馈与调整部分，首先，检验调研方案是否符合实际；其次，总结调研过程中成功和失败的经验教训；最后，确定是否存在尚未解决的问题，提出相应的解决方案。

## 4.2 市场调研的方法与内容

市场调研有以下六种方法：

### 4.2.1 文案调研法

文案调研法又称二手资料调研法，是指通过查找或阅读出版书目、统计资料或研究成果等资料，获得所需信息的过程。它具有成本较低、资料较易查找、搜寻耗时较短等优点；同时也具有针对性弱、实效性差、可信度低等缺点。

**1）文案调研的资料来源**

文案调研法的资料来源于两个方面：企业内部信息资料和企业外部资料。

（1）企业内部信息资料。一个企业完整的信息系统一般包括以下四大部分，如图4-2所示。

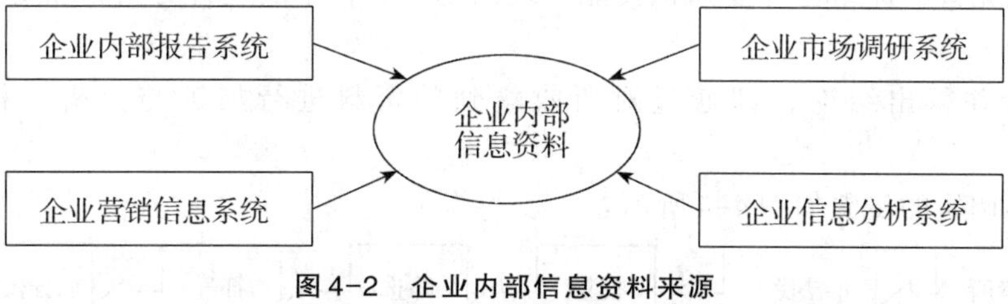


**图4-2 企业内部信息资料来源**

企业内部报告系统。它提供两方面主要信息：一是关于企业销售的报告，包括企业销售或销售结构的历史数据和当前数据及增长或下降的幅度，产品渠道及销售手段等问题。二是关于企业财务的报告，包括企业的销售额、订单、存货水平、应付账款及产品利润结构与地区利润结构等。

企业营销信息系统。它提供企业日常通过各种渠道搜集和汇总而得到的各类与企业经营相关的市场情报，如报纸、杂志、书籍、网上资料、录像带等。

企业市场调研系统。它是企业所做的专门的调研设计，可以为企业提供各种专题报告，如行业特征与发展趋势研究、市场潜量研究、竞争者研究、消费者研究等。

企业信息分析系统。它通过计算机硬件和软件对市场时间进行处理、分析与控制，直接为企业经营决策提供依据。企业市场调研人员可以利用企业信息分析系统所提供的分析结果数据，为特定的市场调研主题提供必要的市场分析资料。

（2）企业外部资料，具体来源如图4-3所示。

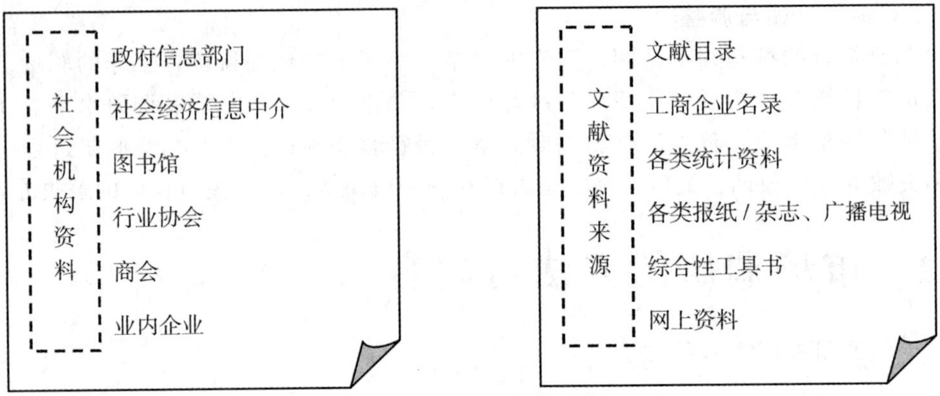


**图4-3 企业外部资料来源**

**2）文案调研的步骤**

明确所需信息，即识别实施营销策划需要的信息，明确信息的可得性。

寻找信息源，即通过分析所需信息的属性及特点，确定搜寻渠道。

收集资料，即通过各种信息渠道查找、阅读企业的内部及外部信息，获得所需的各种信息。

筛选资料，即将所查找的资料中不具有时效性、客观性差、针对性不强的资料剔除，保留对分析具有意义的部分。

补充完善，即结合专业知识技能、理论基础、科学的统计分析方法对资料进行加工完善。

分析并得出结论，即通过对所收集到的资料进行加工与分析，得出调研结论。

文案调研的步骤如图4-4所示。

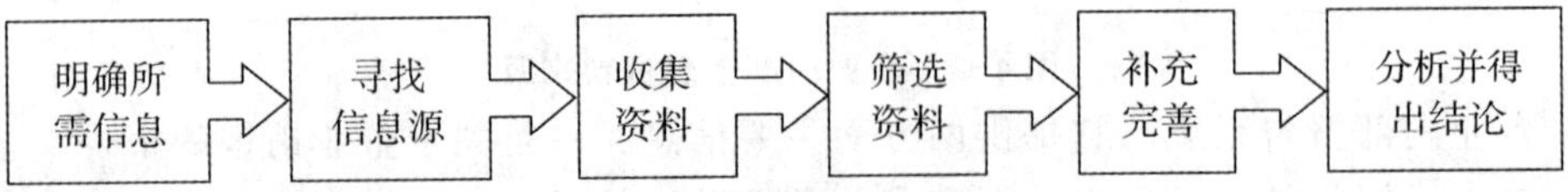


**图4-4 文案调研的步骤**

### 4.2.2 问卷法

1）调查问卷的结构

问卷调查是企业进行实地调查，收集第一手市场资料的最基本的工具。问卷法是指调研人员根据所需信息进行问卷设计，并由被调研者作答，最终收集市场有关信息的一种方法，也是收集一手资料最常用的方法之一，其结构如表4-4所示。

表4-4 调查问卷的结构

| 基本结构 | 主要内容 |
| --- | --- |
| 题目 | 突出问卷主题，使被调查者对所要回答问题的主要方向一目了然 |
| 前言 | 规范与帮助被调查者回答问题的方法，可以集中放在正文前面 |
| 样本特征 | 包括性别、年龄、民族、文化程度、收入、婚姻、家庭类型、职业等 |
| 正文 | 包括所要调查的全部问题，主要由问题、答案及指导语构成 |
| 结束语 | 置于整篇问卷最后，用来对被调查者致谢 |
| 调研人员资料 | 问卷须包含调研人员的姓名，实施调研时间、地点，相关信息 |
| 问卷编号 | 问卷编号排列应易于电脑作业，便于最后统计分析 |

2）设计调查问卷的程序

（1）明确调研目的。首先，进行探索性调研，以发现待研究的问题；其次，参照调研主题对问题进行筛选，排除不必要问题；最后，确定调查主体和调查内容。需要注意的是，在进行市场调查之前必须对调研主题进行反复商讨，否则易造成一着不慎满盘皆输的局面，导致整个调研的失败。

（2）确定信息来源。根据调研的目的及主题列出所要调研的信息，集思广益，考虑各种能获得信息的来源途径，最后考虑信息获得的渠道及可行性。

（3）确定问卷类型。首先，根据被调查群体的属性及特征确定采用何种问卷类型，即送发式、邮寄式、人员或电话访问式等；其次，确定抽样方式，即随机抽样或非随机抽样。

（4）设计问题。首先，确定问题的类型（开放或封闭）；其次，设计问句，要求用词清楚，避免误导或引诱性词句，切忌一个句子中出现两个问题；最后，问题选项应尽量包含所有可能。

（5）问题排序。首先，运用过滤性问题将不合格应答者剔除；其次，将易答问题放在前面，复杂、敏感的问题放在后面；最后，按照正常的逻辑顺序进行排序或问题分组，以免产生思维来回跳跃的现象。

（6）修改完善。首先，对问卷的措辞反复推敲，使问题能够清晰地表达出所要获得的信息；其次，进行小范围的问卷试答，确认每一个问题都能够被充分地理解与回答；最后，接受各方意见完善问卷。

（7）排版印制。两者看似无足轻重，实际却能较大影响调查效果。切忌为节省成本而进行版面压缩，使问题之间空隙太小，也不要使用低档的纸张和粗糙地印刷。

设计调查问卷流程如图4-5所示。

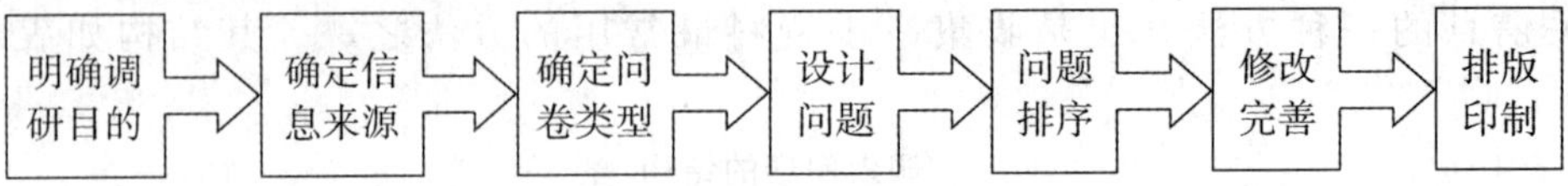


**图4-5　设计调查问卷流程**

## 4.2.3　访问法

访问法，也称询问调查法。它是访问者通过直接的或间接的口头交谈方式向被访问者了解市场情况的一种方法，即通过调查者与被调查者的直接接触，口问耳闻感知市场情况的一种方法。常用的方法包括以下五种：

**1）入户访问**

入户访问是调查者深入到被调查者家中，与被调查者进行深入交流的一种访问方式。入户访问的主要功能是能够提供关于目标市场的综合信息。

**2）客户走访**

客户走访是对生产者市场客户的入户访问。市场调研人员应该有比较充分的调研资料，同时具有较高的业务水平和素质及相应的访问技能。

**3）座谈会**

座谈会是一种典型的集团访问方式，是调查者邀请若干被调查者，通过集体座谈的方式了解有关市场问题。应注意以下问题：

（1）明确讨论的主题；

（2）参加讨论的人数以6～8人为宜；

（3）被邀请的与会者对所要讨论的主题感兴趣；

（4）自由发表意见。

**4）电话访问**

电话访问是指调查者以拨打电话的形式与被调查者进行沟通、交谈并获取有关信息资料的一种方法。电话访问可以在较短的时间内，迅速与被调查者进行接触，从大量的客户中获取所需的市场信息。应注意以下问题：

（1）把握电话访问的时间；

（2）控制访问内容；

（3）精心设计问句；

（4）做好电话访问记录。

**5）深度访问**

深度访问一般是对某方面的市场专家、知名人士等具有某种特殊意义的人物所进行的专题性访问。对这类访问一般采用无问卷访问形式。应注意以下问题：

（1）访问者自身具备较高的业务素质；

（2）做好充分的访问前准备；

（3）提前1～2天与被访问者联系，说明访问主题；

（4）安排适当的访问时间和地点。

### 4.2.4　观察法

观察法是通过观察被调查者活动取得第一手资料的一种调查方法。运用观察法收集资料，调查人员同被调查者不发生接触，而是由调查人员直接或借助仪器把被调查者的活动按实际情况记录下来。

**1）观察法的类型**

按照调查方式的不同，观察法可分为如下三种类型：

（1）充当一般旁观者，是指调查人员在被调查者没有察觉的情况下，对市场现象进行观察和记录。采用此方法一般可获得以下六方面的信息：一是商店的客流量及顾客平均滞留时间；二是顾客逛店路径；三是顾客购物偏好；四是顾客对价格的敏感程度；五是顾客驻足留意每种商品时间的长短；六是顾客产生购物冲动的次数及产生原因。

（2）佯装购物者，是指调研人员装扮成普通顾客介入活动之中，搜集有关商店、雇员与顾客信息的一种方法。

佯装购物者打电话，如通过被调查者的电话反应，观察其服务态度与质量。

佯装购物，如通过匆忙购物、草率购买、无知购买等设计，观察被调查者的产品质量与服务水平。

佯装咨询者，如不厌其烦地询问某种产品的质量、性能、价格等方面的问题，以观察被调查者的产品配货情况及服务态度。

（3）仪器观察法。由于很多场合并不适合调查人员亲临现场，因此需要通过录音机、照相机、摄像机、红外线探测器、IC卡智能机及其他监听、监视设备对顾客进行观察。

**2）观察法的优缺点**

观察法的优缺点如表4-5所示。

表4-5　**观察法的优缺点**

| 优　点 | 缺　点 |
| --- | --- |
| 能够客观、真实地反映被调查者行为<br>不存在被拒绝或不配合的现象<br>有利于消除语言或问题理解等方面的误差<br>简便、易行、灵活性强<br>不干扰顾客 | 调查耗时长、费用高<br>只能反映客观事实，难以获得深层次信息<br>对调查人员的素质及业务水平要求高<br>观察到的事物可能存在某种假象 |

3）观察法的适用情况

（1）消费者偏好调查。观察法适用于对消费者购物时对商品的品种、规格、款式、包装、价格、服务等方面的偏好进行观察。

（2）商场经营环境调查。观察法适用于对商场的商品陈列、货架摆放、橱窗布置、卖场气氛、客流量等方面进行观察。

（3）品牌调查。观察法适用于调查消费者对某种品牌的喜好、忠诚程度，以及同类产品品牌的替代程度。

## 4.2.5 实验法

实验法，也称市场实验，是指实验者根据调查目的的要求，有意识地通过改变或注入某种市场因素来观察其变化对市场活动结果产生的影响。采用实验法进行市场调查，可以有控制地分析、观察某些市场现象间的因果关系及其相互影响程度。此外，通过实验取得的数据比较客观，具有一定的可信度。

1）实验法的种类

按照实验范围大小和方式不同，常用的实验有以下四种：

（1）商店实验。这是一种最简单的市场实验方式，通常用来观察两种可供选择方案的市场反应，如两种包装形式、两种陈列方法等。商店实验的方法是，选择两个相互匹配的调查小组，每组可以有20～40家商店组成，然后将产品的两种可供选择的方案提供给商店小组，并对一定时期的销售结果进行比较。

（2）城市实验。城市实验的方式与商店实验基本相同，只是选择了两个相互匹配的城市作为实验市场。这种实验适用于不同的广告设计或不同价格水平的市场测试。

（3）地区实验。它要求选择两个具有代表性的地理地区作为实验市场，然后将产品投放到两个地区市场中进行试销，经过一个时期的销售以后，比较两地试销的结果。地区实验一般在比较两套可供选择的市场销售方案时采用。

（4）流动式销售。新产品或新营销计划先在某一特定地区进行实验，然后逐渐向其他地区相继推出。在滚动推广过程中，营销人员要不断地总结经验，改进和完善产品与营销方案。

2）实验法的步骤

（1）确定实验目标，并设定自变量。调查人员应先根据调查主题及项目要求，分析影响事物变化的诸多因素，然后提出具有因果关系的假设，并确定自变量。

（2）选择实验方法。首先调查人员应拟订一份详细的计划，而后选择一种适用于本实验的研究方法。

（3）选择实验对象。由于实验法通常在一个较小的范围内进行，因此，必须选择合适的实验对象，以保证实验的有效性。

（4）实施实验。按照事先设计的规划进行实验操作，并认真做好实验的观测记录。

（5）总结实验结果。根据实验的观测记录进行统计分析，揭示事物内在的因果联系或其他相关关系，最终得出结论。

**3）实验法的优缺点**

实验法的优缺点如表4-6所示。

表4-6　**实验法的优缺点**

| 优　　点 | 缺　　点 |
| --- | --- |
| 较科学、实用 | 耗时长，成本高 |
| 实验结果具有较强的说服力，价值高 | 保密性差，易暴露营销计划的某些关键部分 |
| 能够消除人们主观偏差 | 样本或实验区域的选择较困难 |
| 可探索不明确的因果关系 | 操作、管理、控制等方面较困难 |

**4）实验法的适用情况**

（1）检验因果关系。实验法主要用于检验某些市场因素之间的因果关系，研究其对总体市场的影响程度。

（2）新产品的区域试销。在某一产品大规模进入所有目标市场之前，有必要在一个有代表性的区域内试销产品，以观察市场反应程度。

## 4.2.6　网络市场调研法

网络市场调研就是利用互联网了解顾客需要、市场机会、竞争对手信息、行业潮流、分销渠道以及战略合作伙伴等方面的情况。互联网正是实现这些目标的良好资源。从某种程度上说，全球互联网上的海量信息、几万个搜索引擎的免费使用已对传统市场调查的计划和策略产生了很大影响，它大大丰富了市场调查的资料来源，扩展了传统的市场调查方法。特别是互联网在预调查、定性调查和二手资料调查方面具有无可比拟的优势。

**1）网络市场调研的特点**

网络市场调研可以充分利用互联网的开放性、自由性、平等性、广泛性和直接性等特点，开展调查工作。与传统的市场调研相比，网络上的市场调研具有如下特点：

（1）网络信息的及时性和共享性

网络的传输速度非常快，网络信息能迅速传递给上网的任何用户；网上的调查是开放的，任何网民都可以参加投票和查看结果，这保证了网络信息的及时性和共享性。

（2）网络调研的便捷性与低费用

在网络上进行调研只需要一台能上网的计算机即可，可节省传统调查中所耗费的大量人力和物力。网上调查在信息采集过程中不需要派出调查人员，不受天气和距离的限制，不需要印刷调查问卷，调查过程中最繁重、最关键的信息采集和录入工作将分布到众多网上用户的终端上完成。

（3）网络调研的交互性和充分性

在网上调查时，被调查对象可以即时就问卷相关的问题提出自己更多的看法和建议，可减少因问卷设计的不合理而导致的调查结论偏差等问题。

（4）网络调研结果的可靠性和客观性

由于企业站点的访问者一般都对企业产品有一定的兴趣，因此这种基于顾客和潜在顾客的市场调研结果是客观和真实的，它在很大程度上反映了消费者的消费心态和市场发展的趋向。

（5）网络调研无时空和地域的限制

网上调查可以全天候进行，这与受区域制约和时间制约的传统调研方式有很大的不同。

（6）网络调研的可检验性和可控制性

利用互联网进行网上调查，搜集信息，可以有效地对采集信息的质量实施系统的检验和控制。首先，网上调查问卷可以附加全面规范的指标解释，有利于消除因对指标理解不清或调查员解释口径不一而造成的调查偏差。其次，问卷的复核检验由计算机依据设定的检验条件和控制措施自动实施，可以保证检验和控制的客观公正性。最后，通过对被调查者的身份验证技术可以有效地防止信息采集过程中的舞弊行为。

**2）网络市场调研的一般步骤**

（1）明确问题与调查目标

进行网络市场调查，首先要明确调查的问题是什么，调查的目标是什么，谁有可能在网上查询你的产品或服务；什么样的客户最有可能购买你的产品或服务，客户对竞争者的印象如何，公司在日常运作中，可能要受哪些法律的约束，如何规避等。具体要调查哪些问题事先应考虑清楚，只有这样，才能做到有的放矢，提高工作效率。

（2）制订调查计划

网上市场调研的第二个步骤是制订最为有效的信息搜索计划，具体来说，要确定资料来源、调查方法、调查手段、抽样方案和联系方法。下面对相关的问题加以说明：

①资料来源：确定收集的是二手资料还是一手资料（原始资料）。

②调查方法：网上市场调查可以使用专题讨论法、问卷调查法和实验法。

A.专题讨论法是借用新闻组、邮件列表讨论组和网上论坛的形式进行。

B.问卷调查法可以使用E-mail分送（主动出击）和在网站上刊登（被动）等形式。

C.实验法则是选择多个可比的主体组，分别赋予不同的实验方案，控制外部变量，并检查所观察到的差异是否具有统计上的显著性。这种方法与传统的市场调查方法所采用的原理是一致的，只是手段和内容有所差别。

③调查手段：

A.在线问卷，其特点是制作简单、分发迅速、回收方便，但要注意问卷的设计水平。

B.交互式电脑辅助电话访谈系统，是利用一种软件程序在电脑辅助电话访谈系统上设计问卷结构并在网上传输。互联网服务器直接与数据库连接，对收集到的被访者答案直接进行储存。

C.网络调研软件系统，是专门为网络调研设计的问卷链接及传输软件。它包括整体问卷设计、网络服务器、数据库和数据传输程序。

④抽样方案：确定抽样单位、样本规模和抽样程序。

⑤联系方法：采取网上交流的形式，如E-mail传输问卷、参加网上论坛等。

（3）搜集信息

互联网没有时间和地域的限制，网上市场调研可以在全国甚至全球进行。同时，搜集信息的方法也很简单，直接在网上递交或下载即可。这与传统市场调研收集资料的方式有很大区别。

在问卷回答中访问者经常会有意无意地漏掉一些信息，这可通过在页面中嵌入脚本或CGI程序进行实时监控。如果访问者遗漏了问卷上的一些内容，其程序会拒绝递交调查表或者验证后重发给访问者要求补填。最终，访问者会收到证实问卷已完成的公告。在线问卷的缺点是无法保证问卷上所填信息的真实性。

（4）分析信息

调查人员如何从数据中提炼出与调查目标相关的信息，直接影响最终的结果。信息的提炼需要使用一些数据分析技术，如交叉列表分析技术、概括技术、综合指标分析和动态分析等。目前国际上较为通用的分析软件有SPSS、SAS等。

（5）提交报告

报告不是数据和资料的简单堆砌，调研人员不能把大量的数字和复杂的统计技术扔到管理人员面前，否则就失去了调研的价值。正确的做法是把与市场营销关键决策有关的主要调查结果报告出来，并按调查报告所应具备的正规结构写作。

# 4.3 市场调研报告的撰写

## 4.3.1 市场调研报告的结构

市场调研报告是整个调研活动结果的最终价值体现，因此撰写一份结构完整、条理清晰、说明透彻的调研报告至关重要。调研报告通常包括三大部分，每一部分又包括很多层次，如表4-7所示。

表 4-7 市场调研报告结构

前言

◆封面
  ◇标题
  ◇委托单位
  ◇调研机构
  ◇日期

◆授权书
  ◇调研范围与调研方法
  ◇付款条件、预算、人员配备与期限
  ◇临时性报告及最终报告的要求

◆目录
  ◇章节标题/副标题及页码
  ◇图表及数字清单标题及页码
  ◇附录标题及页码

◆执行性摘要
  ◇简述调研目标、调研方法
  ◇简述调研结果
  ◇简述结论及建议
  ◇简述其他有关信息

主体

◆引言
  ◇简述调研背景
  ◇介绍参与调研人员
  ◇致谢

◆分析与结果
  ◇背景、原因、利弊、预测等分析（配合文字、表格、图形）
  ◇陈述分析结果

◆结论及建议
  ◇调研结论
  ◇建议

◆调研方法
  ◇研究类型及目的
  ◇总体及样本的界定
  ◇资料收集方法（文案法、访谈法、问卷法等）

◆局限性
  ◇样本界定误差
  ◇随机误差
  ◇资金、时间、人事等限制条件

附录

◆调查问卷及说明
◆数据统计图表及详细计算与说明
◆参考文献及资料来源索引
◆其他支持性材料

1）前言

（1）封面，通常包括以下内容：第一，标题，要尽可能提供有关报告的目的和内容的信息；第二，委托单位的名称，即为哪个单位或个人提供调研服务；第三，调研机构的名称（可以添加地址、电话、传真、电子邮箱等联系方式）；第四，呈送调研报告的日期。

（2）授权书，是指在调研活动开始前委托客户写给调研机构的信函，详细说明了对调研机构的要求，通常是由双方订立确定委托代理关系的合同文书。并非所有报告都要求有授权书。一份授权书通常包括以下内容：调研范围与调研方法、付款条件、预算、人员配备、期限、临时性报告、最终报告的要求。

（3）目录，即列示整个书面报告的内容目录，以帮助快速找到每一章节在报告中的相应位置。它通常包括章节标题/副标题及相应页码、图表及数字清单标题及页码、附录标题及页码（即附录、索引及相关资料），以方便资料查询。如果是电子文档，要添加超级链接跟踪，以增强报告的阅读性。

（4）执行性摘要。此部分是对调研报告主体部分的高度概括和总结，是整个报告的必读部分，为忙碌的管理者及委托单位提供了预览条件。它主要包括：调研目标、调研方法、调研结果的简单陈述，简述结论及建议，其他有关信息（如背景信息、局限性等）。

2）主体

（1）引言。引言可以介绍实施调研的背景（如项目来历、对企业及市场现状和调研方法的简单描述等）、参与调研的人员和单位、向相关个人及单位致谢，也可以对报告中每一部分内容及相互联系进行简单介绍。

（2）分析与结果。此部分是调研报告的正文部分，也是最核心的部分。应按照一定的逻辑顺序进行陈述（通常包括项目的市场背景分析、原因分析、利弊分析和预测分析），并配合文字、表格、图形等展示分析的全过程，并得出调研结果。

（3）结论及建议。此部分是调研报告的关键部分，也是最吸引人之处。其中，结论是以调研分析结果为基础得出的结论或决策；建议是根据结论而提出的工作及行动建议，是今后的行动指南，是调研机构对整个调研项目的总结。

（4）调研方法。此部分主要介绍调研的研究类型及研究目的、总体及样本的界定、资料收集方法（文案法、访谈法、问卷法等）和调查问卷的一般性描述及特殊类型问题的讨论，以及对特殊性问题的考虑，以增强调研的可靠性。通常，调研方法描述的篇幅不宜过长。

（5）局限性。由于任何调研都难免受样本界定误差或随机误差的影响，同时又受时间、预算、资源或其他条件的约束和限制，使调研结果产生不同程度的误差，因此应从客观的角度对所调研项目的局限性进行相关说明。

3）附录

（1）调查问卷及说明。将调查问卷原稿附在正文后面，并对调研方法、抽样调查方式以及问卷调查中相关问题进行详细说明。

（2）数据统计图表及详细计算与说明。对报告中涉及的图表及其他视图资料应进行详细说明，对于数据的统计计算过程也应适当作详细解释。

（3）参考文献及资料来源索引。对报告中所参考的文献、学术期刊等资料须进行说明，同时需要对一手资料、二手资料的来源及联系方式进行详细说明。

（4）其他支持性材料。对除上述资料外的其他资料也应做相应说明。

## 4.3.2 撰写市场调研报告的技巧

**1）主题突出，结构合理**

由于在调研的前期准备工作中已经强调调研主题的重要性，因此在报告中更应明确调研主题，要根据调研主题的要求，安排报告的结构。应该注意的是，要选择简明、逻辑性强的文体结构集中反映市场调研中的文案调查和实地调查的全部成果。总之，一份良好的市场调研报告应该主题鲜明、结构合理、层次清晰，使读者能够清晰地把握报告的重点和总体结构。

**2）选材适当，资料精准**

调研主题的说明要以大量的调研资料为依据，市场调查阶段的资料为市场调研报告的撰写提供了丰富的论证依据。调查报告的撰写人在选用时应注意有所选择、有所侧重，注意调查材料的内容与调查报告论述的内容切实相符，并力求材料准确无误，使报告的论述过程精炼，并具有一定的说服力。

需要注意的是，通常人们对于统计数字保留两位小数以上形成认知错觉，认为这些数字极其精确。例如，“有52.79%的顾客对我公司提供的服务满意”，人们会误认为这一数字是准确无误的。有时，这可能是调研者的技巧与方法。因此，调研人员应尊重客观事实，避免虚假信息。

**3）语言准确，文字流畅**

一般而言，报告的阅读者有时并不是十分专业的人员，而是一些具有决策权的某些政府部门的领导，因此，对报告行文的要求是语言准确，富有说服力，同时要自然、流畅，一些专业性较强的术语应尽量少用。

**4）图表并用，条理清晰**

在营销策划的书写技巧中已经提到，图表能够使文案表达简练、清晰，同样调查报告的撰写也要充分利用各类图表的功能，使阅读者迅速地利用图表进行直观的对比和分析，一目了然地了解调查工作的成果，同时，在使用图表时须注意一些细节性问题，参见补充阅读4-2。此外，照片是用于描绘实际内容的一种可视图方式，可以再现事情发生时的情景。在产品展示、经营场所展示、房地产选址环境等情况下需要使用照片。

**补充阅读4-2**

**使用图表应注意的问题**

（1）图表中所包含的内容不能过度烦琐，因为使用图表的目的在于使各种有关的数字资料能够得到简捷、系统的说明。

(2) 图表反映的内容或结构必须简明易懂、一目了然，同时也可适当地附加脚注，尽力避免发生误解。

(3) 准确表明图表中有关栏目的名称和使用的计量单位，还应注明资料的来源。

(4) 如对所载录的资料须按一定的顺序进行排列，或按高低次序，或按数值大小次序，或按地区，也可按客户等排列。

(5) 图表所列的资料应尽量完整、准确，一般在使用百分比或指数时，最好同时给出绝对数值资料，以便于读者独立思考和正确分析。

**5）定量与定性分析相结合**

要使报告的可信度更高，需要采用不同的分析方法，既需要相关的文字说明，又需要使用定量技术。只有这种定性与定量的结合才能方便读者理解。因此，撰写调研报告要将定量分析方法与定性分析方法相结合。

# 4.4　大数据与大数据营销

## 4.4.1　大数据

大数据是继云计算、物联网之后IT产业又一次颠覆性的技术变革，将对社会管理、国家安全与战略决策、企业与组织的管理决策、业务流程以及个人生活方式产生巨大影响。麦肯锡曾评估大数据能使欧洲发达国家政府节省至少1 000亿欧元的运作成本，使美国医疗保健行业降低8%的成本，使大多数零售商的营业利润提高60%以上。华尔街“德温特资本市场”公司首席执行官保罗·霍廷每天的工作任务之一，就是利用电脑程序分析全球3.4亿微博账户的留言，进而判断民众情绪，再以“1”到“50”进行打分。根据打分结果，霍廷再决定如何处理手中数以百万美元计的股票。霍廷的判断原则很简单：如果所有人似乎都高兴，那就买入；如果大家的焦虑情绪上升，那就抛售。这一招收效显著——当年第一季度，霍廷的公司获得了7%的收益率。这就是运用大数据时代的很好例子。阿里巴巴创办人马云在演讲中提到，未来的时代不是IT时代，而是DT的时代。DT就是Data Technology（数据科技），说明大数据对于阿里巴巴集团来说举足轻重。

2015年9月，国务院印发《促进大数据发展行动纲要》（以下简称《纲要》），系统部署大数据发展工作。《纲要》明确指出，推动大数据发展和应用，在未来5～10年打造精准治理、多方协作的社会治理新模式，建立运行平稳、安全高效的经济运行新机制，培育高端智能、新兴繁荣的产业发展新生态。“十三五”期间在国家重点研发计划中实施了“云计算和大数据”重点专项。当前科技创新2030大数据重大项目正在紧锣密鼓地筹划、部署中。这代表着从国家层面全面推动数据共享，规划大数据设施建设，形成大数据产品体系。美国管理学家爱德华·戴明的“21世纪除了上帝以外，任何人都要用数据来说话”，成为全球的流行语。大数据作为互联网时代的产物，已经成为经济社会发展的必然趋势。

大数据（big data），指无法在一定时间范围内用常规软件工具进行捕捉、管理和处理的数据集合，是需要新处理模式才能具有更强的决策力、洞察发现力和流程优化能力来适应海量、高增长率和多样化的信息资产。自2012年以来，大数据一词越来越多地被提及，人们用它来描述和定义信息爆炸时代产生的海量数据，并命名与之相关的技术发展与创新。大数据技术的战略意义不在于掌握庞大的数据信息，而在于对这些含有意义的数据进行专业化处理。换而言之，如果把大数据比作一种产业，那么这种产业实现盈利的关键，在于提高对数据的“加工能力”，通过“加工”实现数据的“增值”。

大数据大致分为三种类型：①传统企业数据，包括CRM systems的消费者数据、传统的ERP数据、库存数据以及账目数据等。②机器和传感器数据，包括呼叫记录智能仪表、工业设备传感器、设备日志、交易数据等。③社交数据，包括用户行为记录、反馈数据等，如微博、微信、Facebook等社交媒体平台。大数据的特点被概括为5V（IBM提出），分别是：Volume（大量）、Velocity（高速）、Variety（多样）、Value（价值）、Veracity（真实性）。大数据到底有多大？一组名为“互联网上一天”的数据告诉我们：一天之中，互联网产生的全部内容可以刻满1.68亿张DVD；发出的邮件有2 940亿封之多（相当于美国两年的纸质信件数量）；发出的社区帖子达200万个（相当于《时代》杂志770年的文字量）；卖出的手机为37.8万台，高于全球每天出生的婴儿数量37.1万……各行各业均存在大数据，但是众多的信息和咨询是纷繁复杂的，我们需要搜索、处理、分析、归纳，总结其深层次的规律。

## 4.4.2 大数据营销

### 1）大数据营销的作用

在营销领域，利用大数据可以为大企业实现精准营销，为传统企业实现在互联网时代下的转型，更可以发现新市场与新趋势，进行市场预测与决策分析，实现企业的创新发展。大数据营销是基于多平台的大量数据，依托大数据技术，应用于互联网广告行业的营销方式。大数据营销衍生于互联网行业，又作用于互联网行业，依托多平台的大数据采集，以及大数据技术的分析与预测能力，能够使广告更加精准有效，给企业带来更高的投资回报率。大数据营销的核心在于让网络广告在合适的时间，通过合适的载体，以合适的方式，投给合适的人。如购物网站可通过分析客户以往购买商品的经历来判断个人的所需产品、购买习惯等，有针对性地推送消息。又如抖音App利用大数据信息，将客户精准分类，进行标签化、年龄化、地域化区分营销。抖音根据用户的喜好进行信息的智能化推送，广告主可以分析品牌人群的定位，进行受众分析，然后根据画像选择广告位、贴片或者多种原生视频信息流的展现方式，从而使营销活动获得更好的传播效果。

大数据营销在互联网时代发挥着越来越重要的作用，正确有效地运用大数据，企业将获得以下竞争优势：

（1）有助于进行用户行为与特征分析，引导产品及营销活动。通过大量用户数据的搜集，才能了解用户的喜好与习惯，以及他们对产品的期待，产品服务才能投其所好。大数据营销是通过一个数据建模让营销更加精准、有效，让企业做到比用户还了解自己，以抓住用户。

（2）有利于品牌危机监测及管理支持。大数据可以让企业对自己品牌的所有问题提前洞悉，这样可以避免因为品牌效应给企业造成麻烦。大数据可以采集负面定义内容，及时进行危机跟踪和报警，按照人群社会属性分析聚类事件过程中的观点，识别关键人物及传播路径，进而保护企业、产品的声誉，抓住源头和关键节点，快速有效地处理危机。

（3）有助于提升用户体验和提供客户分级管理支持。用户的体验直接反映其对本企业的好评程度，改善用户的体验，更能促进企业的发展。要改善用户体验，关键在于真正了解用户及他们所使用的企业产品的状况，做最适时的提醒。面对新媒体，许多企业通过对粉丝的公开内容和互动记录分析，将粉丝转化为潜在用户，激活社会化资产，并对潜在用户进行多维度画像。

**小案例4-2**

**大数据营销的两个经典案例**

1.超市预知高中生顾客怀孕

美国明尼苏达州一家塔吉特（Target）超市被客户投诉，一位中年男子指控塔吉特将婴儿产品优惠券寄给他的女儿——一个高中生，但没多久他却来电道歉，因为经他逼问后女儿坦承自己真的怀孕了。塔吉特就是靠着分析用户所有的购物数据，然后通过分析得出事情的真实状况。塔吉特的顾客数据分析部门发现，怀孕的妇女一般在怀孕第三个月的时候会购买很多无香乳液。几个月后，她们会购买镁、钙、锌等营养补充剂。根据数据分析部门提供的模型，塔吉特制订了全新的广告营销方案，在孕期的每个阶段给客户寄送相应的优惠券。结果，孕期用品销售呈现爆炸性的增长。

2.尿布与啤酒一起畅销

沃尔玛在其美国门店将尿布与啤酒摆放在一起，结果是尿布与啤酒的销售量双双增长。总部位于美国阿肯色州的世界零售巨头沃尔玛拥有世界上最大的数据仓库系统，为了能够准确地了解顾客在其门店的购买习惯，沃尔玛对其顾客的购物行为进行购物篮分析。沃尔玛数据仓库集中了其各门店的详细原始交易数据，在这些原始交易数据的基础上，沃尔玛利用NCR数据挖掘工具对这些数据进行分析和挖掘，可以很轻松地知道顾客经常一起购买的商品有哪些。一个意外的发现是：“跟尿布一起购买最多的商品竟是啤酒！”产生这一现象的原因是：美国的太太们常叮嘱她们的丈夫下班后为小孩买尿布，而丈夫们在买尿布后又随手带回了他们喜欢的啤酒。

### 2）大数据营销的特点

大数据营销有其独有的特点，企业在进行大数据营销时，应当关注这些特点，以进行更好的营销。

（1）关联性。大众关注的广告与广告之间的关联性是大数据营销的一个重要的特性，在大数据的采集过程中会有效、快速地了解大众对产品的喜爱程度，以及地域之间的差异。这些有价值的信息可让广告的投放过程产生前所未有的关联性。

（2）时效性。往往大众会在某一段时间内特别喜欢某一种产品，大数据的出现给企业创造了黄金时间，了解大众的喜好，以能获取更多的市场。时效性的体现不仅仅在当下流行上，还表现在大众接受企业广告的重要时机方面，通过大数据，企业可以更好地选择合适的投放时间，满足各类人群的需要，这也大大节省了企业不必要的广告投放成本。

（3）个性化。在网络时代，企业的营销理念已从“媒体导向”向“受众导向”转变。以往的营销活动须以媒体为导向，选择知名度高、浏览量大的媒体进行投放。如今，企业完全以受众为导向进行广告营销，因为大数据技术可让他们知晓目标受众身处何方，关注什么位置的什么屏幕。大数据技术可以做到当不同用户关注同一媒体的相同界面时，广告内容有所不同，大数据营销实现了对网民的个性化营销。

（4）性价比高。大数据营销是依托海量数据采集，以及大数据技术的分析与预测能力，实现广告营销精准投放的新的营销方式。相较于传统营销模式的“广而告之”，大数据营销可以大幅提高投入转化效果，降低单位成本，大大提高了企业产品的性价比，并可根据实时性的效果反馈，及时进行策略调整。

（5）非单一化的数据采集。大数据营销并非“量”的存在而在于“智慧的数字生态”。大数据是通过多平台来采集的，这样能更好地体现用户的真实需要。多平台包含互联网、移动互联网、广电网、智能电视，未来还有户外智能屏等。

## 策划案例与文案

### 大连某商业地产项目市场调查计划书

1）项目任务

（1）总体任务

为某地产项目经营定位提供科学依据。

（2）细分

①塔楼经营项目的确定。

②塔楼目标市场选择、需求量预测。

③塔楼档次定位、功能定位、价格定位。

④塔楼经营项目的发展战略及主要营销策略。

⑤裙楼经营项目的确定。

⑥裙楼市场定位与经营战略。

2）市场调查计划

（1）大连市酒店市场供求现状及趋势调查

①调查内容

A.大连酒店市场总体供给现状：酒店类型结构、主要酒店经营现状。

B.大连酒店市场需求现状：需求总量、需求结构。

C.大连酒店市场发展趋势：影响大连酒店市场发展的因素、发展态势。

②指标

A.五年内各类型酒店数目、经营面积总计、年营业收入总计、行业年平均利润率、亏损企业比例。

B.五年内主要酒店营业额、变化比率、年平均入住率、淡旺季入住率。

C.五年内来连旅游者、商务旅行者人数，淡旺季人数。

D.各类型酒店价格、淡旺季浮动范围。

E.其他。

③调查对象

A.大连市文旅局、商委。

B.主要酒店见表4-8。对五星级、四星级酒店，商圈内及附近酒店做全面调查，对三星级酒店做典型抽样调查。

表4-8 **主要酒店调查名录**

| 类　型 | 酒店名称 |
| --- | --- |
| 五星级酒店 | 富丽华大酒店、香格里拉大酒店、麦凯乐瑞士酒店、希尔顿酒店 |
| 四星级酒店 | 渤海明珠大酒店、万达国际饭店、嘉信国际酒店、丽景酒店、国际酒店、富丽华国际假日酒店等 |
| 三星级酒店 | 天富大酒店、海桥大酒店、心族大酒店、国泰大厦酒店、日月潭饭店、良运大酒店、国信大酒店、渤海大酒店、北方大酒店、海富大酒店、凯莱大酒店、大显酒店、华都大酒店、渤海饭店等 |
| 商圈内及附近酒店 | 星海宾馆、景山宾馆、雁醇香酒店、宏达酒店等 |

④调查方法

A.调查对象的访谈调查。

B.统计资料的调查。

（2）大连市商住两用公寓市场供求现状及趋势调查

①调查内容

A.大连商住两用公寓市场总体供给现状：商住两用公寓项目名称。

B.大连主要商住两用公寓经营现状：经营特色、经营方式（租/售方式）。

C.大连商住两用公寓市场需求现状：需求总量、需求结构。

D.大连商住两用公寓市场发展趋势：影响大连商住两用公寓市场发展的因素、未来发展态势。

E.北京、上海等城市商住两用公寓市场发展总体情况。

F.国家有关部门、市政府有关部门对商住两用公寓下达的有关政策。

G.其他。

②指标

A.五年内各类型商住两用公寓数目、建筑面积总计、行业年平均利润率。

B.五年内主要商住两用公寓营业额、变化比率、年平均入住率、淡旺季入住率。

C.商住两用公寓出租价格、销售价格。

D.其他。

③调查对象

A.大连市房地产开发办。

B.商住两用公寓：目前已知雍景台、恒元公寓等。

C.公寓消费者。

④调查方法

A.调查对象的访谈调查。

B.统计资料调查。

（3）消费者酒店/公寓消费需求与行为特征调查

①调查内容

A.消费需求特征调查。

B.消费行为特征调查。

C.消费需求特征和行为特征的变化趋势。

②调查指标、专项

A.消费者年龄、性别、收入、职业、教育状况特征与结构。

B.消费者所在企业类型、企业所在地的特征与结构。

C.消费动机、消费习惯、消费频次等。

③调查对象

A.大连市区内外地游客（旅游者、商务旅行者）。

B.项目商圈范围内潜在消费者（企业总经理、办公室主任、较高收入阶层）。

④调查方法

A.大连市范围内消费者抽样问卷调查。

a.样本量：800份。

b.调查地点：机场、码头、火车站、主要酒店附近、主要公寓附近。

B.商圈范围内消费者抽样问卷调查。

a.样本量：500份。

b.调查地点：黑石礁街头、软件园区企业、高新技术创业园区企业。

C.座谈法。

邀请10～20名企业负责人、大学教师、外地游客等潜在消费者以座谈会方式进行调查。

（4）商圈内市场空缺调查

①调查内容

商圈内空缺或比较空缺的商品、空缺服务、空缺经营方式等。

②调查对象

商圈内广大市民。

③调查方法

分层典型抽样问卷调查，按职业分三层：学生（大学生、中学生、小学生）、企业人士、普通居民。

（5）商圈环境调查

①调查内容

调查黑石礁地区消费者基本状况、需求特征与市场供给现状，主要包括：

A.商圈总人口数、范围、层次。

B.人口在性别、年龄、教育状况、职业、收入等方面的结构、特征。

C.拥有的企事业单位名称、规模。

D.交通站点与人流路线。

E.第三产业网点量、各类型的数量、主要提供商名称。

F.主要商业服务提供商情况：和平广场商业中心、大商新生活超市。

G.其他。

②调查对象及方法

街道、园区管委会、居民委重点访谈式调查；主要商业服务提供商重点访谈式调查；路线调查。

3）市场调查控制

（1）问卷设计过程中的质量控制

①按访问对象群体的不同（学生、企业人士、居民、旅游者、商务旅行者）量身打造问卷。

②问题设计应遵循必要性、充分性原则，防止套桶式、合计式等影响准确性及真实性的问题出现。

③问卷措词准确，不出现模糊性、偏差性用词，以及隐性替代、隐性假设等措词。

④保证问题的顺序、流程的科学性，整份问卷的易达性、逻辑性。

（2）抽样设计中的质量控制

①确定样本的范围。

②精确地测算样本总量。

③采取科学的抽样方法（如分层、分群随机抽样），以保证调研结果的普遍性

与代表性。

(3) 正式调查前的培训制度

①对整个调研队伍讲解项目有关情况及辰熙大厦介绍。

②对调研整个环节的培训。

③对本项目调研的培训及调查问卷详细讲解。

④内部演练，掌握方法及技巧。

⑤所有市调人员的职业道德强化。

(4) 实地调查中的审核控制

①将所有的市调人员分为两组，每组5人，每组设1名市调督导，有效地对本组市调人员进行监督、指导。

②问卷审核（一审、二审）制度，对有矛盾或经审核人员认定有异议、不真实的问卷宣布作废。

③问卷复核，从每位市调人员的调查问卷中抽取5%复核，1份作弊，全部作废。

(5) 专业数据处理

①数据录入使用FOX软件，对所要调查的项目由技术人员编写数据库录入和数据库检查程序，最大限度地满足每一项目的不同需求。

②编码采用双重数据录入机制，从而杜绝了录入阶段的随机性错误。

③运用市场研究的专业统计软件（SPSS等）进行统计分析，提供高质量的分析结果。

(6) 调研报告撰写中的审核控制

在正式撰写调研报告过程中，我们采取：

①专业人员撰写以保证结果的科学性及专业性。

②调研报告必须经过三次审核：文字、数据、报告。

4) 项目时间表（见表4-9）

表4-9 **项目时间表** 单位：天

| 工作内容 | 时间（含周末） | 月 日— 月 日（含周末） |
| --- | --- | --- |
| 问卷及调查表设计 | 7 | 3月1日—3月7日 |
| 酒店市场供求调查 | 7 | 3月3日—3月9日 |
| 公寓市场供求调查 | 7 | 3月7日—3月13日 |
| 大连市酒店/公寓消费者调查 | 6 | 3月11日—3月16日 |
| 商圈酒店/公寓消费者调查 | 6 | 3月14日—3月19日 |
| 消费者座谈会 | 2 | 3月20日—3月21日 |
| 专家访谈 | 2 | 3月22日—3月23日 |

续表

| 工作内容 | 时间（含周末） | 月 日— 月 日（含周末） |
|---|---|---|
| 数据录入、整理、分析 | 8 | 3月24日—3月31日 |
| 分析报告 | 10 | 4月1日—4月10日 |
| 预备 | 5 | 4月11日—4月15日 |
| 共计 | 60 | 45 |

5）研究成果

（1）综合报告

第一部分：大连市酒店市场现状与趋势分析。

第二部分：大连市商住两用公寓市场现状与趋势分析。

第三部分：酒店/公寓消费者需求行为与特征分析。

第四部分：商圈环境、特征与市场空缺分析。

第五部分：结论与建议——提出塔楼、裙楼的经营项目、规模与定位，以及今后经营管理、营销推广的策略。

（2）原始数据汇总报告

对五项调查内容的录入问卷结果的整理归类；对数据进行的初步分析（利用图表等直观形式）。

（3）附录

①大连市外地客商酒店消费需求与行为特征调查问卷。

②大连市商住两用公寓需求与行为特征、倾向调查问卷。

③黑石礁商圈消费者需求与行为特征调查问卷。

6）项目组构成

（1）专家组

（2）项目负责人

（3）项目组成

①问卷设计组。

②调查一组（酒店市场调查）。

③调查二组（公寓市场调查）。

④调查三组（消费者特征、倾向调查）。

⑤调查四组（商圈环境调查）。

⑥数据处理分析组。

⑦报告写作组。

**案例思考题：**

1.结合本案例，请详尽地总结出地产项目的市场调查通常包含哪些内容。

2.尝试为本案例中每一个调研内容进行问卷及调查表设计。

## 策划实战

联合利华公司的冲浪（Surf）超浓洗衣粉在进入日本市场前，做了大量的市场调研。Surf的包装经过预测试，设计成日本人装茶叶的香袋模样，很受欢迎。调研发现消费者使用Surf时，方便性是很重要的性能指标，于是又对产品进行了改进。同时，消费者认为Surf的气味很吸引人。联合利华就把“气味清新”作为Surf的主要诉求点。可是，当产品在日本全国导入后，发现市场份额仅占2.8%，远远低于原来的期望值，一时使得联合利华陷入窘境。

请你分析联合利华的市场调研问题出现在哪里。如果你作为联合利华市场部经理，该如何进行调研并对结果进行科学分析，写一份市场调研报告。可参考本章内容，首先，确定你所要调研的主题，并围绕该主题进行探索性调研；其次，设计一份调研问卷，并进行小规模的调查；再次，汇总、统计调研问卷信息，分析并最终得出结论；最后，撰写书面调研报告。

## 本章小结

市场调研的策划程序由前期准备、文案设计、策划实施和报告撰写四部分组成。在前期准备阶段，要明确市场调研的必要性、调研主题，以及确定调研目标。在文案设计阶段，要从四个方面进行把握，即拟定调研纲要、制订调研方案、制定调研时间表以及说明调研预算。策划实施是调研的活动阶段，一方面要进行信息数据的搜集，另一方面要对所搜集到的信息数据进行整理分析。在报告撰写阶段，主要从报告的结构及后期的跟踪反馈与调整等方面进行把握。

市场调研方法分为文案调研法、问卷法、访问法、观察法、实验法。

市场调研报告通常需要具有一定的结构标准，并在调研报告中应适当运用表、图，而且撰写调研报告应重视质量，篇幅要适当，定量与定性分析相结合，避免虚假信息。

大数据营销具有关联性，时效性、个性化、性价比高、非单一化的数据采集等特点。

## 参考文献

[1] 布什. 营销调研 [M]. 于宏彦, 等译. 北京: 中国人民大学出版社, 2011.

[2] 肖梁, 董亚妮. 市场调研策划 [M]. 成都: 西南财经大学出版社, 2010.

[3] 简明, 金勇进, 蒋妍. 市场调查方法与技术 [M]. 北京: 中国人民大学出版社, 2012.

[4] 欧阳卓飞. 市场营销调研 [M]. 北京: 清华大学出版社, 2012.

[5] 陈启杰. 市场调研与预测 [M]. 上海: 上海财经大学出版社, 2014.

[6] 胡占友. 现代企业营销方案写作 [M]. 北京: 机械工业出版社, 2007.

[7] 李怀斌. 市场营销学 [M]. 北京: 清华大学出版社, 2014.

[8] 阳翼. 数字营销 [M]. 北京: 中国人民大学出版社, 2016.

# 第5章

# 营销战略策划

## 学习目标

通过本章的学习，理解营销战略STP的策划程序，重点掌握营销竞争战略、市场地位战略、产品生命周期战略、营销发展战略四种营销战略策划的内容

# 5.1 营销战略策划的程序

营销战略是一切营销活动的轴心，它是从企业整个经营的角度考虑问题，对企业的整个营销动向起到提纲挈领的作用，对企业的营销战略进行科学、合理、有效的管理，关系到整个企业的长远发展。营销战略是三个问题的有机结合：第一，将市场分为不同的消费者群体，即市场细分（segment）；第二，选择其中的一个或几个细分市场，即选择目标市场（target）；第三，建立传播本企业产品的关键特征与利益，即定位（position）。概括地说，即为“STP战略”。近年来，在企业战略管理中，一种新型的平衡计分卡的方法被越来越多地应用，参见补充阅读5-1。

**补充阅读5-1**

**平衡计分卡（BSC）战略管理**

“平衡计分卡”是一种将传统的财务指标分析与非财务指标分析相结合来评价组织绩效的方法，它可以提供给管理者更广泛、丰富的管理及决策信息。使用平衡计分卡战略管理的必要性有以下三个方面：

1.处理公司运作、人力和知识的全球化、差异化、多样化；

2.允许经常评价和更新战略，以应对快速变化的商业环境；

3.认识到诸如知识、关系或应对变化的能力和学习的能力等无形资产的重要性，而不是许多传统的有形资产。

平衡计分卡的概念通过以下几个方面扩展了传统战略计划的编制和管理：

1.提供整个组织运作所需要的清晰的共同愿景，用结构化的方法去定义实现愿景的运作行动；

2.提供一个从整个组织中获得相关信息的方法，有效地评估战略的进程和目标的有效性；

3.通过扩展管理参数而不是传统的财务量度，战略性地管理无形和有形资产。

## 5.1.1 市场细分

市场细分是以市场为导向，按消费需求、动机及购买行为等的差异，依据一定标准将整个市场划分为若干个子市场的方法。市场细分是企业战略营销的起点，企业的一切营销战略都必须从市场细分出发。运用市场细分法可确定企业的目标市场，集中力量为目标市场服务，发展适销对路的产品，采取适当的市场营销策略，以适应和满足目标市场的需求。

**1）市场细分标准**

市场细分标准是指进行市场细分的依据。由于市场主要分为消费品市场和工业品市场，因此，以下分别介绍上述两个市场的细分标准：

（1）消费品市场细分标准。消费品市场的细分变量主要有地理细分、人文细分、心理细分和行为细分四种类型，如表5-1所示。

表 5-1 消费品市场细分

| 细分标准 | 细分变量 |
| --- | --- |
| 地理细分 | 国家、地区、城市大小、人口密度、气候、地理特征等 |
| 人文细分 | 年龄、家庭类型及生命周期阶段、性别、收入、职业、受教育水平、宗教信仰、种族、代沟（“婴儿潮”一代、80后等）、社会阶层、国籍等 |
| 心理细分 | 生活方式、个性特点、价值观念等 |
| 行为细分 | 购买时机、追求的利益、使用状况和使用频率、品牌忠诚度、态度等 |

（2）工业品市场细分标准。工业品市场的细分变量主要有购买者属性细分、地理变量细分、购买特征细分三种类型，如表5-2所示。

表 5-2 工业品市场细分

| 细分标准 | 细分变量 |
| --- | --- |
| 购买者属性细分 | 商业购买者（工业、建筑业、商业、银行等）、政府购买者（行政机构、军队、法院等）、其他购买者（学校、医院、慈善机构等） |
| 地理变量细分 | 资源、地理位置、自然环境、气候、通信、交通运输等 |
| 购买特征细分 | 企业规模、购买能力、购买目的、购买类型、追求利益重点、功能要求、质量标准、价格要求、购买频次、使用率、交易方式等 |

**2）市场细分方法**

（1）单一变量细分法，是指根据消费者的某一特征进行市场细分，即只选择一个变量细分一个市场。例如：×地根据年家庭收入变量细分一个市场，并对细分市场的轮廓进行描述，参照表5-3。

表 5-3 ×地按家庭年收入进行的市场细分及描述

| 按家庭年收入分组（元/年） | 收入阶层的描述 | 各阶层所占比重（%） |
| --- | --- | --- |
| 20 000以下 | 非技工、从事体力劳动者 | 0.9 |
| 20 000 ~ 40 000 | 一般技工和服务人员 | 7.2 |
| 40 000 ~ 60 000 | 白领阶层、办公室职员、技术人员 | 28.4 |
| 60 000 ~ 100 000 | 中高级管理人员、技术骨干、小企业主 | 44 |
| 100 000以上 | 自由职业者、高级管理人员、企业家 | 19.5 |

（2）两个变量细分法。选择两个基本变量细分一个市场。例如，根据“性别”（男性、女性）和“年龄”（青年、中年、老年）将服装市场分为六个（2×3）子市场，如图5-1所示。

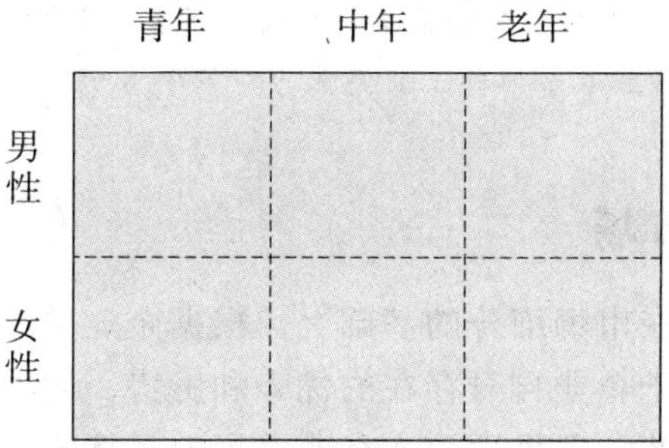


**图5-1 服装市场的平面交叉细分**

(3) 三个或三个以上变量细分法，也称多维细分法，是指根据较多特征标准进行市场细分，如表5-4所示。

表5-4 **服装市场多维细分**

| 性别 | 年龄 | 生活方式 | 文化程度 | 职业 | 收入 |
|---|---|---|---|---|---|
| 男性 | 青年 | 保守 | 高中及以下 | 工薪阶层 | 低 |
| | 中年 | 平淡 | 本科 | 个体业主 | 中 |
| 女性 | 老年 | 时尚 | 硕士及以上 | 高级管理者 | 高 |

### 3）市场细分程序

在明确了市场细分的方法之后，下一步则是按照一定的程序对市场进行细分，从而选出目标市场。市场细分的程序分为六个步骤，如图5-2所示。

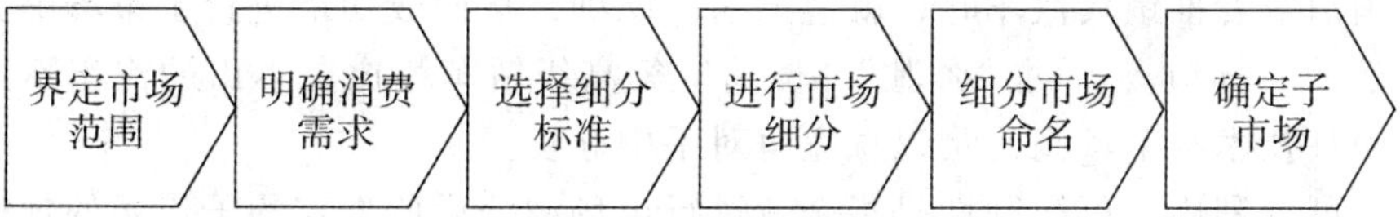


**图5-2 市场细分流程**

**补充阅读5-2**

**“跨界经营”的互联网时代，谁是竞争对手？**

有一句流行语：“中国电信和中国移动竞争多年，才发现竞争对手是腾讯。”随着市场竞争的日益加剧，行业与行业相互渗透、相互融会，“跨界”已成为互联网时代最潮流的字眼，代表着新锐的生活态度和审美方式的融合。跨界经营是基于用户体验的互补关系，在营销思维模式上实现了由产品中心向用户中心的转移。实现跨界经营的实质是实现多个品牌多个行业从不同角度诠释同一用户特征。在这样的跨界合作背景下，企业必须避免“竞争者近视症”。一个企业往往更可能败在潜在竞争者的手下，而不是现有竞争者。例如，打垮柯达公司的并非其直接竞争者富士，而是那些从未被柯达视作竞争者的索尼、佳能等数码相机制造商，以及许多数码影像开发商和网络图像共享服务商。中国电信的最大竞争对手已经不是中国移动、中国联通，而是腾讯。腾讯麾下的QQ、微信等满足了用户通信和社交的需求，打国际长途可以视频，还免费。

最典型的例子是《大不列颠百科全书》。大不列颠百科全书公司一直以来都认为自己与其他印刷参考书和昂贵的百科全书出版商竞争。结果，进入数字时代后，随着基于网络的百科全书和参考资料的快速发展，《大不列颠百科全书》的销量猛跌，损失惨重。终于，大不列颠百科全书公司意识到真正的竞争者不是其他出版商，而是电脑、网络和数字内容，比如

“任何人都可以编辑”的维基百科和售价低廉的微软电子百科全书。现在，大不列颠百科全书公司仍然出版其顶级的百科全书系列和一些其他的印刷参考书，更提供DVD和网络版本的信息服务。

### 5.1.2 选择目标市场

选择目标市场是指在市场细分的基础上，根据企业的经营目标和经营能力，选择有利的细分市场。由于企业自身存在的优势和劣势，同时每一个细分市场都蕴含着不同的市场机会，因此，选择适合本企业发展的目标市场就成为企业选择市场机会的关键。

**1）评价细分市场**

并不是每一个细分市场企业都要进入，因此，进行目标市场选择之前需要对每个细分市场进行评价。主要评价标准依据以下三方面的因素：一是细分市场的吸引力；二是企业自身的资源；三是企业的发展目标。

（1）可衡量性。可衡量性是指细分市场的规模、购买力和特征是可以被衡量的。某些细分变量很难衡量。例如，美国约有10%的人口是左撇子，几乎相当于加拿大的总人口数，但是绝少有产品是针对左撇子市场的。主要问题在于很难找到和衡量这个市场，没有有关左撇子人口的统计数据，而且人口普查局也没有相关的调查记录。

（2）可进入性。可进入性是指企业有能力进入所选定的子市场。日本本田公司在向美国消费者推销其汽车时，就遵循这一原则，从而成功地进行了市场细分，选择了自己的目标市场。同“奔驰”“奥迪”等高级轿车相比，本田的汽车不仅价格较低，而且技术水平较高，足以从竞争对手中夺食。

（3）可盈利性。可盈利性是指企业进行市场细分后所选定的子市场的规模足以使企业有利可图。消费者的数量是企业利润的来源，如果细分后子市场的消费者数量过少，则无法达到企业的盈利标准。

在选择目标市场的过程中，除上述评价细分市场中的三种要素之外还有很多其他的影响因素，例如：产品/市场生命周期、同质性；竞争者的目标市场模式、数量；道德问题。

**2）目标市场的选择方法**

在对细分市场进行评价后，可按照以下五种方法对细分市场进行选择：

（1）集中选择。这就是企业集中全部资源于某一细分市场，以一种产品满足一个细分市场的需要。通过这种方式企业能够在一个适度规模的市场中占有很高的份额，从而取得强有力的竞争地位。同时，公司通过生产、销售和促销的专业化分工，也可以获得许多经济效益。如果细分市场选择得当，公司的投资将得到高额回报。

在企业存在以下三种情况的时候，集中选择是一种可行的方法：

① 资源有限，只能占领某一个细分市场；

② 该细分市场吸引力较大且尚无有实力与企业相抗衡的竞争对手；

③ 对于企业未来整个市场的拓展，该细分市场具有决定性的作用。

（2）产品专门化。这是基于产品导向细分下进行的市场选择。在这种营销思路下，公司集中生产一种产品，并以各种方式树立较高声誉。产品专门化有利于企业在生产方面产生协同效应，即使用同种生产能力满足不同市场的需求。它的风险在于，一旦这种产品被全新的技术所代替，公司就将面临危机。

（3）市场专门化。这是市场导向的选择方法，其基础是市场上的消费者需求。具体策略是企业集中力量生产销售某类切合某一细分市场内顾客特殊需求的产品。例如，男士化妆品、儿童食品等都属于专门市场选择。通过这种方式，企业可以在某一消费群体中创造知名度，同时也可以准确了解消费者群体的特殊要求，适时跟进产品类型、质量等。市场专门化能够有效地分散企业的经营风险，然而过度集中于某一市场，则易受该市场需求变化的影响。

（4）多重选择。所谓多重选择，即经营者认为若干个细分市场都具有吸引力，同时也符合企业的发展方向，适合企业的资源状况，决定将这些细分市场都作为自己进入的目标市场。例如，某服装企业生产不同种类的裤子服务于不同性别、年龄、阶层的市场。这种方法与集中选择方法相比，所选择的这些细分市场是相互关联的，每一个细分市场都能够创造可观的利润，具有分散风险的作用，但是很难实现企业资源的协同效应。

（5）完全覆盖市场。这是指企业锁定某一个大的细分市场为目标市场，生产一种或多种产品满足这一目标市场的所有需求，全面介入这一市场，以期获得较大的市场份额。需要注意的是，完全覆盖市场并非不经过细分的盲目覆盖，而是在市场细分的基础上，有针对性地开展营销活动。例如，可口可乐公司有针对性地为不同的顾客群体提供不同类型的饮料。

**小案例 5-1**

**大众点评成立专门丽人事业部**

继推出到家服务以后，大众点评2015年7月宣布，成立单独的丽人事业部，负责包括美发、美容、美甲等领域的市场。目前，大众点评平台上有两个入口涉及相关业务。丽人事业部是在成立于2010年的“丽人”频道基础上成立的，此外，接入第三方平台的到家服务也包含了美甲、美妆、美睫等多个品类。

从大众点评首页进入“丽人”分类，用户可以查看提供瑜伽、美睫、瘦身等细分种类的商铺，在应用中可以直接完成预约，或者购买团购优惠券。而在到家服务的分类之下，大众点评已经在全国15个城市接入了美甲、美容、化妆等多个种类的上门服务，比如河狸家、嘟嘟美甲、美到家、美上妆等。实际上，二者的消费需求是相同的，只不过是因为提供消费的场所不同，被分割到了两个入口。根据大众点评提供的数据，以上海为例，每4个人中就有1个人通过大众点评查找与美相关的信息或者服务。

### 5.1.3 市场定位

无论是市场细分还是目标市场选择，最终都要落实到市场定位上。通过定位，将解决如何在这个目标市场打造优势地位的问题。菲利普·科特勒将其定义为：“定位就是对公司的供应品和形象进行设计，从而使其能在目标顾客心目中占有一个独特的位置的行动。”

1）定位的依据

（1）产品特性或种类，即将产品本身的内在特点作为市场定位的依据，如产品的成分、质量、价格、功能等。例如：沃尔沃汽车定位于“安全”；七喜定位于不含咖啡因的“非可乐”饮料；沃尔玛定位于“天天低价”；高露洁牙膏定位于坚固牙齿的功能。

（2）产品用途及使用场合，即将产品本身的用途及所适用的场合作为市场定位的依据。例如：王老吉定位于“预防上火”凉茶饮料；“送礼只送脑白金”的广告语将脑白金定位为“礼品”；“要干更要肝”将海王金樽定位于酒后护肝保健品。

（3）使用者类型，即将产品目标客户群的不同类型作为市场定位的依据。例如，手机的用户大致分为男性和女性，因此，针对男性使用者可定位于智能、商务的手机，针对女性使用者可定位于时尚、灵巧的手机。

（4）竞争状况，即根据本企业产品与竞争者产品的差异状况进行定位，包括三种方式：迎强定位，即与市场上最强的竞争对手相对立，例如，麦当劳与肯德基、可口可乐与百事可乐等长达多年的争斗；避强定位，即避开市场上强有力的竞争对手，例如，哈根达斯占领了冰激凌的高端市场而与其他冰激凌相区分；反向定位，即从相反的逻辑角度进行定位，例如，Avis汽车出租公司“我们是汽车出租业的第二，但我们会更努力”的定位。

2）定位的方法

（1）迎强定位，是指企业选择靠近强有力的竞争对手的市场位置，与其争夺同一目标顾客群体，彼此在产品、价格、分销、促销手段等营销组合方面差别很小。例如，可口可乐与百事可乐、麦当劳与肯德基、柯达与富士等。

（2）避强定位，是指企业回避与目标市场上的竞争者直接对抗，而将自身的位置确定于市场的“空白点”处，提供某种特色产品或服务，满足市场上尚未被满足的需要。例如，“大宝”避开了与高档化妆品的竞争而占领了低端市场。

（3）重新定位，是指企业采取一定的营销组合，改变目标顾客对其原有的印象，重新树立其在目标客户心目中的形象。当产品在市场上的定位出现偏差，当消费者转向偏好竞争对手的产品或当竞争对手推出的产品与本企业产品定位相似等情况出现时，考虑进行重新定位。例如：万宝路香烟最初定位于“连女人和小孩子”都能吸食的低焦油型香烟，然而销量不佳；随后，万宝路香烟进行了重新定位，塑造出至今仍令美国人推崇备至的典型男子汉形象——“美国西部牛仔”。

（4）为竞争对手再定位。为了向目标市场准确地传递产品或品牌的定位，可以考虑为竞争对手再定位。例如，美国A牌伏特加酒声称：“绝大多数的美国伏特加酒，看似由俄罗斯制造，然而却是在印第安纳州劳伦斯堡制造。A牌与众不同，它是在俄罗斯制造。”

（5）高级俱乐部定位，是指企业强调自身是某一高级群体中的一员，由此提升自身的品牌形象和地位。例如，克莱斯勒公司宣称自己是“美国三大汽车公司之一”。

除上述定位外，市场定位方法还包括初次定位、利益定位、消费群体定位、档次定位、概念定位等。

初次定位，是指新企业初入市场或新产品投入市场，通过研究竞争对手的产品在目标市场中的位置而确定本企业或产品的相应位置。如，以自由、野性与冒险为形象特征、居世界各品牌香烟销量首位的万宝路香烟，在20世纪40年代进入市场时，是以女性作为目标市场，它的口味也特意为女性消费者而设计：淡而柔和。

利益定位，是指根据产品所能满足的需求、提供的功能利益以及解决问题的程度进行定位。例如，OPPO手机在国内最早以高像素、前后拍照的“照相手机”为利益点。

消费群体定位，是指直接以某类消费群体为诉求对象，突出产品服务对象的专属性，以获得该消费群体的认同。如金利来将男性作为诉求对象并定位于“男人的世界”。

档次定位，是指按照品牌在消费者心目中的价值将品牌分为不同档次，最常见的是高档次定位。如派克钢笔定位于高雅、精美和耐用的高档次笔，成为一种高贵社会地位的象征。

概念定位，是指使产品或品牌在消费者心中占据一个新的位置，形成一种新的概念，以获得广泛认同，并产生购买欲望。例如，创造出“情绪饮料”新概念的脉动、尖叫等。

**小案例5-2**

### 聚美优品的精准定位

作为国内曾经最大的化妆品限时特卖网络商城，聚美优品首创“化妆品团购”模式，其拥有百万以上的女性用户，每天成交近两万单，月销售额超过3 000万元。聚美优品的成功建立在其精准定位的基础上，在于低价位、高折扣的正品化妆品的宣传卖点。聚美将目标客户锁定为80后、90后的青年消费者。年龄过小的，还尚未到大量购买化妆品的时期；而年纪过长的，或者不再关注化妆品，或者不习惯于网络购物。因此，80后、90后成为为聚美优品贡献销售业绩的主力军。这些消费者，有强烈的追求自我完美、乐于展现美丽自我的意愿，但尚在奋斗中的他们却往往手头拮据，背负着各种巨大的压力。明确了目标客户群以及他们的一些共同点，聚美优品的定位就变得十分明晰。相对于商场专柜的高价化妆品，聚美提供特价、保真的化妆品，很好地满足了目标顾客的需求。“百分百正品”“拆封30天无条件退货”的承诺，“口碑中心”的经验反馈以及快速便捷的物流服务，聚美优品为消费者节省大量的开销的同时，也保证了产品服务的高质量、高标准，这些都与其所倡导的“聚集美丽，成人之美”的定位主题不谋而合。

# 5.2 营销战略的类型

市场营销战略包括竞争战略、市场地位战略、产品生命周期战略以及营销发展战略，无论哪种类型的营销战略都应该充分体现以下四个要点：第一，明确界定营销工作的市场目的。第二，确定营销工作的行动路径。第三，整合所有资源。第四，突出全局性谋划。

## 5.2.1 竞争战略

管理学家迈克尔·波特在《竞争战略》一书中提出了三种基本的竞争战略，即成本领先战略、差异化战略和密集化战略。

**1）成本领先战略**

成本领先战略是指通过一系列措施在产业中实现成本方面的领先，并以此获得比竞争对手更高的市场占有率。在这种战略的指导下，企业应在原材料成本、研发与技术成本、管理运营成本、服务成本、营销成本等方面力争实现产业中的最低成本，尤其是要低于竞争对手的成本。沃尔玛成功地运用成本领先战略，通过压低价格、降低经营成本、节省物流成本、压缩广告费用和鼓励员工勤俭等方法降低成本，增强市场竞争力；格兰仕微波炉更是将成本领先战略发挥到极致，仅用五年时间就打败所有竞争对手，成为世界第一。

成本领先战略具有一定的优势，同时也存在着风险，如表5-5所示。

表5-5　**成本领先战略的优势与风险分析**

| 优　势 | 风　险 |
|---|---|
| 实现规模经济<br>有能力进行产品和新技术研究与开发<br>降低投入成本，减少行政等其他费用<br>能够设置行业进入障碍<br>有能力削弱替代品的威胁<br>增强对供应商及客户讨价还价的能力<br>获得高于产业平均水平的利润 | 新进入者和追随者的学习成本低，使企业容易被模仿甚至超越<br>新技术出现，导致企业失去原有技术的投资及经验基础<br>过度关注产品及其成本，势必忽视市场和竞争状况，从而陷入产品导向<br>保持低成本和价格差通常很困难 |

**2）差异化战略**

差异化战略是指将企业生产的产品或提供的服务明显区别于竞争对手，形成在全产业范围中具有独特性质的产品或服务。该战略的重点是创造独特化，使顾客对企业品牌产生忠诚感，甚至愿意支付溢价，使企业能够获得超常收益。差异化战略的形式包括产品及品牌在形象、功能、外观、服务、技术优势、分销渠道的差异。“农夫山泉有点甜”的差异化特点——“有甜味的水”，使“红色风暴”迅速席卷中国纯净水市场；“怕上火，喝王老吉”的独特诉求概念——“中草药配方”，又成功助推了广州王老吉药业股份有限公司正式进军国内市场。

差异化战略的优势与风险如表5-6所示。

表5-6 差异化战略的优势与风险分析

| 优　　势 | 风　　险 |
| --- | --- |
| 有利于形成品牌忠诚，构成进入壁垒<br>其他竞争对手不能以同等价格提供，因此削弱了顾客的讨价还价能力<br>有效地对抗替代品，使企业比竞争对手处于更有力的地位 | 企业竞争者的模仿使得已建立的差异化程度降低<br>消费者对需求差异化程度降低过度专注差异化易导致成本提高，最终导致无法留住顾客 |

3）密集化战略

密集化战略是指专门为某产业链的一个细分链条、某一地域市场或某个特定的市场群体提供产品或服务。该战略通常要求企业有足够的能力并能高效率地为特定的目标市场服务，因此，这在一定程度上限制了企业市场份额的提高。浙江义乌市集中进行小商品（袜业、针织内衣、玩具、化妆品、饰品、拉链等）的生产与销售，经过多年发展，呈现出“小商品、大产业，小企业、大集群”的产业发展格局，目前已成为全国乃至世界最大的小商品流通中心。

密集化战略的优势与风险如表5-7所示。

表5-7 密集化战略的优势与风险分析

| 优　　势 | 风　　险 |
| --- | --- |
| 能够避开与竞争对手在大范围内抗衡<br>有力攻击竞争对手的弱势并抵抗替代品的威胁<br>通常具有赢得超过产业平均水平利润的潜力 | 集中市场与整体市场的差距日益缩小<br>竞争对手在本企业目标市场中进行再次细分，导致本企业差异化不够集聚<br>过度专注于集中市场的差异化，导致企业成本提高 |

除了上述三种基本的营销战略之外，随着企业实践的创新性和营销理论的不断完善，出现了很多新型的营销战略，如联盟营销、关系营销、顾客满意营销、游击营销、病毒性营销战略等，在企业的运营中也起到了积极的导向作用，参见补充阅读5-3。

**补充阅读5-3**

**病毒性营销战略**

病毒性营销战略描述的是一种信息传递战略，包括任何刺激个体将营销信息向他人传递、为信息的爆炸和影响的指数级增长创造潜力的方式。这种战略像病毒一样，利用快速复制的方式将信息传向数以千计乃至数以百万计的受众。例如，支付宝在微博上推出了一个“转发抽中国锦鲤”活动，在短时间内引起了300万次的转发，社会反响强烈。

一个病毒性营销战略不一定包含所有要素，但是其包含的要素越多，营销效果可能越好。一个有效的病毒性营销战略的基本要素包括：①提供有价值的产品或服务。②提供无须努力向他人传递信息的方式。③信息传递范围很容易从小规模向大规模扩散。④利用公众的积极性和行为。⑤利用现有的通信网络。⑥利用别人的资源。

## 5.2.2 市场地位战略

企业在市场上的竞争地位有如下四种类型：市场领导者、市场挑战者、市场跟随者和市场补缺者。因此，根据企业在市场上的地位可以将其市场地位战略相应地分为四种类型：市场领导者战略、市场挑战者战略、市场追随者战略和市场补缺者战略。企业可以根据企业内部及外部市场环境的具体情况选择适合本企业发展的市场地位战略。

**1）市场领导者战略**

市场领导者是指在相关产品的市场上占有率最高的企业，通常在价格调整、促销力量以及新产品开发等方面均处于领导地位，是竞争者模仿、挑战或回避的对象。由于市场领导者的地位经常受到竞争者的挑战，因此，为保持自己的领导地位，通常采取三种策略，见图5-3。

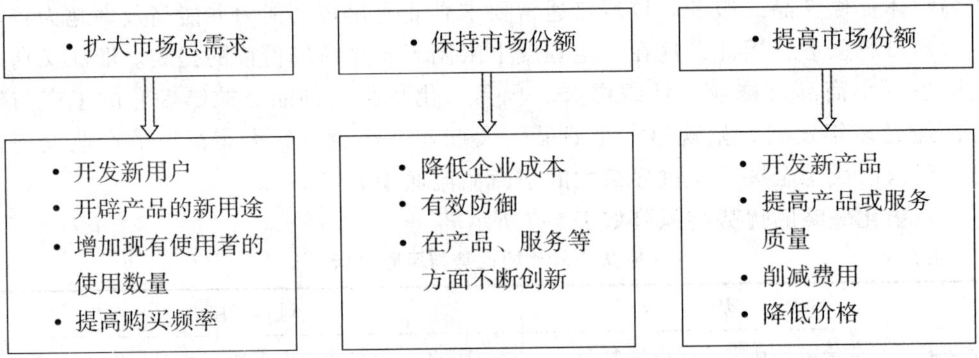


**图5-3 市场领导者战略的三种策略**

**2）市场挑战者战略**

市场挑战者是指在行业中位于第二、第三名等次要地位的企业，通常向市场领导者发动进攻，以夺取更大的市场份额。市场挑战者向领导者或其他竞争者挑战时，首先必须确定自己的战略目标和挑战对象，而后在以下策略中选择适当的策略进行进攻，如图5-4所示。

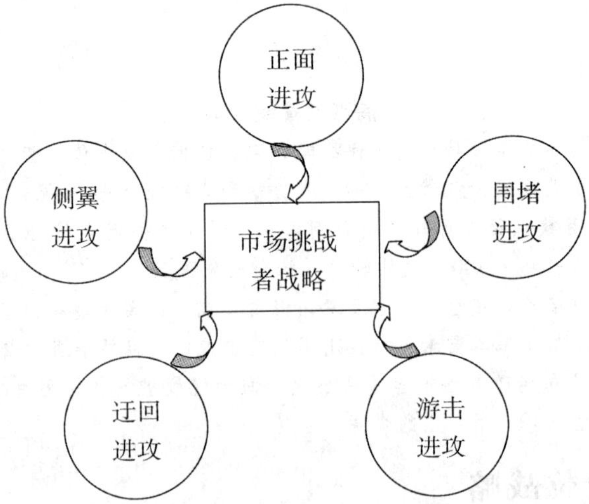


**图5-4 市场挑战者战略的策略选择**

（1）正面进攻，是指集中力量进攻竞争对手的强项而非弱项。市场挑战者必须在产品、价格、营销等方面大大超过竞争对手或通过研制新工艺以降低成本。

（2）侧翼进攻，是指集中力量进攻竞争对手的弱项而非强项。市场挑战者可以在同一地域的市场范围内向竞争对手发动进攻，也可以补缺尚未被占领的细分市场。

（3）围堵进攻，是指在竞争对手的市场领域内，同时在多个方面发动全方位、大规模的进攻，以彻底击败竞争对手。这要求挑战者具有比竞争对手更大的资源优势，并且要求竞争对手留下的市场空白很大。

（4）迂回进攻，是指尽量避免与竞争对手的正面冲突，而是在对手没有或不可能设防的市场范围内发动进攻。主要方式有：产品创新、渠道创新、产品或市场的多元化经营。

（5）游击进攻，是指以小规模、间断性进攻的方法干扰竞争对手并最终将其拖垮。这适用于规模较小、实力较弱的企业。

**3）市场追随者战略**

市场追随者是指在行业中名列第二、第三名等次要地位的企业，与市场挑战者的区别之处在于，市场追随者维持现状，不与市场领导者和其他竞争者产生争端。市场追随者的成功之处在于注重盈利性而非市场份额。通常有以下三种策略可供选择：

（1）紧密跟随，是指尽可能地在各个细分市场和营销组合方面模仿市场领导者，而不进行任何形式的创新。此种跟随者看似挑战者，但只要不从根本上危及领导者的地位，则不会与其发生正面冲突。

（2）有距离跟随，是指在目标市场、产品创新、价格水平、分销渠道等主要方面追随市场领导者，但仍与其有着若干差异。此种追随者通常通过兼并小企业而实现自身的发展壮大。

（3）有选择跟随，是指在某些方面紧随市场领导者，而在其他方面又自行其是，即为非盲目跟随，是有选择、有判断并发挥自身独创性的非竞争性跟随。此种追随者有可能发展成为市场挑战者。

**4）市场补缺者战略**

市场补缺者是指专心致力于市场中被大企业忽略的某个细小的细分市场，并通过专业化经营占据有利的市场空隙，获取最大限度的收益。以下是几种可供选择的专业化方案：地理市场专业化；垂直层次专业化；营销渠道专业化；服务项目专业化；质量价格专业化；产品或产品线专业化；最终顾客专业化；顾客规模专业化；特定顾客专业化；顾客订单专业化。

### 5.2.3　产品生命周期战略

产品生命周期包括四个阶段：导入期、成长期、成熟期和衰退期。在产品生命周期的不同阶段，需要不同的营销战略。四个阶段的总体战略可以用两个“十六字”

方针来概括："人无我有，人有我优，人优我廉，人廉我转"和"培育市场、开发市场、抢夺市场、转移市场"。具体的产品生命周期战略或策略分析如表5-8所示。

表5-8 产品生命周期各阶段的战略/策略

| 战略/策略 | 导入阶段 | 成长阶段 | 成熟阶段 | 衰退阶段 |
|---|---|---|---|---|
| 产品 | 提供基本产品 | 提供扩展产品、服务 | 品牌、款式的多样化 | 逐渐淘汰疲软产品 |
| 价格 | 成本加成定价 | 市场渗透定价 | 竞争定价 | 降价 |
| 分销 | 选择性分销 | 密集广泛的分销 | 更密集广泛的分销 | 逐渐淘汰无利分销点 |
| 促销 | 加强力度 | 适当减弱投放力度 | 以说服品牌转换为主 | 最低投入 |
| 广告 | 以经销商广告为主 | 以终端市场为主 | 强调品牌差别和利益 | 降至保持忠诚顾客 |

**1）导入阶段战略**

导入阶段是指产品首次导入市场、销售增长趋势缓慢、费用支出较大的时期。如果只考虑营销变量（产品、价格、分销、促销）中的价格、促销，并设定高、低两种水平，可采取以下战略：

（1）快速撇脂战略，即采取高价高促销手段推出新产品，迅速打开市场，实现较高的市场占有率。采用这一战略的假设条件为：市场需求潜力巨大；目标顾客渴望该产品并愿意支付溢价；企业面临潜在竞争威胁或希望树立品牌。

（2）缓慢撇脂战略，即采取高价低促销手段推出新产品。采用这一战略的假设条件为：市场规模有限；产品已被大多数人熟知；目标顾客愿意支付溢价；市场竞争并不激烈。

（3）快速渗透战略，即采取低价高促销手段推出新产品，使企业以最快的速度实现最大的市场份额。采用这一战略的假设条件为：市场容量大；产品不被人熟知；目标顾客对价格敏感；潜在竞争激烈；企业能产生规模效应。

（4）缓慢渗透战略，即采取低价低促销手段推出新产品。采用这一战略的假设条件为：市场容量大；产品知名度高；目标顾客对价格敏感；存在潜在竞争。

**2）成长阶段战略**

成长阶段是指产品被市场迅速接受，同时利润大量增加的时期。在此阶段，通常采取以下战略维持市场成长：

（1）改进产品质量，改变原有产品款式，同时赋予新产品更多的特色和花样，并增加侧翼产品。

（2）进入新的细分市场，拓展新的分销渠道。

（3）宣传重点由产品知名度转向产品偏好，注重树立企业和产品形象。

（4）适时降价，以吸引价格敏感型消费者。

**3）成熟阶段战略**

成熟阶段是指产品已被市场多数消费者所接受，并且销售减缓，产品进入相对成熟阶段。为应对市场竞争，保持产品的市场地位，该阶段的营销支出日益增加，利润逐渐减少。此阶段通常采取以下战略：

（1）市场改进。通过将非使用人转变为使用人，增加现有顾客的使用量及使用率并争夺竞争者的顾客，进入新的细分市场以改变市场现状来刺激销售。

（2）产品改进。通过改进产品质量、赋予产品新特色、增加产品式样和款式等方法进行产品改进，从而刺激销售。

（3）营销组合改进。通过改进营销组合（产品、价格、分销、促销）及其他要素刺激销售。

**4）衰退阶段战略**

衰退阶段是指销售量下降趋势增强，同时伴随着利润下降的阶段。此阶段通常采取以下战略：

（1）加强战略，即增加投资，集中力量在最有价值的细分市场上，并使企业处于支配地位或强有力的竞争地位，以收割该市场的剩余利润。

（2）维持战略，即在现有市场中保持原有的投资水平和营销策略，将产品的销售维持在一个较低的水平上，直至该产品最终退出市场。如果竞争对手先退出市场，则可能获得较高的利润。

（3）转移战略，即有选择地降低投资态势，并放弃原有市场，同时加强对有利可图的新市场或产品的投资，力争在新市场或产品上获得成功。

（4）收缩战略，即迅速缩减产品生产，降低营销费用，尽可能地增加当前利润，以便快速获取现金收益。

（5）放弃战略，即迅速放弃衰退速度快、无利可图的产品。

**小案例5-3**

**海尔战略之变：从生产产品到生产创客**

2015年，海尔集团提出发展主题为“人人创客，引爆引领”，这标志着海尔集团要从管控型组织变成投资平台，每个人不再是执行者，而是创业者。整个集团正在打破原有的组织构架，从传统组织向网络化组织转变。纵观海尔的成长历程，海尔集团始终将“人”的因素放在第一位，从成立之初提出的“企业即人，人即企业”，到2002年的“人单合一”的双赢模式，到2012年提出的“三化”战略（企业平台化、员工创客化、用户个性化），再到2015年再次进入“人人创客”时代，海尔一直跟随时代的步伐进行自我转型。

2012年以来，海尔建设了平台型组织——建立与员工和客户紧密的价值创造关系。互联网时代的来临，信息技术的快速发展，使得原有的商业模式、制造模式、消费模式都变得毫无意义。因此，为了响应互联网的三个特点（零距离、去中心化、去中介化），海尔集团提出了“企业无边界，管理无领导，供应链无尺度”的“三无”境界，通过“企业平台化、员工创客化、用户个性化”，将员工和用户连在一起，“激活”每个员工，让员工创造价值的同时实现自身价值。另外，海尔内部的员工全部为接口人，接入世界一流的资源，将世界变成海尔的研发部和人力资源部，从而初步构建并运行了平台型组织。

从海尔集团战略和组织结构的转变我们可以看出海尔一直遵循着“战略决定组织，组织支撑战略”的核心思想，基于对进取、速度与价值的追求，将企业的经营权主动交给了员工，为员工提供机会，提倡创业与创新精神，让每位员工成为自己的CEO，实现其自身价值。这种做法也应对了张瑞敏总结出来的八个字，即“企业即人，人即企业”。“企业即人”是指企业能不能发展壮大，就是要看人的价值。“人即企业”是指我们跟着互联网转型，让每一个人都可以创业，每个人都可以成为企业家。

海尔通过用户资源和产业资源“众创、众包、众筹、众扶”的服务机制，帮助创客创业并取得成功。众创平台，是通过海立方和创意平台，将这些创意与平台上的资源对接；众包平台，是依托海尔的开放式创新平台，使全球有创意的人将创意拿出来共同讨论、实践；众筹平台，是指海尔有专项创投基金；众扶平台，是为帮助内部员工成为创业者提供资源平台。同时，为了推动海尔创客体系的发展，海尔集团还成立了创客学院、创客实验室、创客空间、创客工厂、创客金融、创客市场，加速创客的成长。基于海尔的创业机制和平台，目前海尔分流了2.1万人进入小微，成立了183个小微生态圈，孵化出了470个创业项目。

海尔大型家用电器品牌零售量多次居全球第一，利润增长率大大超过规模增长率。作为改革开放的参与者与受益者，海尔抓住了历史机遇，它的发展史也是内部组织变革与创新史。当互联网、物联网等新技术扑面而来的时候，如何解决整个工业消费升级和智能制造、“互联网+”中的问题成为海尔新一轮变革的出发点。2017年12月6日，国际四大标准组织之一的电气与电子工程师协会（IEEE）通过一项建议书，由海尔COSMOPlat牵头制定大规模定制模式的国际标准。这标志着中国方案从跟随到引领，走在了世界前列。海尔COSMOPlat这个大的生态系统，能够把消费者分类、分层，同时使资源方围绕平台共同创造，共同实现消费者的愿望。

## 5.2.4 营销发展战略

### 1）密集型成长战略

密集型成长战略是指企业在现有的业务领域里寻找改进现有业务成效和未来发展的机会，参见小案例5-4。密集型成长战略包括市场渗透战略、市场开发战略和产品开发战略。其具体内容如表5-9所示。

表5-9 **密集型成长战略**

| 市场渗透战略 | 市场开发战略 | 产品开发战略 |
|---|---|---|
| 扩大产品使用人数<br>提高使用频率<br>改进产品特性 | 在本地寻找潜在顾客<br>扩大新渠道<br>增加新的销售点 | 增加产品的种类<br>增加产品特性<br>开发新产品 |

**小案例5-4**

**宝洁公司的密集型成长战略**

宝洁公司是一家美国的公司，它的经营特点：一是种类多，从香皂、牙刷、洗发精、护发素、洗涤剂到咖啡、橙汁、蛋糕粉，再到卫生巾、化妆纸、感冒药，横跨了清洁用品、食品、纸制品、药品等多种行业；二是许多产品都是一种产品多个牌子。以洗衣粉为例，该公司推出的牌子就有汰渍、洗好、波特、世纪、欧喜朵等近十种品牌。在中国市场上，香皂用的是舒肤佳，牙膏用的是佳洁士，卫生巾用的是护舒宝，仅洗发精就有“飘柔”“潘婷”“海飞丝”三种品牌。要问世界上哪个公司的牌子最多，恐怕非宝洁公司莫属了。

宝洁公司认为，不同的顾客希望从产品中获得不同的利益组合。有些人认为洗涤和漂洗能力最重要；有些人认为使织物柔软最重要；还有人希望洗衣粉具有气味芬芳、碱性温和的特征。于是宝洁公司就采取了密集型成长战略，针对洗衣粉的九个细分市场，设计了九种不同的品牌。

#### 2）一体化成长战略

一体化成长战略是指企业向外延伸和发展，与其他企业实行联合化，使自身不断向深度和广度发展的战略。一体化成长战略通常包括以下三种战略：

（1）前向一体化战略，是指企业通过向前兼并、收购批发商或零售商，抑或控制或拥有其分销渠道或分销系统，实现产-销一体化。例如，电器生产商收购电器销售商，自己组织自己产品的销售。

（2）后向一体化战略，是指企业通过向后兼并、收购原料供应商，抑或控制或拥有其供应系统，实现供-产一体化。例如，力帆集团收购重庆客车厂，表面看来是“两轮”对“四轮”的胜利，其根本原因在于重庆客车厂是力帆集团长期的发动机供应商。

（3）水平一体化战略，是指企业通过横向兼并、收购竞争者的同类企业，抑或合资共同经营。例如，日本的资生堂与北京日化合资生产化妆品等。

#### 3）多角化成长战略

多角化成长战略是指企业在现有的业务领域基础上增加新产品或新业务的一种战略。它是企业为了避免、减少潜在的经营危机与风险而采取的一种防范措施。多角化成长战略通常包括以下三种战略：

（1）同心多角化战略，是指企业开发与现有产品线的研发、技术、营销方法等有协同关系的新产品，从而吸引新的客户群体。例如，海尔生产冰箱，后来又利用原有的技术优势开发了电视、洗衣机等其他电器产品。

（2）水平多角化战略，是指企业采用不同的技术为现有市场提供不同种类的新产品，以满足现有市场群体的需求。例如，原来生产牙膏的公司，现在又投资生产牙刷。

（3）跨行业多角化战略，是指企业开发与现有业务、现有产品、现有市场完全无关的新产品或服务。例如，春兰集团主要生产空调，后来进入与自己主业不相关的摩托车和汽车领域。

**小案例5-4**

**商业模式及其与战略的区别**

商业模式从20世纪90年代开始被广泛使用和传播，现已变成管理者、创业者和投资者挂在嘴边的热门名词。对于商业模式的定义，不同的学者有不同的解读。Timmers认为，商业模式是关于产品、服务和信息流的架构，其中包括：描述各种商业的参与者和他们的角色；各种参与者潜在收益的描述；对于收入来源的描述。Magrett认为商业模式是用于解释厂商运行方式的故事。我们认为，商业模式是对一个组织如何行使其功能的描述，是对其主要活动的提纲挈领的概括；它定义了公司的客户、产品、服务以及业务流程，还提供了有关公司如何组织以及创收和盈利的信息。商业模式与公司战略一起，主导了公司的主要决策。

1.商业模式与战略的内容不同。商业模式关注企业整体运作和价值创造与获取。企业战略是包括一系列竞争性活动和业务方法的组合。战略理论是对战略制定方法及战略形成过程的研究，而商业模式理论是对具体的战略措施体系所具有的内在联系的研究。可以概括地说，商业模式要解决的是：企业做什么？如何盈利？战略要解决的是：如何去做？如何取得竞争优势？

2. 商业模式与战略的关注点不同。商业模式从客户价值主张出发，围绕顾客价值创造和传递来构建企业系统，强调顾客创造及其持续性。战略从应对外部挑战出发，关注企业竞争优势的构建。商业模式在构建时考虑企业的收入结构、现金流与利润，而战略关注的是打败竞争对手，主要考虑资源投入，对现金流与盈利考虑不多。

3. 商业模式与战略的特点不同。首先，商业模式具有系统性、逻辑性。商业模式是所有职能战略组成的体系，能完整地描述企业的价值创造体系，且更强调内在逻辑。其次，商业模式更有具体性、形象性。战略原则具有普遍性，如低成本战略、差异化战略等都是普遍适用的，而商业模式很难一概而论，我们通常根据对具体的案例的研究来描述一个企业的商业模式，如国美模式、京东模式等。企业可以借鉴这些具体的模式来选择合适的战略。商业模式更具备系统性、结果性，更为稳定和持久，战略则具有目的性、动态性、过程性，有些企业商业模式可能不变，但战略常变。

## 策划案例与文案

### ××公司市场营销战略规划

1）背景资料

××公司是一个小型企业，目前的产品主要是铸型尼龙制品，主要用于石油化工、铁路交通、轻工纺织、建工建材以及矿山冶金等工业机械转动和结构部件方面。

目前，生产铸型尼龙制品的厂商林立，竞争异常激烈。各厂商纷纷使出压价的法宝，导致价格一降再降。目前，铸型尼龙制品的价格只是2012年的一半。激烈竞争的结果导致一部分企业退出了这个行业，剩下的企业之间的竞争自然更加激烈，但是竞争也更趋于明朗化。公司的利润也由2012年的15万元下降到今天的只能维持开销，保持支出和收入的基本平衡。一年的辛苦所换来的除去水电费、人员工资、场地租用费、保险、设备折旧、制造费用、贷款利息、销售费用等后所剩无几。

但是企业还要生存，还要发展。在2012年那样的大好形势下，公司没有把握住机会，只顾着享受超额利润所带来的喜悦，没有为企业制定一个发展的方向和总体目标，没有通过再投入、扩大企业的规模或者新产品开发和研究来增强企业的竞争实力与生产能力。面对今天这样一个改革开放的时代，企业必须改变以前那种旧的企业结构和管理方法，对企业进行整顿，对员工进行培训教育，不怕投入，制定一个企业长久发展的规划、一个长远的目标，从提高自身的素质做起。企业还要有拿得出去的拳头产品以保障稳定的利润来源。

企业当务之急是对企业进行整顿，制定营销战略发展规划，在对市场进行调查的基础上，以市场为导向，制定营销战略规划，进行新产品的研究，提高目前产品的科技含量，以增加企业利润。

2）现状分析

（1）宏观环境分析

我国对于铸型尼龙的深加工及下一代产品的开发和研究是十分积极的，历年来，铸型尼龙工程材料一直受到国家有关科学技术、工业建设部门的重视和支持。当前，我国正处于改革开放时期，需要具有高性能、轻质、耐用、节能的工程机械结构部件。而近年来国内尼龙单体已大量投产，更为铸型尼龙材料的发展与应用提供了原料基础。

（2）微观环境分析

①企业现状

××塑料制品公司是一个小型企业，企业的固定资产总值不高，但是流动资金有上百万元。其中也有一部分呆账，这主要是由三角债造成的。产品主要是铸型尼龙板材、套材等系列产品，进入铸型尼龙市场已近十年，信誉较好，产品行销全国。

②市场潜量分析

目前，市场竞争十分激烈，利润微薄，整个市场呈萎缩状态，但这只是针对原有产品而言。根据顾客对本单位产品所提出的个性化要求以及个别竞争对手产品改进后的销售情况，改进产品在市场上还是非常受欢迎的。而且，这些铸型尼龙制品的深加工产品，较之以往技术含量不多的铸型尼龙制品，具有更强的韧性和强度，深受顾客的青睐。所以公司认为，铸型尼龙市场尽管在老旧产品上呈现萎缩现象，但是只要提高产品的科技含量，满足顾客的个性化要求，其市场潜力是巨大的。

③竞争者分析

由于国家政策的大力扶持和铸型尼龙的初期工艺对人员素质及技术设备的要求不高，再加上以前铸型尼龙市场的利润过大，导致众多企业进入铸型尼龙这个行业，共同瓜分初期的利润。但是，一方面各个厂家不断投入，另一方面市场上却因为对铸型尼龙技术的要求提高，致使大部分产品不能达到市场的要求。于是，经过几年的激烈竞争，初期进入铸型尼龙市场的大部分企业在竞争中纷纷退出，仅有几家因为产品质量过关和销售渠道好等原因能站住脚。这使得市场竞争的态势明朗化，但是也使得价格更加透明化，进而导致竞争更加激烈，各个厂商的利润更加微薄。但是目前仍然有一部分人不清楚目前铸型尼龙制品市场发展的趋势与前景而盲目投入，致使整个市场的结构更加不合理，厂家的日子大都不好过。

（3）SWOT分析

①优势

A.产品质量较高，在顾客与中间商中信誉良好。

B.与大多数中间商有过多年的合作经验，关系比较好。

C.公司的经营规模较小，投入潜力巨大，经营灵活，拓展业务方便。

D.销售网络比较广，因而能听到大多数顾客和中间商反馈的意见，从而能把握住市场动态。

E.有一批对铸型尼龙制品及其深加工技术和相关产品的研发有多年经验的员工，他们有较高的技术和素质。

②劣势

A.产品范围相对于铸型尼龙制品的范围来说太过狭窄。

B.产品价格较高，对广告的投入不够。

C.没有一个叫得响的拳头产品能带动其他产品的销售。

D.企业结构不合理，有大量的呆账。

E.新产品的销路问题还没有解决，本企业的影响力不够广泛，广告投入不够等。

③机会

A.目前，公司只要能通过一些途径来掌握一些新技术和新的对路产品，肯定会对这个市场产生巨大的影响，导致市场份额的重新分配。

B.市场整体向高科技产品转化。

④威胁

A.公司注意到了整个市场向高、新科技方面的转化，其他的厂商肯定也已经注意和认识到了这一点，关键就是谁能更好地把握这个机会，抢先一步拿出适销对路的产品，第一个进入和占领新开发的市场。

B.因为公司自身的局限性，规模小、成本高、企业产品的结构不合理，所以市场机会正在丧失。如果再不改革，根据市场的动向作出相应的调整，很可能坐失良机，企业从此再无“抬头”的机会。

C.要对现有产品进行深加工和推出高科技铸型尼龙制品，需要有很高的技术支持和设备支持，现在公司已经开始进行这方面的工作，以269万元的广告投入，增强本企业和各种产品的影响力。

3）营销战略

（1）战略目标

摆脱企业目前市场逐年缩小、企业生存空间狭窄、产品结构不合理的状态，在市场向高科技迈进的过程中寻找新的生存空间和发展的机会，并在一年内占领××地区铸型尼龙制品市场的14%、全国市场的4%，三年内占领全国市场的7%，五年内占领全国市场的9%。

（2）营销战略

①目标市场

全国范围内铸型尼龙制品的深加工和铸型尼龙制品的相关产品市场。

②市场定位

成为铸型尼龙制品市场迈向高科技发展过程中的第一批跟进企业，争取质量第一。

4）营销策略

（1）产品策略

①产品描述。

××塑料制品公司现有的铸型尼龙制品按品种和形状，主要有棒材、板材和套材三个品种，这些产品的共同特点是均为浇铸而成，坚固耐用，韧性好，是初级产品。

根据铸型尼龙制品市场的发展趋势，现在所要推出的产品是铸型尼龙制品的改进产品，它主要应用的是铸型尼龙化学改性技术。

这种工艺制成的产品具有以下特性：A.有较高的科技含量，能够满足顾客的各种特殊要求；B.与原有技术和设备生产出的产品比，它应该具有耐用、韧性强的特点；C.分成多个系列产品。

②产品名称。产品名称为“××铸型尼龙改性系列产品”。

③主要用途。新产品主要应用于石油化工、铁路交通、轻工纺织、建工建材以及矿山冶金等工业机械转动和结构部件方面。

④包装。新产品采用塑料编织袋包装，上面印制本企业和该产品的名称和搬运、贮藏方法。

（2）价格策略

①定价原则。定价原则为优质高价。

②定价依据。主要考虑的定价因素是水电费、工人工资、福利费、保险费、运输费、设备折旧以及厂房、场地的租用费用，还考虑到这个新产品的市场目前没有被完全开发，它的生产工艺、制造方法及生产成本还未被人们所熟知，而且竞争对手较少，所以，公司决定制定优质高价的策略以获取更高的利润和下一代产品的开发费，便于对企业进行再投入，扩大企业规模。

（3）促销策略

①促销目标

一年内使超过60%的客户认识到××新产品与过去的产品和现在市场上流行的产品相比，拥有更高的强度、更好的耐热性能、更强的韧性、更加不易磨损，是目前铸型尼龙制品中质量与性能最好的产品，正是他们最需要的。

②促销组合

在推广的过程中，因为企业刚欲转产，资金周转困难，正处于最艰苦的投入期，而且又想使目标用户看到，所以采取低成本的推广手法——店内海报、户外墙报和店内宣传手册的方式。

③推广计划

举行一次为期一年的广告宣传活动，采取的宣传媒体是店内宣传手册和店内海报，产品的宣传口号是“新技术、新材料”，“更坚固、更耐热、更柔韧”，并把口号印制在包装上。

(4) 渠道策略

①渠道方式：直销与代销相结合的方式。

②采用此方式的原因（略）。

5) 组织与控制

(1) 组织的确定

本计划的实施事关重大，从××××年3月开始进行市场调查，5—8月完成企划书，××××年8月至××××年8月试实行1年。××塑料制品公司近期内能否摆脱目前的困境就在此一搏。为了保证计划的顺利实施，有必要派出总经理1名、销售人员8名实施这次活动并进行控制。他们的主要任务是保证活动的顺利进行并调查实施活动后的效果，反馈用户的意见，并对这一活动作出总结。

(2) 资源日程进度表（略）

(3) 预算（略）

**案例思考题：**

1.请参考本策划方案，分析说明公司目前存在的问题，并评价分析本策划方案能否解决这些问题。

2.请以此策划文案为基础，为公司形成一份新的营销战略策划方案。

## 策划实战

目前金鹰美乐家电商场已经开了7家分店，成为山东省临沂地区最大的专业家电连锁销售企业。在这座二线城市，国美与苏宁先后入驻，但营业没多久，国美撤走，苏宁经营惨淡。一家本土家电商场为何能挤走“国美”“苏宁”？是“互联网”带给企业新的增长点。除了充分发挥自身五大优势（品牌、价格、体验、物流与服务）以外，金鹰美乐家电商场还是全省第一家涉足O2O模式的家电服务企业。它有效地实现了线上交易、线下体验的商业模式。

“互联网+”的出现对传统家电制造和流通产业带来怎样的变革？面对京东等强劲电商企业，传统家电企业在实现互联网转型时如何冲破重围，脱颖而出？请你根据国内家电企业现状，为国内传统家电流通企业制订一份营销战略方案。

## 本章小结

市场营销战略策划是对企业营销战略的谋划和规划，通常包括三个步骤：市场细分、选择目标市场、市场定位。

市场营销战略包括竞争战略、市场地位战略、产品生命周期战略、营销发展战略等。其中，竞争战略包括成本领先战略、差异化战略和密集化战略；市场地位战略包括市场领导者战略、市场挑战者战略、市场追随者战略、市场补缺者战略；产品生命周期战略包括导入阶段战略、成长阶段战略、成熟阶段战略、衰退阶段战略；营销发展战略包括密集型成长战略、一体化成长战略、多角化成长战略。

## 参考文献

[1] 胡占友. 现代企业营销方案写作 [M]. 北京：机械工业出版社，2007.

[2] 塞米尼克. 市场营销理论论争 [M]. 陈启杰，等译. 上海：上海财经大学出版社，2006.

[3] 庄贵军. 企业营销策划 [M]. 北京：清华大学出版社，2012.

[4] 石泽杰. 营销战略升级与模式创新——开创企业价值营销新时代 [M]. 北京：中国经济出版社，2013.

[5] 胡继承. 市场营销策划 [M]. 北京：科学出版社，2006.

[6] 柳思维. 营销战略管理 [M]. 成都：西南财经大学出版社，2009.

[7] 李东红. 营销战略 [M]. 北京：首都经济贸易大学出版社，2010.

[8] 科特勒，阿姆斯特朗. 市场营销 [M]. 楼尊，译. 16版. 北京：中国人民大学出版社，2015.

[9] 刘会福. 论新经济时代下的市场营销战略创新 [J]. 中国市场，2013 (13).

[10] 杨宝珍. 企业市场营销战略创新 [J]. 企业经济，2011 (5).

[11] 石丹. 海尔组织之变：从生产产品到生产创客 [J]. 商学院，2016 (1).

[12] 蔡宁伟. 自组织与平台组织的崛起 [J]. 清华管理评论，2015 (11).

# 第6章 品牌策划

## 学习目标

通过本章的学习，须理解品牌的内涵及分类，掌握如何通过营销策划来塑造品牌和发展品牌。其中，对品牌定位、品牌名称及品牌标志设计和品牌化策略的运用须有较为全面的把握。

# 6.1 品牌策划概要

## 6.1.1 品牌概念及分类

### 1）品牌概念

品牌是指产品的一种名称、标记、符号、设计图案或是它们的组合运用，以此标明某个企业的产品和服务，使之与竞争对手的产品和服务区别开来的营销手段。

品牌由品牌名称和品牌标记组成。品牌名称是品牌中可以读出声来的那一部分；品牌标记则是品牌用来识别但不可以念出声的那一部分，如符号、图案、色彩或字母。

在国际上公认的品牌还有六层具体的含义：利益——给购买者带来的物质、精神上的享受；个性——品牌应传达出商品或服务的差异化；属性——表达出产品特定的属性；价值——应体现制造商的某些价值感；文化——品牌附加及象征的文化内涵；使用者——应体现购买或使用这种产品的那一种消费者。

### 2）品牌分类

（1）大众品牌与贵族品牌

按品牌使用的对象不同，品牌可分为大众品牌与贵族品牌。大众品牌是指产品面向所有的大众或者普通消费者的品牌。一类是面向所有的消费者的品牌，如洗衣粉、牙膏、矿泉水等的品牌；另一类是面向中低收入者的品牌。贵族品牌亦即奢侈品牌。

（2）功能性品牌、情感性品牌与体验性品牌

按品牌怎样在消费者心目中建立起品牌联想以及给消费者带来何种价值，把品牌分为功能性品牌、情感性品牌和体验性品牌。

功能性品牌是以独特的产品功能方面的优越性来显示品牌产品的价值，并使特性与该品牌建立起强有力的联系。

情感性品牌，是试图通过品牌与消费者情感方面的交流来树立品牌在消费者心目中的地位的品牌，它强调的是品牌的情感利益点，而功能性品牌强调品牌的功能性利益点。

体验性品牌，是指品牌能让消费者获得身临其境的、独特的消费或购物体验而产生一种体验联想，从而建立起品牌形象和地位。体验性品牌最典型的例子发生在服务性行业，如旅游观光、商场超市或专卖店的购物体验、娱乐休闲场所的活动体验等。

（3）产品品牌与共有品牌

按产品和企业之间的关系，把品牌分为产品品牌和共有品牌。

产品品牌是指该品牌只与特定的产品发生关系，消费者将产品的某些特征，如口味、外观、触觉和使用体验等与品牌本身联系起来。简单地说，产品品牌就是以

产品而闻名的品牌。

共有品牌是指一个品牌同时被用在多种密切关联的产品之上，这样的品牌为企业的多种产品所共有而不是只与其中某种产品联系在一起。可以说，共有品牌是以企业名称闻名为特征的品牌，故也称为企业品牌。

(4) 厂家品牌与商家品牌

按品牌所有权不同，把品牌分为厂家品牌（制造商品牌）和商家品牌（销售商品牌）。

厂家品牌是指由生产制造企业拥有的，并在其推出的各种产品上标记的品牌标识。

商家品牌是指商家自己不生产、制造产品，而是通过购买方式获得产品，并在产品上贴上商家自己的标记而产生的品牌。

### 6.1.2 企业品牌策划的内容

企业品牌策划的内容主要包括如何塑造品牌和如何发展品牌两大方面。

在如何塑造品牌方面包括品牌定位、品牌名称设计、品牌标志设计、品牌推广。

在如何发展品牌方面包括品牌化策略运用、品牌延伸、品牌国际化。

## 6.2 塑造品牌

### 6.2.1 品牌定位

#### 1）品牌定位的概念

品牌定位是企业品牌营销的前提，对企业开发、开拓市场起着导航作用。成功的品牌定位，能够在消费者心中树立鲜明的、独特的品牌个性与形象，为建立品牌竞争优势打下坚实的基础。

品牌定位是指在市场调研和细分基础上，发现或创造出品牌独特的差异点，并与目标消费者心智模式中的空白点进行匹配择优，从而确定出一个独特的位置，然后借助整个传播手段在消费者心中打上深深的烙印，建立起强有力的联想和独特的印象的策略性行为。进一步地讲，品牌定位就是企业向目标消费群体展示品牌（产品）独特性的过程。品牌定位要求品牌能够满足目标消费群体的需求，能够给他们带来好处或提供购买的理由，这种好处和理由来自独特的品牌个性。

#### 2）品牌定位的原则

品牌定位是针对消费者进行的，遵循一些基本的定位原则有助于更好地进行品牌定位。品牌定位遵循的原则有以下几点：

(1) 应实现品牌核心价值的差异化。

(2) 品牌定位策略应该是市场导向型的。

（3）简明，抓住关键点。

（4）保持相对的稳定性，并不断强化。

（5）以情动人，情理交融。

（6）要以图文并茂的方式展现。

**3）品牌定位的决策程序**

根据品牌定位的策略，品牌定位决策程序如图6-1所示。

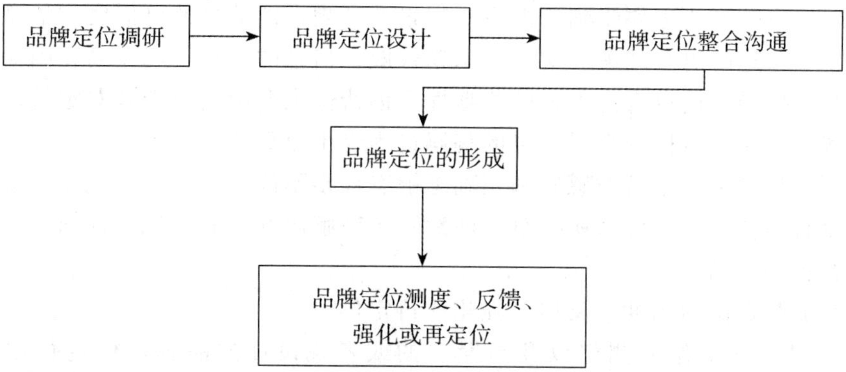


**图6-1 品牌定位决策程序图**

（1）品牌定位调研

品牌定位调研主要包括三个方面的内容：目标消费者调研、掌握现有竞争品牌的定位以及分析品牌产品的自身特性和公司的经营理念及文化传统。

（2）品牌定位设计

品牌定位设计是确定品牌定位最重要的工作：

① 根据品牌定位点的可能开发途径，通过头脑风暴法、优缺点列表法等，在每一种可能的开发点上理出各种定位点。

② 对各种定位点进行组合。

③ 对这些初步确认可行的方案进行筛选，看是否充分利用了品牌产品的优势和特色，是否击中了竞争对手的弱点以及是否与公司的文化和理念不相冲突。如果答案是肯定的，则进入第四步。

④ 目标消费者测试。由市场营销的研究部门或委托第三方就这几个定位的方案进行实际测试，看看消费者如何评价。测试完毕之后，撰写出测试分析报告，指出不同定位方案的优势及可能存在的问题并提出建设性的意见。

⑤ 由公司主要领导在几个方案中选择出最后的品牌定位方案。

（3）品牌定位整合沟通

整合沟通是借助传播手段和途径创造性地表达品牌定位，让目标消费者认知品牌定位，并偏爱这一定位和相信这一定位，进而在消费者心中打上深深的烙印，最终目的是导向购买，促进销售。

整合沟通本身并不创造品牌定位，而是表达品牌定位。沟通手段除了广告外还包括品牌产品的包装、价格、营销渠道。整合沟通的另一层含义是强调不同沟通手段之间的协调性和互相促进性。如广告沟通与其他沟通手段如价格定位、营销渠道等不协调，就会引起品牌定位感知上的矛盾和不协调。

（4）品牌定位的形成

品牌定位策略的目的是要在目标市场消费者心中占据独特的品牌位置。沟通是实现这一目的的手段，但究竟是否实现了品牌定位的目的，消费者脑中形成的品牌定位与企业期望的结果是否一致，这就需要深入分析品牌定位的形成。

品牌定位的形成主要受到三大主要因素的影响，即信息的可信度、信息表达的清晰性以及信息解码和理解。信息来源越权威，信息的可信度就越高，因而越易于被目标受众接受。信息表达方式的清晰性和创造性也会影响消费者对定位信息的注意和理解。同时，目标受众对信息的解码过程也十分重要。

总之，品牌定位是否被感知和正确理解有许多不确定因素，因此要形成品牌定位，信息必须被目标消费者所接触、注意、正确解码并有效记忆。任何一个环节出错，都会影响全局。

（5）品牌定位的测度、反馈、强化或再定位

通过对品牌定位的测定以及与期望的或者说设计的品牌定位进行比较，即可发现两者之间是否存在差异。如有差异，需要分析原因：是表达问题，还是理解问题，要不要强化，怎样强化，或者是否需要重新定位等。这些信息应及时反馈到公司的品牌主管人员那里，促使公司管理层对品牌定位策略作出微调或重来。

**4）品牌定位的策略**

品牌可以有多种定位，如低价定位、优质定位、地位定位、先进技术定位等。对于企业来说，运用品牌定位策略的目的是建立本企业所希望的、对目标消费者有吸引力的竞争优势。品牌定位策略多种多样，常用的有以下几种：

（1）强化定位策略

强化定位策略即在消费者心目中强调自己现在的形象定位。如七喜饮料的广告语是“七喜，非可乐”；郎酒强调的是“中国两大酱香白酒之一”，即茅台之后的第二大酱香白酒。

（2）特色定位策略

特色定位策略即寻找为许多消费者所重视的，但尚未被占领的细分市场。如美国M&M公司生产的巧克力具有不易在手中溶化的特点。该产品广告语为“只溶在口，不溶在手”，极富个性。

（3）比较定位策略

比较定位策略即通过与竞争品牌的客观比较来确定自己的市场定位。比较定位的分寸不易把握，易变成诋毁其他品牌的行为，应谨慎使用。

（4）最优定位策略

最优定位策略即追求品牌成为本行业中领先者的市场定位。据调查，一般消费者能回想起同类产品的个数不超过7个，而名列第二的品牌的销售量往往只及名列

第一的品牌的一半，所以“先入为主”是行之有效的品牌定位策略。

（5）“高级俱乐部”策略

“高级俱乐部”策略即强调自己是某个具有良好声誉的小集团成员之一。企业如果不具有第一位和某种独特性的属性，采取这种策略不失为一种良策。

**小案例6-1**

**从御泥坊看淘品牌的塑造**

淘品牌是指在淘宝网上形成的品牌，这个概念最初出现在服装领域，淘宝上汇集的一些原创品牌，当初是因为设计师的个人爱好而走上做网上品牌的路子，没想到在淘宝上却大受追捧。后来，玩具、化妆品等一些自有品牌也纷纷出现，这些在淘宝上建立起来的品牌被称为“淘品牌”。中小型企业借助信息化的技术手段，在短期内塑造一个属于自己的淘品牌已经不再是一件可望而不可即的事情。御泥坊就是通过建立自己的淘品牌，从当初一个半年销售额仅几百万元的小企业摇身一变，成为一家仅2016年“双11”的销售额就突破亿元的大公司，2020年11月11日，A股上市公司御家汇旗下天猫各品牌旗舰店交易额再创新高，仅用10分34秒，就突破1亿元。

御泥坊最初是以一款以湘西边陲滩头古镇所特有的矿物泥浆（也称“御泥”）为主打成分的面膜进入消费者视野的。泥膜是御泥坊开创的面膜品类，御泥坊也借此建立起品牌概念，开始品牌竞争。看准市场机遇，抓住地方特色，御泥坊没有把目光放在线下的红海竞争，而是抓住了淘宝崛起的红利优势主攻网上零售市场，共推出了8款新品，通过试用积累口碑，提升品牌自身的渠道洞悉力，同时也培养了消费者的网购习惯。这让御泥坊在网购尚未被广泛接受的时候，便成功积累了一定的用户。正式开业3个月，御泥坊的销售额突破了70万元。一个“线上御泥坊”的销售模式初显雏形，品牌销售额当年实现同比增长400%。

自2012年开始，淘宝的发展进入井喷期，产品矩阵愈发多元，线上流量红利式微，御泥坊品牌经营也并没有坐以待毙，经营渠道也不断多样化。至2015年，御泥坊在互联网渠道已取得超过10亿元的营业收入，销售了3亿片面膜，纳税超1亿元，为1 000万名消费者提供了服务。2015年6月，御泥坊宣布全面布局线下渠道。同时，御泥坊品牌形象经营的目光也放得很长远，2020年，明星金晨携手御泥坊，担任品牌大使。同年10月，御泥坊联合国家宝藏共同推出“云想衣裳花想容御奁”，还原贵妃挚爱物，重现盛唐女性风华。

## 6.2.2 品牌名称设计

**1）品牌名称的重要意义**

品牌名称是识别商品和服务的来源。任何品牌都有一个名称，这个名称和它所代表的品牌存在一种内在的联想和联系。品牌名称作为品牌之魂，体现了品牌的个性、特性和特色。品牌名称的意义在于：品牌是识别商品和服务的来源；为企业打出第一则广告；创造企业的无形资产。

**2）品牌命名的基本原则**

一个品牌如果有好的命名，不仅可以刺激消费者的感官从而留下印象，产生联想和触动，而且品牌名称本身就是一句最简短、最直接的广告语。从国内外知名品牌的成功经验或有些品牌失败的教训中，我们可以总结出品牌命名的一些基本原则，主要有：

（1）记忆性原则

为了达到使消费者对品牌有一个较高的认知度，品牌的名称应该从本质上是可记忆的，而且是便于记忆的，这样可以促进消费者对品牌的回忆。要做到使品牌的名称易读易认可记忆，如要求在为品牌取名时做到简洁、独特、新颖、响亮和有气魄等，长虹、万科、搜狐、阿里巴巴、新东方等国内许多知名品牌名称的确定都符合这一特点。

（2）意义性原则

品牌的意义性原则是指品牌名称本身具有含义，而这种含义可以直接或间接地传递商品的某些信息，如关于它的优点、性能以及使用它的好处。这种品牌名称或者可以提示产品，或者可以吸引顾客。高科技产品比较偏向使用提示商品的词汇，如Minolta（相机）、Compaq（电脑），而一些时髦的商品比较偏向于使用能吸引顾客的词汇，如Obsession（香水）、Camel（香烟）等。

（3）联想性原则

品牌名称与产品功能是不能等同的。在可能的条件下，赋予品牌名称以其所代表的产品功能的某种寓意，或者明示，或者暗喻，启发人们丰富的想象力，使品牌名称与产品功能在意义上有所联系，对品牌营销和占领市场有很大的帮助。如“娃哈哈”饮料寓意孩子们喝了笑哈哈，“美加净”化妆品寓意含蓄而隽永，给人以丰富的联想。

（4）独特性原则

品牌名称贵在有个性，只有不与其他品牌名称相混淆，才有利于发挥品牌名称独特的魅力，给消费者以鲜明的印象，经久难忘。如中国老字号“六必居”酱菜品牌借鉴酿酒“六比”而实行酱菜“六比”的加工工艺，使品牌独具一格，名声大振，经久不衰。突出个性和独特风格的方式很多，有采用人名作为品牌名称的，如“皮尔·卡丹”服装，还有运用数字的巧妙组合形成品牌名称的，如“999”胃泰。

（5）合理性原则

不同国家和地区的消费者因文化、宗教信仰、风俗习惯、语言文字等的差异，其对同一品牌名称的认知和联想是截然不同的。因此，品牌名称要适应目标市场的文化价值观念。在品牌国际化的趋势下，品牌名称应具有世界性。企业需要特别注意目标市场的文化、宗教、风俗习惯及语言文字等特征，以免品牌在消费者中产生误解。联想集团的英文名称由以前的Legend改为后来的Lenovo便是一个很好的例子。

（6）合法性原则

品牌名称合法，受到法律保护是品牌被保护的根本。在命名的时候就应考虑相关的法律条款，包括选定的名称是否有侵权行为，名称是否在可允许注册的范围以内等。

**补充阅读6-1**

**服装行业品牌名称国际化**

美特斯邦威、JASONWOOD、唐狮、森马、思迈尔、伊丝芬、依米奴……这些是洋品牌吗？

不是，它们都是国产品牌。这是需要批评的崇洋媚外的现象，还是一种有效的营销策略？

从道德价值观的角度，我们需要批评这种崇洋媚外的社会现象，提倡国货当自强。另一方面，从营销的角度，也应当正视这种客观的市场现象和消费者心理。一项关于服装品牌的调查显示：服装行业的品牌名称国际化有利于引起消费者对品牌名称的注意，提高品牌名称的吸引力，增加消费者了解和关注该品牌名称的意愿，提高消费者对产品质量的感知。

在同等质量水平下，消费者对来自经济发展水平较低的国家或地区的品牌或产品的评价，低于来自经济发展水平较高的国家或地区的品牌或产品的评价。服装行业的这些企业正是合理利用了品牌名称国际化策略，通过淡化或模糊消费者对该品牌的原产国认知，降低或抵消了消费者负面的原产地评价。因此，民族企业合理借助品牌名称国际化策略，通过淡化或模糊品牌的血缘或血统，以提高消费者对产品质量的感知，是一种比较有效的营销策略。

**3）品牌名称设计的类型**

（1）按照品牌名称的文字类型划分。按照品牌名称的文字类型可以将品牌名称划分为文字型品牌，如七匹狼、海澜之家等。

（2）按照品牌名称的出处划分。按照品牌名称的出处，品牌名称分为人名品牌、动植物名品牌、地名品牌和独创品牌。其中，人名品牌以人物姓名作为品牌的名称，这些人物大多是企业的创业者、设计者或知名人物，如李宁、乔丹等。

（3）按照品牌的特性划分。按照品牌的特性可将品牌名称划分为功能性品牌、效果性品牌和情感性品牌。其中，功能性品牌是指产品以自身功能、效用、成分或用途等来命名；效果性品牌意在向消费者传递产品在某方面价值的信息，以期在消费者心目中留下深刻的印象；情感性品牌则是通过情感增加产品与消费者的沟通，以期消费者对产品产生情感上的共鸣。

**4）品牌设计的步骤**

在品牌命名上并不存在一个人人都得遵守的程序和步骤，但在提倡科学的品牌命名的今天，品牌命名不再被看成是一种随意的名称选择，而是要经过一些程序性的分析，要考虑多种因素。科学的品牌命名方式一般要经过如图6-2所示的典型的步骤和过程。

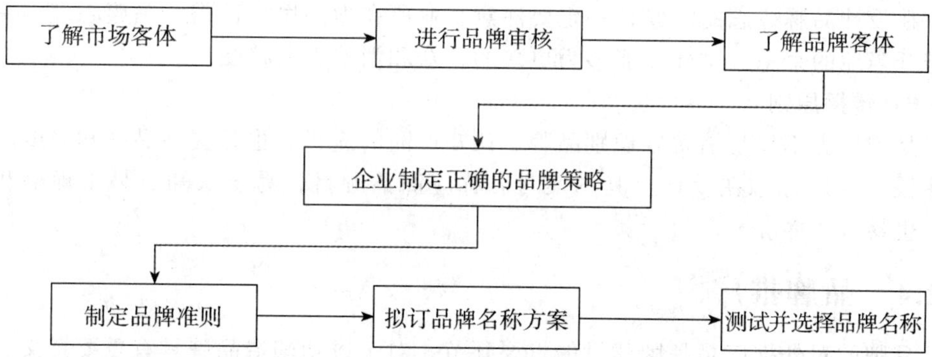


**图6-2 品牌命名流程图**

### 6.2.3 品牌标志设计

品牌标志设计是品牌设计的又一个重要方面。品牌标志是指品牌中可以被识别但不能用语言表达的部分，也可以说它是品牌的图形记号。如万宝路的英文字体，奔驰汽车的三叉星和麦当劳的黄色“M”等都属于品牌标志。

品牌标志与品牌名称都是构成完整的品牌概念的要素。品牌标志能够创造品牌认知、品牌联想和消费者的品牌偏好，进而影响品牌体现的质量与顾客的品牌忠诚度。可以说，品牌标志设计在品牌设计的形成、发展和品牌传播中起着重要的桥梁作用。

品牌标志设计应遵循以下几个原则：

**1）营销原则**

品牌设计的最终目的是让公众和消费者通过标志了解和认知品牌，品牌的设计必须与产品或服务的特征联系起来，能够为公众和消费者准确地传递产品和服务所包含的信息。

**2）创意原则**

设计的品牌标志要醒目直观、新颖独特、别出心裁，这样就易于给人留下较深的印象。同时，设计的品牌标志还需要有冲击力，体现企业国际化的发展趋势。

**3）设计原则**

彩色标志更能体现经营者的用意，也能给公众和消费者更强的美感效果，所以，用在品牌标志上的各种色彩一定要给人带来美的感觉和丰富的联想，这就要求在设计时运用美学、心理学等多方面的知识，把色彩和线条搭配得尽可能协调，让图案的设计用意清晰地表现出来。

**4）情感原则**

品牌标志的设计不仅要优美精致，符合美学原理，同时又要相对稳定，富有时代的特征，符合消费者的审美标准，只有这样才能够发挥其应有的作用。

**5）吉祥原则**

在设计品牌标志的时候，一定要注意企业所在地的民风民俗、民族心理，一定要避开当地的禁忌，这样才能够为更多的公众和消费者所接受。

**6）传播原则**

品牌标志不仅是消费者识别品牌、认知产品的途径，也是提高品牌知名度的一种手段。品牌标志在设计上其图案与名称应简洁醒目，易于认知，易于理解和记忆，也易于传播。

### 6.2.4 品牌推广

品牌的对外推广是品牌建设的重要环节，对于成功塑造品牌具有重要意义。品牌对外宣传又称品牌的推广或品牌的传播，是指在品牌定位的基础上将品牌信息传递给消费者的一种传播行为，从而最终实现品牌价值。品牌推广策略主要有以下几种：

**1）文化推广策略**

企业文化是品牌文化的基础，在一定程度上来说，品牌的文化推广过程就是一个塑造品牌文化的过程，所以对品牌实行文化推广策略的第一步就是要有合适的企业文化。顾客通过各种信息渠道，通过观察员工的态度与行为来了解一个企业所具有的文化，顾客认同了企业的文化就自然认同了品牌文化。

当然，企业文化与品牌文化一方面有着联系，另一方面也有区别。企业文化大都面向企业及行业的相关群体，而品牌文化面向潜在或现有目标消费群，所以做好消费者定位工作是实施文化推广策略的前提。

利用文化因素进行品牌推广，需要注意以下几个方面的内容：

（1）塑造合适的企业文化。

（2）准确地定位消费者。

（3）塑造出品牌的个性特征。

（4）选择合适的媒介传播品牌文化。

同时，传播的文化必须与消费者形成共鸣，与竞争对手相区别，与产品属性相匹配。

**2）公共关系推广策略**

品牌的发展壮大，自然要受到这些公共关系的约束和限制。品牌推广主要考虑的公共关系有：顾客关系、政府关系、媒介关系和社区关系。

如何实施公共关系推广策略？以下几种方式值得关注：

（1）公共关系新闻传播

现代社会是信息社会，信息的传播是企业公共关系中非常重要的一个活动，其主要形式有：

① 及时主动地向新闻媒介提供有价值的新闻素材。

② 组织记者招待会或新闻发布会，及时发布与企业有关的重大活动信息。

③ 邀请新闻界人士实地参观访问，使其增强关于企业生产、销售、服务、经营、管理等方面的感性认识并加深友谊。

④ 策划新闻事件，即指在不损害公众利益的情况下，有计划地策划和组织有新闻价值的活动、事件，制造新闻热点，使企业成为新闻报道的主角，达到扩大组织影响的目的。

（2）公共关系广告

（3）举办展览会

（4）举办赞助活动

进行公共关系推广需要本着诚实守信原则、平等互利原则、协商沟通原则和创新的原则。

**3）广告推广策略**

广告在生活中无处不在，是一种基本推广策略，目的是提高品牌的知名度，强化品牌在消费者心中的形象，提高品牌的美誉度，进而激发消费者的购买欲望，最终达到使消费者购买的目的。

**4）代言人推广策略**

现今的市场上，几乎都能看到明星代言人的身影，大到高档豪华电器，小到饼干食品。明星代言人已经成为商界克敌制胜的一把利器。形象代言人在产品推广中具有提升品牌知名度、宣传品牌精神、展示品牌个性、丰富品牌联想、强化品牌体验、维护品牌风格等独特的价值。

代言人推广策略的实施主要有两个方面：一是在合适的时机选择合适的代言人；二是代言人与品牌形象的维护。

（1）代言人的选择

代言人的选择是品牌代言人推广顺利实施的重要前提，需要注意以下几个方面：

① 要围绕品牌个性选择代言人。

② 不选用颇有争议的代言人。

③ 企业代言人的选择，并不一定非得用名人，也可以用普通人。

④ 可以将品牌的卡通形象作为代言人。

（2）代言人关系的维护

在选择了合适的品牌代言人之后，还需要注意品牌与其代言人之间关系的维护：

① 对代言人的使用不能仅仅停留在广告模特的身份上，而应当让代言人参与品牌提升的整个环节，参与各种大型的推广活动。

② 不宜频繁更换代言人。

③ 代言人具有专有性，即在合同期内，代言人不能为别的产品做代言，至少不能为同一类产品的多个品牌代言，一旦违背原则，其代言品牌在消费者中的品牌形象就会大打折扣。

**5）体验推广策略**

消费者作出购买决策的过程，不仅是一个理性分析的过程，而且是一个情感碰撞的过程。在品牌推广过程中要能够通过某种特定的手段、方式满足消费者的独立探索与亲自体验的情感需求，为品牌创造独特的价值，从而获得消费者的认同和好感。体验推广就是这样一种理念，它专注于使目标顾客全面融入创造和消费体验的过程当中，满足消费者对消费体验的需求，产生感情碰撞，从而提升产品差异性，达到提升品牌形象和增强吸引力的推广目的。

**小案例6-2**

**青岛啤酒：品牌“锻造术”**

在“2013中国500最具价值品牌榜”中，青岛啤酒以805.85亿元的品牌价值，再次蝉联中国啤酒第一品牌。2020年1月3日，青岛啤酒上榜2019年上市公司市值500强，排名第187。2020年5月10日，Asiabrand发起主办，中国亚洲经济发展协会品牌管理专业委员会和亚洲品牌网联合主办的“2020中国品牌500强”发布，青岛啤酒排名第92位。

在品牌重塑的过程中，青岛啤酒决策层敏锐地把互联网当作核心力量。利用微博、抖音等全新的社交媒体，青岛啤酒巧妙地整合了在全国各地举办的啤酒节，被微博的粉丝们亲切地称为“空中啤酒节”。在青岛啤酒的各种营销活动中，网络的互动无处不在：消费者可以参与CBA比赛直播，与青岛啤酒啦啦宝贝聊天；可以分享青岛啤酒的酿酒师日志，了解啤酒的乐闻趣事；可以参与活动，去伦敦看球或者去德国寻根；可以与加勒比海的安提瓜和巴布达以及美国、英国等世界各地的青岛啤酒粉丝们一起互动，聊聊在各地见到青岛啤酒的“小惊喜”。2012年伦敦奥运会期间，青岛啤酒更是率先起用先进的AR（augmented reality，增强现实，是一种全新的人机交互技术）技术，将现场参与者的影像与奥运冠军视频合成，营造出了一种冠军就在大家中间，共享欢庆时刻的奇妙氛围。

借力互联网，青岛啤酒通过虚实之间的互动，将体验式营销做到了一个新高度。单纯的买买买已经不足以打动消费者了，社交媒体时代，品牌总在想办法去吸引消费者的注意，而将粉丝、内容、技术三位一体地结合起来将爆发怎样巨大的能量？

2020青岛啤酒ARVR博物馆奇妙夜，联合“首席夜猫子”华晨宇。VR全景博物馆，十大场景齐齐登场，足不出户，720度游览百年历史博物馆，深化消费者品牌认知；3D夜猫全称智能语音引导用户的浏览路线及体验亮点，带来耳目一新的视听感受，在游戏中带来了良好体验；博物馆内藏寻宝挑战，游览的同时可以收集“夜猫爪”，解锁青岛啤酒幸运抽奖，让品牌和产品更能“听懂”并“兑现”消费者的需求，从而打造出一片更具活力的“蓝海”。在中国制造依然难以摆脱低端、廉价形象的今天，青岛啤酒却以高端、主流的形象，在全球市场拥有了自己不容小觑的市场地位。青岛啤酒品牌十年重塑，品牌驱动的“马太效应”已经逐步显现。

# 6.3 发展品牌

## 6.3.1 品牌化策略运用

所谓“品牌化”，就是给商品或服务提供一个可供识别的标记，这种标记包括名称和图案等。

在现实社会中，存在着不同性质的品牌：有的是商品品牌，专门用来识别某种特定商品和树立品牌形象，这类品牌占了大多数，如Buick（汽车）、Sony（电器）、NesCafe（食品）等；有的是服务品牌，用来识别服务而不是产品，如Disney（娱乐）、AT&T（电信）；还有近年来兴起的新兴行业，它们也越来越多地采取品牌化策略，如一些文化娱乐行业、非政府组织、新闻出版行业等。

品牌化战略有六种基本模式可供选择，即产品品牌战略、产品线品牌战略、分类品牌战略、伞状品牌战略、来源品牌战略以及担保品牌战略。

**1）产品品牌战略**

产品品牌战略也称“个别品牌名称决策”，即每一个产品都有其独有的名字，并有其独特的定位，占领特定的细分市场。在这种战略的指导下，同一个产品种类由于定位不同而有各自的品牌，宝洁公司便是这一做法的典型代表。其洗发产品中的品牌有“海飞丝”（定位于去头屑）、“飘柔”（定位于使头发柔顺）、“潘婷”（定位于使头发健康）、“沙宣”（定位于保湿和超乎寻常的呵护）。在这种战略下，品牌要得到发展，首先是要不断地更新产品，但是应保持原有的定位。

**2）产品线品牌战略**

产品线是指同一产品种类中密切相关的一组产品，他们通过相近的质量和价格水平，满足相同类型顾客的需要，并通过相同类型的销售渠道出售给相同的顾客群。比如，在化妆品品牌门类中，各条产品线有洗发水、香皂、沐浴露、定型摩丝等。产品线战略就是对在同一产品线上的产品赋予同样的品牌，这种战略一般得益于最初产品的成功。

这一战略的不利之处在于，产品线的扩展总是有限的，只能生产与现有产品密切相关的新产品。而且，如果产品线中有一个非常强势的创新产品，那将导致产品线的发展速度减慢。

**3）分类品牌战略**

分类品牌战略是指对所有产品使用不同类别的家族品牌名称，给予一个具有相同能力水平的产品群以一个单独的名称和承诺。“不同类别”指一个范围较宽的组别，包含数条产品线。这种战略可以理解为“不同类别的家族品牌名称决策”。比如，松下公司曾经将音像制品的品牌定名为Panasonic，家用电器的品牌定名为National，立体音响的品牌定名为Technics。

分类品牌战略的优点主要表现在如下几个方面：首先，由于集中在一个单独的品牌下，避免了传播的随机分散，建立起来的品牌知名度为所有产品共享；其次，使用这种战略推出新产品不需要花费很大的成本。但是，由于在一个品牌下集中了太多的产品，难免会出现与品牌基础不同的产品，从而对品牌个性产生负面影响。

**4）伞状品牌战略**

伞状品牌战略是在不同的产品门类上冠以一个相同的品牌名称，它也可以理解为“同一家族品牌名称决策”。伞状品牌战略适用于新产品与原有产品有较高的关联度、新产品的市场竞争不太激烈、新产品的主要竞争品牌并非专业品牌等情况。另外，该战略尤其适合跨国公司在进行世界性营销时采用。国际上许多大公司都采用这种做法。例如，佳能用于公司的照相机、复印机和办公设备上；雅马哈用于摩托车、钢琴和吉他上；三菱用于银行、汽车和家用电器上；飞利浦用于音响、电视机、灯泡、计算机、电动剃须刀和其他小家电上。

伞状品牌战略具有节省广告费用，有利于解除顾客对新产品的不信任感、壮大企业的声势等优点。但是企业要从伞状品牌中获益，需要具备一个前提条件：品牌在市场上已经获得一定的信誉，各类产品应具有相同的质量水平，否则会影响整个品牌的声誉。

#### 5）来源品牌战略

来源品牌战略也即附属品牌战略，与伞状品牌战略相比，前者对产品进行直接命名（子品牌）的同时再拥有一个共同的“母品牌”，因此每个产品具有两个品牌，形成双重品牌结构，所以也称作“双重品牌化战略”。在来源品牌战略指导下的每一个子品牌都有自己内涵的同时受到家族精神的支配。

实施这种品牌战略的优势在于它能将一种差别化的感觉和深度强加于子品牌之上，同时，通过子品牌的修饰和丰富，母品牌可以加强自己的价值观和识别性，子品牌和母品牌相互影响、相互促进，最终形成一个特定的细分市场。来源品牌战略的危险是超越母品牌核心识别的限制。这意味着要保持对品牌延伸的严格界限，只有经过鉴别的、可靠的名称才可以在母品牌的活动范围内使用。

#### 6）担保品牌战略

担保品牌战略与来源品牌战略比较相似，区别在于在担保品牌战略下母品牌和子品牌处于比较松散的关系。对市场来说，主要是子品牌（产品品牌）在起作用，母品牌并不突出而只起到担保的作用，担保品牌战略支持产品分类的广泛变化。如公司母品牌“雀巢”为全部产品提供信任、质量保证、信誉和竞争力，产品品牌则提供口味、感觉等特殊的价值和个体体验。

担保品牌战略的主要优点是能够获得很大的调遣自由，使它的品牌涵盖多个市场。在担保品牌下，产品品牌共享它承担的认可作用，包括标准化的质量、科学技术和对公众的责任等。

**补充阅读6-2**

**“品牌社区”营销的关键手段**

“品牌社区”（brand community）最早由Muniz和O’Guinn（2001）提出，也称品牌虚拟社区，通常依托互联网而建立，他们将其定义为“建立在使用某一品牌消费者间的一整套社会关系基础上的一种专门化、非地理意义上的社区”。“品牌社区”营销的关键手段包括以下6种：

产销合一。品牌社区重要的营销方式是让消费者主动参与，陈述故事，通常消费者会在社区内分享这些故事，抒发自己的感情或寻求认同感。

增值业务。社区的利益相关者之间的关系在社区内相互绑定，因此挖掘广告背后的其他利益是充分利用社区关系的途径之一。

合作营销。选择合适的合作方进行合作营销也是品牌社区营销的重要方式。比如，“豆瓣”在其每本书的介绍旁边都会有一栏“在哪儿买这本书”，里面罗列了这本书在“卓越”“当当”等购书网站的价格和链接。

会员制度。通过采用系统的管理来搜集消费者的信息并加以管理，了解目标客户群的需求和喜好，同时利用奖励机制来维系会员，鼓励其消费。

虚拟产品。各大网络的虚拟交易、虚拟货币以及各种投票和小游戏等，是各个网络企业推出的不同产品，属于网络企业的创新产品。

延伸产品。品牌社区通过推出与原本产品相关的延伸产品或周边产品来激励品牌社区成员购买，并满足他们对品牌的喜爱，从而增强品牌社区成员的凝聚力和忠诚度。

事件营销。它包括线上活动和线下活动，后者可以实现社区成员之间面对面的交流与沟通，加强社区成员之间的密切关系，以达到在社区内外宣传品牌形象的作用。

## 6.3.2 品牌延伸

品牌延伸是指采用现有成功的产品品牌，将它运用在新产品的整个过程。品牌延伸是对消费者的消费体验的利用和发挥。一般来说，如果消费者对一个品牌的印象良好，那么他对同属这种品牌系列的其他品牌往往也会有一个先入为主的好印象。经过品牌延伸后，不同的产品彼此共享同样的品牌名称及品牌意义，共同推进品牌发展。

**1）品牌延伸的原则**

（1）产品与品牌定位的一致性原则

市场定位的有效性可以保证产品最终用途、购买对象及生产条件等方面的一致性，这既符合顾客的品牌联想心理，也符合企业的生产经营实际，如海尔品牌从冰箱延伸到空调、洗衣机、彩电、微波炉等。这些延伸的产品与原有产品同属家电，与海尔在消费者心中成功的家电企业形象是相吻合的。随着社会需求的发展，社会对品牌的情感需求的要求越来越高，产品成为完成某种情感需求的物质工具和载体。因此，在品牌延伸中如果破坏了品牌定位中核心价值的一致性，就会降低品牌的市场影响力。这方面最典型的例子是拜耳公司的阿司匹林品牌在公司品牌延伸战略中的表现：德国拜耳公司生产的阿司匹林一直是该产品的领导品牌，在市场上形成了“拜耳就是阿司匹林”的印象，后来拜耳引入非阿司匹林镇痛剂，给市场造成了很大的困惑，其产品的市场占有率也开始下降。

（2）与分销渠道模式相近似的原则

分销渠道既是企业的一种营销渠道，又是塑造企业品牌形象的窗口，如果不利用相近似的分销渠道，企业就无法发挥降低促销费用的优势。在做宣传时，相同或相似的营销渠道，只要在商店做一则品牌POP广告，就等于给品牌伞下的所有产品做广告。另外，相近的分销渠道还能维护品牌形象的延续性和一致性；反之，则可能危及品牌形象。

（3）在主品牌不变的前提下，为新产品增加副品牌

为避免单一品牌延伸的风险，经营者可以考虑采取在商标不变的情况下为新产品起个“小名”，这就是副品牌。这样一方面淡化了“模糊效应”；另一方面又使各种产品在消费者心目中形成一定的距离，有效地降低“株连”的风险。例如，海尔集团在品牌延伸时，给电冰箱、空调、洗衣机中各种型号的产品分别取一个独特而又优美动听的小名，如“大王子”“小王子”“大元帅”“金元帅”“小小神童”等，实践证明这种策略是非常成功的。

（4）相关性原则

主力品牌与延伸品牌在产品构成上应当有共同的组成成分，即具有相关性。否则，消费者会不理解两种不同的产品为何存在于同一品牌之下。

（5）一致的服务系统

从营销到服务，如果能联系在一起，品牌延伸自然理所当然，否则就显得不伦不类。例如，雅戈尔从衬衣延伸到西服，服装业的营销和服务者是一致的，品牌延伸自然到位。蓝宝石集团从手表延伸到营养保健品，此时的延伸就显得较为牵强了。

如果一个品牌已经成为这个产品的代名词，则一般不要再将这一品牌的名字用到另一类产品上去。例如，SONY在日本代表视听产品，如果将SONY的名称冠到微波炉、冰箱或洗衣机等家电产品上必将是个非常冒险的决定。

**2）品牌延伸的步骤**

品牌延伸战略是企业决策的结果，它关系到企业的发展前景。因此，发展品牌延伸前要认真策划，即应系统考虑，结合生产、营销、品牌推广能力、管理、财务、自警、人力资源和企业文化等因素做综合考虑。品牌延伸的过程主要包括以下四个步骤：

（1）确定品牌联想

这一阶段的任务是调查存在于公众头脑中与品牌联想有关的所有联想，包括品牌的名称、印象、个性、内在和隐藏的潜力等方面，可借助于定量和定性的方法进行研究。确定品牌联想的方法主要有名称联系法和使用印象法两种。

（2）识别相关产品

在确定了核心品牌强有力的品牌联想之后，下一步就是识别哪些产品与这些品牌联想有密切的关系。因为消费者在选购商品时希望有多种不同的选择，而系列化的品牌通常由一个强大、单纯的品牌开始延伸，然后繁衍开来，这样有利于企业紧跟社会潮流和市场变化的脚步，提供广泛的产品选择；反之，企业原本的市场份额会逐渐被其他品牌侵吞，最终被完全挤出市场。

（3）品牌线分析

品牌线分析一般要了解两个方面的重要信息：产品线上每一个产品的销售额和利润，在同一市场内，他们的品牌线与竞争对手的品牌线对比的情况。品牌线上的每一个品牌对总销售额和利润的贡献都不同，品牌线经理需要掌握品牌线上的每一个品牌对销售额和利润额的影响程度。同时，品牌线经理还应当针对竞争者的品牌线状况来分析自己的品牌线定位问题。

（4）选择候选品牌名称

延伸品牌确定之后，接着就需要为其选择相应的名称。选择延伸品牌名称时，应该注意两个方面：延伸品牌的名称要能通过一种质量感受或消费者的一种强劲有力的品牌联想来帮助延伸而使延伸品牌让目标消费者感到舒服；同时，延伸品牌名称应当为延伸品牌提供相应的优势。

**3）品牌延伸的策略**

品牌经营者可用两种方法来增加品牌的长度：品牌线直接延伸和品牌线延伸填补。

（1）品牌线直接延伸

从整个市场来看，每个企业的品牌线只是该行业全部品牌的一部分。如果企业超出它现有的范围来增加它的品牌线长度，就称为品牌线直接延伸。品牌线直接延伸包括单向延伸和双向延伸两种。

单向延伸是指由低档次或高档次朝一个方向的延伸。向低档次扩展称为向下延伸；向高档次扩展称为向上延伸。

双向延伸是指中档的品牌经营者决定向市场顶端和底端两个方向延伸其品牌线。

（2）品牌线延伸填补

品牌延伸不仅是单一产品的变化，还包括外观形式、大小、特点或口味的变化。品牌延伸是技术的飞跃。品牌专家科波菲尔把品牌延伸细分为两种类型：相关延伸（持续延伸）和间断延伸。

相关延伸往往借助于技术上的共通性进行延伸，如日光学品牌可以延伸到复印机。这意味着延伸与最初的产品领域相接近，品牌伞下覆盖了较狭窄的产品范围。

间断延伸则抛弃了产品之间技术上的亲密关系，这也意味着延伸远离品牌原有的领域，品牌伞下覆盖了宽广的产品范围。

### 6.3.3 品牌国际化

实现品牌国际化是品牌经营者的长远目标，也是品牌发展的高级阶段和要求。品牌国际化使处于世界不同地区的消费者在消费上逐渐获得同样的保证。

**1）国际化品牌的创建**

一个国际化品牌的创建，必须遵循一些基本的步骤：

（1）要具备一些基本的发展条件

在这些条件成熟之后，就可以向品牌国际化方向迈进。这些条件是：

① 品牌持久的竞争优势。企业必须高度、客观地评估本品牌与其所在的市场中可能遇到的竞争对手相比具有哪些差别化优势。

② 一定的规模。企业必须清楚当该品牌达到何种销售水平时，成本会达到一个有竞争力的水平。

③ 细分市场的容量。各地的细分市场不一定要有同样的容量，但是每一细分市场都必须足够大，才能使品牌进入足够多的市场。

④ 国际化组织的保障。实施品牌国际化必须要有相应的组织结构做支持。

（2）对品牌进行恰当的界定

这些方面包括：

① 了解消费者。深入分析及瞄准消费者的需要，全面分析当时市场上竞争对手的情况。

② 定义品牌资产。准确了解品牌所代表的东西所能延伸的范围与界限。

③ 设计整体品牌战略。界定品牌精髓、价值观、特点、差异性、定位、个性、目标市场区域和营销组合。

（3）了解目标市场

品牌国际化过程中应该对所有重要的目标市场进行检查，以确定哪些因素会对品牌的营销组合产生影响和制约作用。

（4）进行营销组合的检测

为了适应市场而做必要的变通时，要检查重要市场中所有的营销组合要素，视情况对产品特色、品牌要素、标签、包装、颜色、材料、价格、销售促进、广告等方面做相应的调整，且所有的调整要以市场测试结果为前提，不能主观臆断。

（5）进行目标扩张

品牌国际扩张总的目标是要保证品牌在整个市场中赢得高度的市场占有率。对于品牌首次上市是在原产国还是其他国家、进入多少个国家、具体是哪些国家等诸多策略性问题，需要根据产品的性质、市场和竞争情况作出权衡。

（6）进行品牌创新和维护

成功的国际性品牌同样需要不断深入地了解消费者的内在心理和需要，开发更新的技术和生产方法。通过更深的消费者洞察、新的技术或新的制造科学等不断推出更新的产品。

**2）品牌国际化之路**

从总体上看，品牌国际化战略可以分为两个阶段，在不同的阶段，也有所差异。

第一阶段是国际贸易阶段，包含商品贸易和许可证贸易两种。这两种方式都有利于开辟市场并能够最终提高知名度和市场份额，而且许可证贸易可以绕过贸易壁垒，投资少、风险小，从一定意义上来说更有利于提高企业的信誉度、知名度与市场份额。

大多数的世界名牌在这一阶段采取的战略形式有：当地市场导向型战略、国内市场导向型战略以及世界市场导向型战略。其中，前两种战略的国际化程度较低，主要是依靠当地市场或国内市场来带动国际贸易的提高和发展。而世界市场导向型战略，则主要是以国际贸易的发展来带动当地的市场，因而国际化程度更高。

第二阶段是境外直接投资阶段。为了突破国际贸易的许多局限性，更充分地实现国内与国际资源的优化配置，大多数世界名牌企业在国际贸易开展到一定阶段以后，主要采用境外直接投资的方式。

在国际化经营的上述两个阶段中，世界名牌十分注重高科技、高质量、系统的营销与服务，以期扩大境外的市场份额、超支盈利能力与知名度、信誉度。品牌国际化具有许多明显的优势，也是获得市场竞争优势的条件。

**小案例 6-3**

**国际化品牌老干妈**

公司总部设在中国贵州的老干妈是一个十分有代表性的例子，它说明了一个地方小品牌是如何获得国际声誉的。

老干妈牌油制辣椒是贵州地区传统风味食品之一，而开发这一产品并创建老干妈品牌的是陶华碧女士。几十年来，老干妈一直沿用传统工艺精心酿造，具有优雅细腻、香辣突出、回味悠长等特点，令广大顾客大饱口福。2019年12月，老干妈入选2019中国品牌强国盛典榜样100品牌。

老干妈牌油制辣椒品牌的商标形象一直以“陶华碧”的头像和名字组成。它成功地在国际市场上产生了极大的影响，给人们留下了深刻的印象。其包装是柱状的玻璃瓶，瓶身贴着一张印有创始人照片和名字的圆形贴纸，不仅能给消费者留下深刻印象，而且易从同质化产品中脱颖而出。2020年，老干妈和腾讯的乌龙事件，在全网闹得沸沸扬扬，最终水落石出，老干妈不仅得到了宣传和推广，还维护了企业形象。

要创建成功的品牌，首先必须拥有一种优质的产品，老干妈在这方面做得相当出色。食品之争，最重要的是口味之争，恰到好处的豆豉产品，给人丰富口感。原材料的把控，老干妈与当地联合建立无公害干辣椒基地和绿色产品原材料基地，搭建了一条“企业+基地+农户”的农业产业链，绝大部分原料都来源于老干妈的自产基地。2012年，美国奢侈品电商Gilt把老干妈奉为尊贵调味品，限时抢购价11.95美元两瓶（约7.74英镑，折合人民币约79.1元）。美国“老干妈”绝对算得上是“来自中国的进口奢侈品”。

## 策划案例与文案

### 华为手机的品牌策划

华为手机上市之初，在市场上一直默默无闻，在消费者的心目中，品牌形象与普通山寨手机无异。直到2010年，华为才在手机终端市场发力，并取得了不俗的成绩。与辉煌的销售数据相比，华为更大的成功在于树立了华为手机在消费市场的品牌地位，消费者逐渐意识到华为并非一般的山寨品牌，而是一个具有强大研发实力和可靠产品质量的一流手机品牌。2014年11月14日，全球领先的品牌咨询公司Interbrand正式发布“最佳中国品牌”百强榜，在发布会上特别向华为授予了“最佳全球品牌”荣誉称号，这是该榜单在全球发布15年以来，首次出现中国内地品牌。华为手机是如何进行品牌策划，树立品牌地位的呢？

1）策划案背景

（1）国产手机的崛起。中国不仅是世界最大的手机消费市场，占全球手机市场份额的1/3，同时也是手机重要的生产和出口大国，在全球排名前十的手机品牌中，中国手机已经占据了4席。据工信部统计，2013年第一季度，国产手机占国内市场份额的71%，时隔10年，国产手机再次在国内占据主导地位。曾经的两大国际巨头诺基亚和摩托罗拉分别被微软和谷歌收购，国内曾经的手机霸主如波导、科健、东信和首信等已没了踪影，取而代之的是苹果、小米、华为、联想等IT出身的品牌。

（2）手机定义的转变。手机产品的更新换代速度非常快，国内手机由于大部分从家电企业延伸而来，短时间内未能建立起相应的研发、生产和配套体系，产品质量很不稳定，产品的更新换代速度也跟不上，结果是国产手机迅速崩盘。直到苹果手机的问世，手机的定义和消费者需求被彻底颠覆。手机不再仅仅是一个通话的工具，而是一个集通信、分享、娱乐、学习、消费甚至办公于一体的移动终端，消费者关注的不再是耐用性、可靠性和稳定性，而是整体使用体验，包括系统界面的友好性、产品的反应速度、相应配套应用软件的丰富程度以及在产品使用过程中与品牌的交互作用产生的品牌共鸣（个性、价值观、生活方式等）。这些改变为国内手机厂商创造了新的机会，尤其是曾经从事IT的企业，它们在软硬件研发实力和对消费者需求把握上比传统的家电企业要强得多，其中进步最快、发展潜力最足的当属华为。

2）华为手机业务的SWOT分析

优势：

（1）企业综合实力强，有明确的战略导向。

（2）已有良好的品牌优势和影响力。

（3）强大的产品和通信技术的积累。

（4）高素质、低成本的人才优势。

（5）本土化与差异化并存。

劣势：

（1）国产手机品牌用户忠诚度低。

（2）财力相对薄弱。

（3）宣传力度相对不足

机会：

（1）中国移动互联网市场空间巨大，5G网络技术的研发。

（2）智能手机更新速度加快。

（3）海外市场的扩张，品牌国际化。

威胁：

（1）低价优势不明显。

（2）国际贸易保护手段的阻挠。

（3）智能手机市场竞争激烈。

3）华为的品牌策略

（1）企业品牌对产品品牌的背书。华为在业务和管理上的成功，扩大了其在消费者心目中的影响力，面对这样一个企业，消费者没有理由不尊敬，并形成“高技术、高品质、高水平”的品牌联想，把这种品牌联想嫁接到华为相关产品上也就顺理成章。同时，手机终端和通信设备之间的高相关性也是企业品牌延伸到产品品牌的关键因素，消费者有理由相信，一个生产通信设备的优质企业也能够生产优质的手机。

（2）产品品质对品牌的支撑。在华为手机发展史上，也曾有一些经典产品，如C5600、C8500、荣耀u8860等，华为P6的出现让消费者眼前一亮。据统计，上市仅3个月，P6就销售了100万台，预订量超过600万台，并有望达到1 000万台的销售目标。不断翻新的单机销量是消费者认可华为产品的有力佐证。一系列经典产品使“华为”手机在消费者市场上不断发展、壮大。

（3）整合营销传播对品牌的塑造。华为的营销传播分为两个层面——企业层面和产品品牌层面，前者形成“华为”品牌宏观和共性的品牌联想，后者形成具体产品；前者通常是半推半就的被动传播，后者是自2013年才开始的主动传播。华为手机自2013年才加大广告投入，2013年9月网络推广中华为排名第一，P6手机的上市进一步展示了华为手机团队的整合营销传播能力。可以说，华为手机借P6的上市打了一场漂亮的战役，不仅扩大了品牌的知名度，也提升了消费者对华为手机的联想。

综上所述，华为正是在企业、产品和品牌传播三要素的相互协同下，迅速从一个类似山寨品牌成长为一个全国乃至全球知名的手机品牌，截至2018年，“中国500最具价值品牌”华为居第六位。12月18日，“2018世界品牌500强”华为排名第58位。各层次消费者不再怀疑华为手机的品质，也无须担心华为带来的山寨形象，可以在潜意识中认同“用华为，我骄傲”。

资料来源　杨义平. 从山寨到名牌——华为手机的华丽转身［EB/OL］.［2013-12-02］. http://www.emkt.com.cn/article/603/60356.html，经过改编.

**案例思考题：**

1. 华为手机品牌的竞争优势体现在哪些方面？

2. 手机行业竞争激烈，华为在品牌维护和升级时应怎样进行品牌策划？

## 策划实战

大连洁仕清洁用品有限公司位于辽宁省大连市，创立于1994年，一直致力于酒店清洁用品的研究、开发、生产和市场推广。公司成立20多年来，一直保持相对稳定的增长态势，但未能从竞争激烈的清洁用品竞争市场中脱颖而出。高端市场上，庄臣、艺康等跨国公司的领导地位不容撼动；低端市场上，中小手工作坊的挑战与日俱增。夹缝中求生存的洁仕清洁用品有限公司将其产品定位为中高端星级酒店市场，意图获得突破。但原有的品牌形象与公司的品牌定位存在差距，这就意味着公司需从品牌包装、设计、标识等全方位作出调整，加以改进。

假如你是公司市场部的负责人，想为公司做一套品牌定位和品牌推广的策划，请问你需要考虑哪些方面？如何设计策划方案？

## 本章小结

品牌是指产品的一种名称、标志、符号、设计图案，或是它们的组合运用，其目的是借以辨认某个销售者或某一类销售者的产品或服务，并使之同竞争对手的产品和服务区别开来。品牌是企业的一种无形资产，这种无形资产能够为企业带来价值，但品牌不是万能的。

企业品牌策划主要包括如何塑造品牌和如何发展品牌两大方面内容。在如何塑造品牌方面主要包括品牌定位、品牌名称设计、品牌标志设计和品牌推广；在如何发展品牌方面，主要包括品牌化策略运用、品牌延伸以及品牌国际化。

品牌定位是企业品牌营销的前提，对企业开发、开拓市场起着导航作用。成功的品牌定位，能够在消费者心中树立鲜明的、独特的品牌个性与形象，为建立品牌竞争优势打下坚实的基础。确定了品牌的定位后，根据品牌的定位为品牌选定与之相对应的品牌名称和设计好相关的品牌标志，是品牌在目标市场成功推广的一项重要影响因素。

品牌化策略可使品牌拥有更长的寿命和更广阔的市场空间；同时，品牌的国际化是品牌迎接全球竞争的必经之路。

## 参考文献

[1] 科特勒，阿姆斯特朗．市场营销［M］．楼尊，译．16版．北京：中国人民大学出版社，2015.

[2] 钟伟．品牌营销策划与管理［M］．北京：科学出版社，2009.

[3] 郑方华．营销策划技能案例训练手册［M］．北京：机械工业出版社，2006.

[4] 程宇宁．品牌策划与管理［M］．北京：中国人民大学出版社，2011.

[5] 华红兵．顶层设计——品牌战略管理［M］．北京：清华大学出版社，2013.

[6] 胡其辉，市场营销策划［M］．北京：高等教育出版社，2011.

[7] 叶万春，叶敏．营销策划［M］．北京：清华大学出版社，2013.

[8] 郭洪. 品牌营销学 [M]. 成都：西南财经大学出版社，2011.

[9] 董丛文，易加斌. 营销策划原理与实务 [M]. 北京：科学出版社，2014.

[10] 胡纲. 21世纪品牌运营五大趋势 [J]. 市场营销，2006 (1).

[11] 田圣炳，张福经. 服装行业品牌名称洋化实证研究 [J]. 销售与市场·管理版，2010 (10).

第7章

# 企业形象策划

## 学习目标

通过本章的学习，了解企业整体形象的三大子系统，即理念识别系统、视觉识别系统和行为识别系统的建立和实施，同时对企业导入CIS的程序有详细的把握。

# 7.1 企业形象策划的内涵

企业形象策划是实现企业形象战略、塑造企业良好形象的重要手段，是企业开展市场营销活动的主要内容之一。企业形象策划的目的是使企业在社会公众心目中树立良好的形象，让公众信赖和忠诚于企业。随着经济的发展和消费者需求层次的日益提高，顾客购买产品的决策过程也日趋简化和快捷，形象消费已经成为新时代的消费特点。因此，形象消费已经成为企业必须持有的理念，企业必须依靠良好形象才能更好地争夺顾客和市场。

## 7.1.1 企业形象概述及作用

形象，从一般意义上来讲是指能引起人的思想或感情活动的具体形状和姿态。简单地说，企业形象（corporate identity）就是公众对企业的认识。从客观上看，企业形象是企业的本质属性显露在外的特征和表象；从主观上看，是社会公众（含企业内部员工）对企业的一切活动及其表现出的属性和特征的总体认识和评价，这种认识和评价形成了人们的印象、舆论和对企业的态度。企业关系者（顾客、中间商、供应商、媒体、政府等）对企业的整体感觉、印象和认识，对企业的生存和发展有着举足轻重的作用。

概括地说，企业形象是指社会公众和企业职工对企业的整体印象和评价。这种印象和评价反映了人们对企业的综合认识和总体评估，是对企业方方面面进行全方位整体考察分析后得出的总结论。企业形象是多方面的，如产品形象、包装形象、广告形象、服务形象、环境形象、公众形象等，各个方面的形象汇总为企业形象，所以，企业形象是一个复合指标体系。

从战略上看，企业形象又叫企业形象识别系统，日本学者把它称为企业形象战略。它由理念识别系统（Mind identity system，MIS）、行为识别系统（Behavior Identity System，BIS）、视觉识别系统（Visual Identity System，VIS）三部分构成。这三方面因素协调运作的整合性成果，推动企业经营的步伐，塑造企业独特的形象，三者的关系如表7-1所示。

企业形象对企业的生存和发展起着至关重要的作用。形象是企业各种能力的综合体现，是企业制胜的法宝，是企业安身立命之本。据国际设计协会1987年统计：在企业形象上投入1美元，可以产出227美元。目前，凡是有现代营销理念的企业都非常重视企业形象的塑造。塑造企业形象的意义主要表现在以下几个方面：

**1）可以吸引顾客，扩大市场和销售**

形象消费是现代消费者购物的一大特点，消费者之所以依据企业的形象来购物，主要是因为随着人们收入的提高，生活质量也随之提高，生活节奏加快，导致消费者不愿意把时间更多地消耗在商品的挑选上。所以，作为企业来讲，就要通过企业和产品的形象塑造来影响和吸引消费者，以此来不断地扩大市场，促进产品的销售。

表7-1 企业形象识别系统各要素及相互关系

<table>
<tr><td rowspan="4">理念识别MI</td><td rowspan="4">经营信条<br>精神标语<br>座右铭<br>企业性格<br>经营策略</td><td rowspan="2">行为识别BI<br>(非视觉化)</td><td>对内</td><td>对外</td></tr>
<tr><td>干部教育<br>员工教育<br>生产福利<br>工作环境<br>研究发展生产设备<br>废弃物处理、公害对策</td><td>市场调查<br>产品开发<br>公共关系<br>促销活动<br>流通对策<br>代理商、金融业<br>公益性、文化性活动</td></tr>
<tr><td rowspan="2">视觉识别VI<br>(视觉化)</td><td>基本要素</td><td>应用要素</td></tr>
<tr><td>企业名称<br>企业、品牌标志<br>企业、品牌标准字体<br>企业专用印刷字体<br>企业标准色<br>企业造型、象征图案<br>企业宣传标语、口号<br>市场行销报告书</td><td>事务用品<br>办公器具、设备<br>招牌、旗帜、标牌<br>建筑外观、橱窗<br>衣着制服<br>交通工具<br>产品<br>包装用品<br>广告、传播<br>展示、陈列规划</td></tr>
</table>

**2）良好的企业形象是获取社会公众支持的手段**

企业形象具有公关效应，良好的企业形象因符合人们的价值观利益需求而赢得公众的好感和支持，而公众支持又可以有效地影响消费者信赖和忠诚于企业。

**3）企业形象是企业的无形资产**

企业形象可以有效地带动和发挥有形资产的作用。作为企业，竞争的实力就是各种资产发挥作用的能力。企业除了要有商品力、营销力外，还要有形象力。塑造良好的企业形象可以使企业进入形象经营的境界，使营销活动取得事半功倍的效果。

## 7.1.2 企业形象评价与管理

企业形象的塑造与维护管理必须建立在企业形象评价的基础之上，只有对企业形象作出正确的、客观的评价，才能有利于提高企业形象管理的效果，顺利实现企业的形象目标。

企业形象评价的指标有很多，从大的方面来看，主要有以下几个方面：

（1）企业知名度，如企业名称、企业品牌、企业家的知名度和社会影响力等。

（2）企业美誉度，如顾客对产品和服务的满意度、对企业管理者和员工素质的印象和认同度、对企业发展前景的心理预期。

（3）企业职工的满意度，如职工对收入、安全、企业前途、工作环境、自身价值实现的满意度。

（4）顾客的忠诚度，如顾客数量和销量的增长率、顾客的流失率、顾客态度的变化方向和程度、顾客重购次数、顾客购买时的挑选时间、顾客对企业产品的敏感度等。

在确定所要评价的指标后，再根据全面性、客观性和持续性原则对企业形象进行全方位、多角度的评价。全面性方面，因为企业形象有着丰富的内容，有多种因素在影响着企业的形象，所以，对企业形象的评价要从多个层面进行，综合地反映企业的形象状况。客观性方面，因为企业形象是人们对企业的主观评价，但是评价的结果以及对企业的影响是客观的，所以，企业要通过科学合理的方式，客观地反映公众对企业的评价，才能据此制定出相应的措施。持续性原则，影响企业形象的因素在不断地变化，企业要持续不断地对企业形象进行评价，才能不断地调整企业形象管理对策，维护好企业形象。

企业形象管理是企业形象策划的内容之一，企业形象塑造的过程中要根据企业形象的状况，以企业形象塑造和维护为目标，运用一定的措施来提高企业内部素质，维护和巩固企业外部形象。

**补充阅读7-1**

**什么是企业文化**

企业文化，或称组织文化（corporate culture或organizational culture），是一个组织由其价值观、信念、仪式、符号、处事方式等组成的、特有的文化形象，是在一定的条件下，企业生产经营和管理活动中所创造的具有该企业特色的精神财富和物质形态。它包括文化观念、价值观念、企业精神、道德规范、行为准则、历史传统、企业制度、文化环境、企业产品等。

企业文化是企业的灵魂，是推动企业发展的不竭动力。它包含丰富的内容，核心是企业的精神和价值观。这里的价值观不是泛指企业管理中的各种文化现象，而是企业或企业中的员工在从事经营活动中所秉持的价值观念。企业文化的功能有以下几方面：

1. 企业文化能激发员工的使命感。
2. 企业文化能增强员工的归属感。
3. 企业文化能加强员工的责任感。
4. 企业文化能赋予员工荣誉感。
5. 企业文化能实现员工的成就感。

### 7.1.3 企业形象策划的兴起与发展

企业形象策划最初源于20世纪50年代的欧美国家，20世纪60年代末期传入日本后予以改进，并发展成为一个系统工程，即CIS。企业形象策划逐渐在我国得到发展始于20世纪80年代，并随着市场经济体制的不断发展而形成热潮，把企业形象的塑造提升到一个新的高度。

在20世纪50年代的创立阶段，企业形象策划还没有系统的理论作为支持。到了60年代，一位名叫沃森·马格里斯的设计人员提出CIS这个术语，从此，企业的标识设计不再被看作单纯的工艺美术创作，而成为统一企业形象、表达企业精神的经营战略的一部分，CIS理论也开始不断地丰富和发展起来。

从企业对CIS的运用这一方面来看，IBM公司最早通过设计和塑造企业形象成为美国公众信任的“蓝色巨人”，并在美国计算机行业占据了非常显赫的霸主地位。随着IBM的成功，美国的许多公司纷纷仿效，提高市场占有率，其影响也逐渐扩散到世界其他的经济发达区域。20世纪70年代是世界CIS运用的全盛时期。到了80年代，我国企业也开始掀起了导入CIS的热潮，最早的有广东太阳神集团，并取得了巨大的成功，随后的健力宝集团、三九集团、李宁运动服装有限公司等一大批企业均得益于CIS而享誉大江南北。

**小案例7-1**

**星巴克：企业形象策划**

说起企业形象的发展状况，不得不让人联想起那独具特色的美人鱼形象。星巴克作为全球性企业之一，其企业形象策划总是给人留下深刻印象。

星巴克（Starbucks）咖啡公司成立于1981年，是世界领先的特种咖啡的零售商、烘焙者和星巴克品牌拥有者。其旗下零售产品包括30多款全球顶级的咖啡豆、手工制作的浓缩咖啡和多款咖啡冷热饮料、新鲜美味的各式糕点食品以及丰富多样的咖啡机、咖啡杯等商品。同时，星巴克的标志，是根据一幅16世纪斯堪的纳维亚的双尾美人鱼木雕（版画）图案设计出来的，具有很神秘的色彩。标识上的美人鱼像也传达了原始与现代的双重含义：她的脸很朴实，却用了现代抽象形式的包装，中间是黑白的，只在外面用一圈彩色包围。设计风格严谨，有大家风范。对称的标志造型和对色彩严格的把握，从标志延伸出来的是一个横跨欧亚，覆盖全球的王者形象。秩序化手法很成熟地应用到设计中来，有秩序、有节奏、有规律、有韵律地构成图形，给人以规整感。没有抢眼的色彩，却有着丰富的造型，深刻而又含蓄，对于企业形象的提升具有很大的作用。星巴克已从昔日西雅图一条小小的“美人鱼”进化到今天遍布全球40多个国家和地区，连锁店达到近1万家的“绿巨人”。星巴克标志的演化如图7-1所示。

**图7-1 星巴克标志的演化**

资料来源 中国设计之窗. 企业LOGO设计应选择文字型LOGO还是图形LOGO?［EB/OL］.［2018-02-02］. http: //www.333cn.com/shejizixun/201805/43498_141201.html .

## 7.2 三大识别系统策划

### 7.2.1 MI策划

**1）概念**

MI，即企业理念识别（mind identity）的缩写。理念（mind）作为现代企业管理的术语，主要是指企业的经营思想、经营理念；识别（identity）是指企业主体区别于其他主体的独特性。因此，企业理念识别是体现企业自身个性特征，促使并保持企业正常运作以及长远发展而构建的反映整个企业明确的经营思想的价值体系。

**2）构成**

企业识别理念系统是企业的基本精神所在，是企业文化在意识形态领域中的再现，也是CIS最基本、最核心的内容。一般来说，企业的识别理念系统主要由企业哲学、企业精神、企业道德、企业目标、企业宗旨和企业作风等要素构成。

**3）作用**

企业理念识别系统在现代企业的发展中起着不可低估的作用，企业理念的实施过程，实质上是理念识别渗透于企业员工行为及视觉标识的过程。企业理念识别实施的目的在于将企业理念转化为企业共同的价值观和员工的心态，从而树立良好的企业形象。企业理念识别系统的作用主要表现在以下几个方面：

（1）统一思想

企业理念识别系统是企业CIS的核心。企业要想树立良好的企业形象，首先要统一全体员工的思想，使全体员工同心同德、齐心协力。这就要求企业理念识别系统不仅是企业领导者的思想，而且更应该在企业内部全体成员中达成共识。良好的企业理念识别系统具有统一员工思想的作用。

（2）心理定势

企业理念是形成和决定员工群体心理定势的主导意识，在全体员工中一旦形成群体的责任感、自觉性、荣誉感，他们就能够按照企业精神和企业价值观所规定的行为准则，积极主动地修正自己的行为，维护企业的声誉，为企业的发展贡献力量。因此，企业理念识别系统对全体员工起着心理定式的作用，集中体现在企业的凝聚力方面。

（3）行动导向

企业理念识别系统贯穿于企业经营活动的各个方面，体现在企业的目标、宗旨和社会责任等重大问题的决策上，这对企业行为起到导向作用，进而对企业生产经营管理起着积极的推动作用。

**4）企业理念识别系统构成要素的设计**

（1）企业哲学设计

企业哲学是从企业实践中抽象出来的、关于企业一切活动本质和基本规律的学说。它是企业经营管理经验和理论的高度概括和总结，是企业家对企业经营管理的哲学思想。

企业哲学到底要回答哪些问题呢？企业家们普遍认为，企业哲学必须回答“企业与社会的关系”“企业与员工以及顾客的关系”等问题，企业对于这些问题的答案就是企业哲学的内容。

企业哲学的形成途径有以下几种方式：

① 企业家或CEO自身的哲学思维及世界观、人生观和价值观。

② 企业优秀人物和群体的哲学思维及世界观、人生观和价值观。

③ 企业员工共同的哲学思维及世界观、人生观和价值观。

④ 社会公众共同的哲学思维及世界观、人生观和价值观。

（2）企业精神设计

企业精神是随着企业的发展而逐步形成、固定下来的，是对企业现有观念意识、传统习惯、行为方式中积极因素的总结、提炼和倡导，是企业文化发展到一定阶段的必然产物。因此，设计企业精神首先要展现广大员工在实践中迸发出来的积极的精神风貌，恪守企业的共同价值观和最高目标，体现时代精神，成为鼓舞全体员工为实现企业最高目标而奋斗的强大精神动力。

企业精神的命名方法有：

① 企业名称命名法。

② 主要产品命名法。

③ 榜样人物命名法。

④ 全体员工命名法。

⑤ 内容提炼命名法。

⑥ 借物寓意命名法。

⑦ 形象比喻命名法。

企业在表述其企业精神的时候，可以采取高度概括的方式，也可采取详细具体的方式或者两者结合的方式。

（3）企业道德设计

企业道德是人们在经营活动中应该遵循的，靠社会舆论、传统关系和内心信念来维系的行为规范的总和。企业道德对企业员工行为的软约束，不但可以弥补企业规章制度等硬约束难以面面俱到的缺陷，而且能够使企业员工的行为自觉地指向企业目标。同时，企业道德是社会道德理念在企业中的具体反映。

（4）企业目标设计

企业目标是指企业在一个时期通过努力而希望获得的成果，它代表一个企业的发展方向和未来的趋势，是激励全体员工的精神力量。企业目标在企业理念中处于非常重要的地位，设计企业目标在任何企业的理念识别系统策划中都是必不可少的。

企业目标设计可以分为两个步骤：

① 确定企业的最高目标，充分发挥企业各级组织和员工的作用，调动他们的积极性、主动性和创造性。

② 完善企业的目标体系。企业只有最高目标是不行的，还必须制定更具体的目标组合，形成完整的、可以逐步实现的目标体系。

（5）企业宗旨设计

企业宗旨是指企业所认定的追求境界、发展方向和信念柱石。树立企业崇高的追求境界和实现目标的执著信念，是企业宗旨设计的任务。很多著名企业的宗旨都体现了企业向社会作出的公开承诺，体现了企业的社会责任感，从而反映企业存在的社会价值。

（6）企业作风设计

企业作风是指企业在生产经营管理过程中表现出来的工作态度或风格，是企业风气的核心成分，也是企业理念构成的要素之一。因此，设计良好的企业作风，是形成健康企业风气和塑造良好企业形象的要求。企业要根据自身的特点有所侧重地进行表述。

**5）企业理念识别系统的传播**

企业理念识别系统的传播有多种方法，其目的是真正有效地将企业理念转化为企业共同的价值观和员工的共同心态，目前广泛采用的有以下几种方法：

（1）反复法

反复法即通常采用所谓“唱和”的做法，朗读企业理念的小册子，宣读张贴在墙上的企业理念。企业在使用这个方法时要考虑时间、频率和对象的选择。因为唱和容易使人产生某种强制性的感觉，同时也会让人怀疑实施对象的低层次水准，因此在朗读企业理念的时候，要求采用精简的口语化方式，而且要有亲切感，避免用命令式的口吻。

（2）翻译法

翻译法是指结合自己的切身体验来阐述自己公司的理念，使企业理念为每个员工所理解，将自己的工作实际与企业抽象的理念融为一体，并在新闻或企业的刊物上，对此进行讲评。

（3）环境法

环境法是将企业理念视觉化，使之适用于企业环境。例如，以图案来象征企业理念，做成匾额、壁画或海报，设置于办公室、工厂或其他工作地点的墙上。

（4）仪式及游戏法

仪式及游戏法就是将企业理念的传播融进仪式或游戏活动之中，以增强凝聚力。

（5）英雄式领导法

英雄式领导法是利用英雄式领导起到示范作用。这个方法的本意是向人们昭示：企业内的人只要努力，就可以拥有与眼前这个人一样好的前程。

**小案例 7-2**

**华为的核心价值观**

1.成就客户

为客户服务是华为存在的唯一理由，客户需求是华为发展的原动力。我们坚持以客户为中心，快速响应客户需求，持续为客户创造长期价值进而成就客户。

2.艰苦奋斗

我们没有任何稀缺的资源可以依赖，唯有艰苦奋斗才能赢得客户的尊重与信赖。我们坚持以奋斗为本，使奋斗者得到合理的回报。

3.自我批判

自我批判的目的是不断进步，不断改进，而不是自我否定。只有坚持自我批判，才能倾听、扬弃和持续超越，才能更容易尊重他人和与他人合作，实现客户、公司、团队和个人的共同发展。

4.开放进取

为了更好地满足客户需求，我们积极进取、勇于开拓，坚持开放与创新。我们坚持客户需求导向，并围绕客户需求持续创新。

5.至诚守信

我们只有内心坦荡诚恳，才能言出必行，信守承诺。诚信是我们最重要的无形资产，华为坚持以诚信赢得客户。

6.团队合作

胜则举杯相庆，败则拼死相救。团队合作不仅是跨文化的群体协作精神，也是推倒部门墙、提升流程效率的有力保障。

## 7.2.2 BI策划

**1）概念**

BI，即企业行为识别（behavior identity）的缩写，是指在企业的经营理念、经营方针、企业价值观、企业精神的指导下，在内部协调和对外交往中的一种规范性准则。它通过企业的经营管理活动以及社会公益活动等来传播，使之得到企业内部员工的认可和支持，进一步得到社会公众的接受，从而强化其品牌形象，在市场创立的品牌中树立一种高美誉度的企业形象，创造更有利于企业深化发展的内外部环境。

**2）企业行为识别系统的建立原则**

企业行为识别系统的目的在于通过各种有利于社会大众以及消费者认知、识别企业的特色活动，塑造企业的动态形象，并与理念识别、视觉系统相互交融，树立起企业良好的整体形象。因此，行为系统的建立应在总体目标的要求上，综合运用相关科学的思想与技巧，加以整体策划。企业行为系统的规划、设计与建立，是一项系统工程，应遵循以下原则：

（1）立足长远

建立企业行为识别系统，塑造企业形象，是企业长期的战略目标，需要企业通过长期的艰苦努力，有目的、有步骤、有组织地开展各种有利于树立企业形象的活动，把企业各项具体工作统一到树立良好企业形象这个总目标上来，并持之以恒。即使企业已经在社会公众中建立了良好的形象，也需要经常组织有针对性的活动加以维护、发展和调整，不断改进和更新企业形象。

（2）以诚取信

企业举办任何活动都要出于真心诚意，而不能哗众取宠、夸大其词、弄虚作假。企业必须对消费者做实实在在的承诺，并且加以兑现。用真诚的感情去感染公众，用发自肺腑的语言叩开公众的心扉，用实际行动实现对公众的承诺以达到感情的共鸣进而取得公众的支持。

（3）内外兼顾

企业开展活动既要考虑企业内部员工的需要，又要顾及社会公众对企业的总体印象和评价。公众是企业形象的主要感受者，衡量企业形象好坏的主要依据是能否满足公众的利益。如果一个企业在经营管理活动中始终把公众利益放在应有的地位，以公众利益为导向，那么这个企业在社会公众心目中将会留下深刻的良好形象。

（4）广泛传播

企业举办活动要取得良好的效果，除了精心设计之外，还要把活动信息广泛地传播给大众，取得大众媒体的配合。新闻媒体是树立企业良好形象的必备手段，在大众传播媒体高度发达的今天，利用新闻媒体对企业举办的活动加以多角度、多层面的正面报道，为企业扩大宣传服务，是使行为系统发挥作用的一项重要工作。

（5）防微杜渐

在一定的条件下，一定的行为就会导致相应的结果，企业在经营过程中不可避免地会出现各种问题，对企业形象都有或大或小的影响，有的甚至会带来难以挽回的损失。因此，防止企业形象发生危机是树立、保证和维护企业形象的重要原则之一。一旦活动中出现形象危机，就应有效应对，以重新赢得公众的理解和支持。

**3）实施方法**

BI的实施是一个系统工程，需要把多种手段配合起来使用，常用的方法有以下几种：

（1）公关秀

公关秀是利用个别时间，以偶发事件为契机，通过一系列精心策划的公关活动，打破员工的固有思维方式和具体行为模式。作为建立BI系统的一种手段，公关秀具有强大的瞬间震撼力，但缺乏持续性，故往往用于建立BI系统的初始阶段，起到“脑力激荡”和“冲锋号角”的作用。但是如果没有源源不断的后续手段，它的效果是非常有限的。

（2）成文规章

企业的规章制度是BI系统的重要组成部分。几乎所有的企业都有规章制度，但是大多数企业尚未认识到把企业规章制度和企业理念统一起来的重要性。将企业的理念和企业的规章制度有机地统一起来不仅有利于理念的传播，而且有利于企业员工在企业理念的指导下更好地展现本企业的优良形象。

（3）不成文惯例

除了规章制度以外，企业的核心价值观更多的是通过不成文惯例来传播的。不成文惯例可意会、可言传，却没有相应的实际规定存在。从某些角度来看，不成文的规定也是企业文化的一部分。要利用不成文惯例规范员工的行为，往往需要通过自上而下进行有计划、有目的的示范，也即“言传身教”。如果使用得当，不成文惯例比规章制度效率更高，成本更低，影响更为深远。

（4）战略取向

不论是有意还是无意，我国许多企业的整个战略取向与所声称的“企业理念”南辕北辙，这必然从根本上削弱BI系统的有效性。企业理念应当和企业的战略取向相呼应，理念是战略的指南，战略是理念的体现。

（5）选择合作伙伴

企业在选择合作伙伴时，也应比较双方的经营理念是否一致。有许多企业在与别的企业合作的过程中，只考虑当前的物质利益，没有意识到理念冲突可能产生的严重后果。同样的，企业在招聘、选拔员工的时候，不能“唯才是用”，而应“德才兼备”，选拔一些与公司有相似理念的人才。

**4）企业行为识别系统的构建**

企业行为识别系统的构建包含企业内部行为识别子系统的构建和企业外部行为识别子系统的构建。

（1）企业内部行为识别子系统

企业内部行为识别子系统主要是由企业管理、员工的工作环境、员工的教育培训、员工行为规范以及编唱企业歌曲构成。

①企业管理

BI规范化管理是CI导入过程中关键的环节，BI系统的顺利实施，需要有效的管理手段作为保证。因此，企业在开展BI建设的过程中，首先，要在组织上和制度上进行管理革新；其次，要有计划地开展员工培训工作，重视人才的开发和引进，提高员工的整体素质；最后，要注重管理人员的开发和培养，建立一支高素质的现代经理人队伍，从而保证企业整体水平的提高和管理革新的有效实施。

②员工的工作环境

员工的工作环境包含自然环境和人文环境两个方面，前者是指具体的使用和装饰环境，后者主要有领导作用、团队风貌、凝聚力以及竞争环境等。

一个良好的企业内部环境不仅能保证员工身心健康，而且是树立良好企业形象的重要方面，企业要尽心营造一个大气、整洁、独特、积极向上、团结互助的内部环境，这是企业展示给社会大众的第一印象。

③员工的教育培训

员工教育培训的目的是使其行为规范化，符合企业行为识别系统的要求。员工的培训教育分为干部教育和一般员工教育。前者的教育培训内容主要侧重于政策理论、行业法规、决策水平和领导风尚等方面；后者的教育培训内容主要是与日常工作相关的一些内容，如经营宗旨、企业精神、服务态度、服务水准等。

④员工行为规范

行为规范是企业员工共同遵守的行为准则。制度和规范使企业和员工的行为有章可循，并具有一定的强制性。制度和规范的设计必须以正确的企业理念为指导，必须有助于员工在一种宽松的环境中准确无误、积极主动地完成自身的工作。员工行为规范包括以下几个方面的内容：员工岗位守则、工作场所规范、工作场所行为、工作作风、工作场所言谈仪表与着装。

⑤编唱企业歌曲

在实施CI战略中，可以借助于公司歌曲来增强企业凝聚力。因为经过企业歌曲的编唱，既能够宣传企业的理念，又可以振奋员工的精神，缓解员工工作紧张的情绪。对于这种方式青年员工更容易接受。

此外，企业行为识别的内部子系统还包括福利制度、危机对策和战略规划等内容。

(2) 企业外部行为识别子系统

企业外部行为识别子系统的构建内容是通过产品形象、服务水平、领导形象规范、营销活动、广告活动、公关活动和社会公益活动等几个方面向企业外部公众不断地输入强烈的企业文化和经营理念，从而为企业的经营活动营造一个理想的外部环境。

①产品形象

产品形象，是指产品的命名、外形、功能、质量、商标、价格、包装等给公众留下的整体印象。产品形象的好坏直接关系到公众对企业的总体印象。消费者对某一产品具有良好的印象，其原因不仅仅是产品的外观、性能等，还涉及有关的质量、服务、信誉、附加值等。这些都是产品形象的重要体现。

②服务水平

在市场日趋饱和和全球竞争日益激烈的情况下，产品的差别化战略配合良好的服务，赢得顾客的忠诚，是企业一切经营活动的出发点和归宿，也是竞争制胜的法宝。

③领导形象规范

企业领导在出席社会性、公益性的场合时，其形象所体现的是以企业领导为代表的整个企业的风范和形象，这种风范和形象是企业形象的重要组成部分。企业领导的形象通过新闻媒介的传播，可使企业形象更具权威性和说服力。企业领导形象的内涵包括其价值观、世界观和人生观等三个方面。

④营销活动

营销包括营销管理、促销管理、广告管理等方面，活动形式具体多样，即包括针对经销商的营销活动行为规范和针对消费者的营销活动经营规范。针对企业顾客的营销活动要遵从相应的规范，给受众以信任感，在品质上给企业整体形象加分。

⑤广告活动

广告活动可以分为产品广告和企业形象广告。对于后者，应更加重视其创作过程，它不同于产品广告是产品本身简单化再现，而是一种符合顾客追求和向往的广告。通过商标、标志本身的表现及具有代表性产品的形象介绍，使产品给消费者留下深刻的印象，唤起社会对企业的注意、好感、依赖与合作。

**补充阅读7-2**

### 企业形象广告的类型

企业形象广告是适应企业CI战略需求而提出的一种广告新策略。它主张广告的重点是突出企业标志、企业社会责任感和其特殊使命等非产品因素，强调同消费者和广告受众进行深层次的交流，以产生共鸣。

企业形象涉及的面很广，企业形象广告的类型也多种多样，大致可归纳为以下几种类型：

1.企业理念广告

理念广告把企业的价值观念表现出来，对内会产生凝聚力，对外会产生号召力，使企业形象连同它的观念和口号，深入到大众心中，如华为手机的“勇敢做自己，做自己最荣耀”，海尔集团的“一个世界一个家”“海尔中国制造”等广告词。

2.企业实力广告

实力广告是用广告的形式向公众展示企业生产、技术、营销、资金等方面的实力，主要目的在于使公众通过对该企业的经济、技术、人才实力的了解，增强对该企业及其产品的信任，如蒙牛旗下的高端品牌特仑苏“不是所有牛奶都叫特仑苏”等。

3.社会责任广告

社会责任广告是显示企业对社会公共事业和公益事业热心关注的广告。它或以广告的形式响应社会生活中某个重大主题，以求得社会各界的理解与支持；或以企业的名义率先发起某种运动或提倡某种有益的观念，表明企业积极参与社会生活的态度；或以广告的形式，表明企业对社会存在某种问题的看法等。如中国石油化工集团公司连续不断地通过社交媒体平台做“中国石化——人生加油站”及“为民族，为社会，我们本质的担当”“献上清洁能源，留下碧水蓝天”“中国石化——和谐催化剂”等广告宣传。这些广告既突破了大众传媒对石油广告的限制，又传播了企业形象。

4.活动类广告

活动类广告是通过举办各种活动，如举办展览会、讲座、会议，以及组织纪念活动、赞助活动、体育比赛、文艺娱乐活动以及其他社会公益活动等，争取机会，显示实力，借以提高企业或产品的知名度和信誉度。这类广告在各种活动中比比皆是。

5.征求类广告

征求类广告是通过征求方式吸引社会公众的注意力，增加其对企业的兴趣，借以提高公众对企业的记忆与熟悉程度。例如，征求企业的名称、徽标、商标、品牌、意见、稿件、答案等。

企业形象广告除以上几种类型外，在实际应用中多种多样。应用时，不必拘泥于某种固定的形式，可以多种形式混合穿插，以达到强化形象广告的目的，使宣传效果更佳。

⑥公关活动

公关活动是树立企业形象的主要手段，企业应当充分做好公关活动，以规范的行为来传播企业的各类信息。媒体报道、新闻发布会、记者招待会等新闻宣传，是隐性的广告宣传，比真正的广告宣传更具威力，企业要注意公关活动的新闻性、真实性和策划性。

⑦社会公益活动

社会公益活动是以赞助社会福利事业为中心开展的公关促销活动，如赞助社会福利、慈善事业，资助公共服务设施建设等。通过这些活动，在公众中树立企业注重社会责任的形象，提高企业的美誉度。

**小案例7-3**

**导入行为识别的麦当劳公司**

麦当劳公司是世界上最大的快餐集团，它的成功主要归功于其明确的企业理念“Q.S.C+V”，其意义是指麦当劳为顾客提供品质上乘、服务周到、清洁、物有所值的产品和服务。

1.Q代表质量。麦当劳通过制定一套严格的质量标准，使食品达到了标准化，做到了无论国内还是国外，所有分店的食品质量和配料都一样。同时，麦当劳还规定了各种操作规程和细节。

2.S代表服务。麦当劳的服务包括店铺位置、营业时间的设定都尽力为顾客考虑。如在美国，为保证大批出门的乘客有休息和吃饭的场所，麦当劳在高速公路两旁和郊区开设了多家分店，并在距离店铺不远的地方装上许多通话器，上面醒目地标着食品名称和价格。外出游玩和办事的乘客经过时，只需打开车门，向通话器报上所需物品，车开到店前面的小窗口，就能拿到所要的食品并可马上驱车赶路。“微笑”是麦当劳的特色，所有的店员都面露微笑，活泼开朗地和顾客交往并提供服务，让顾客感到很亲切。

3.C代表清洁。麦当劳对员工的行为规范中明文规定：男士必须每天修胡子，修指甲，随时保持口腔清洁，经常洗澡，工作人员不留长发；女士要戴发网；餐馆内不许出售香烟和报纸；器具全部是不锈钢制品；顾客一走便要清理桌面，凡是丢落在地面的纸片，要马上捡起来。

4.V代表价值。传达麦当劳“提供更有价值的高品质物品给顾客”的经营理念。

麦当劳导入BI，使其行动达到了惊人的统一。无论顾客走进哪一家分店，他都能得到同样大小、同样口味的食品，看到同样的餐饮服饰，享受到同样的服务。麦当劳公司何以能达到这个程度呢？麦当劳公司利用全体展业人员制定出一本厚达385页的程序手册，把最细致的动作描述出来。例如：用日光灯向厨师显示翻转汉堡的准确时间；用特制的刀来决定每个袋子中所要装的油炸食品的精确数量。管理者、助理管理者、小组长和侍者都有严格规定的职责，都要遵守非常详细的规则。麦当劳甚至在芝加哥郊区办了一所名叫汉堡包大学的学校，培训管理人员。

麦当劳忠实地推行其企业理念，并渗透到整个集团内，扩展到具体的行动中，这就是促成麦当劳BI成功的秘诀。

### 7.2.3 VI策划

**1）概念**

企业视觉识别系统，即VI（visual identity），是指将抽象的企业理念和价值观，通过静态的、具体化的、视觉化的传播系统，有计划、有组织、正确地、快捷地传达给社会公众的各种传递方式。它是CIS中与社会公众联系最为密切、最为独特、具有极强感染力和传播力的要素。

**2）作用**

一个优秀的VI设计对一个企业的作用应有以下几个方面：

（1）明显地将该企业与其他企业区分开来，同时又确立该企业明显的行业特征或其他重要特征，既保证该企业在经济活动中的独立性和不可替代性，又表明企业的市场定位，也是企业无形资产的重要组成部分。

（2）用事来传达该企业的经营理念和企业文化，以形象的视觉形式宣传企业。

（3）以自己特有的视觉符号系统吸引公众的注意力并使之产生记忆，使消费者对该企业所提供的产品或服务产生品牌忠诚。

（4）提高该企业员工对企业的认同感，提高企业士气。

**3）设计原则**

VI的设计不是机械的符号操作，而是以企业理念识别为内涵的生动表述，所以，VI设计应多角度传达企业的经营理念和管理风格。在设计企业视觉识别系统时应遵循以下原则：

（1）个性化原则

个性化运作包含行业个性化、企业个性化和竞争者个性化三个层次。

不同行业由于其自身的行业特点和市场环境的差异呈现出不同的行业特色，企业要根据自身所处的行业特点进行VI设计。

不同组织具有不同的企业理念，随着企业的成长壮大，这种理念得到进一步发展，成为企业独特的企业文化和企业背景，要寻求企业的文化理念与其他企业的差别点，并根据企业自身的行业特点和文化理念，来决定其独特的生存方式，清楚地揭示其存在的意义，进而确立并有效传达出企业的个性。

企业视觉识别系统建立的目的是要建立企业形象对于竞争者的“差异性”，差异性的产生有赖于差异化策略的实施。企业形象通过视觉识别差异化设计后，可以使企业避开竞争锋芒，在市场上占有一席之地。

（2）民族化原则

各国的企业文化具有各自鲜明的民族特点，由此决定了企业的经营宗旨、企业精神、企业价值观等内涵须具有强烈的民族性，同时，企业视觉识别中的企业标志、标准字体和标准色等都会因民族心理和审美情趣的差异性而打上民族的烙印。因此，视觉识别系统的设计必须充分考虑民族情趣和民族心理。

（3）社会性原则

企业视觉识别设计能否取得成功，与其是否能够取得社会心理的认同和支持密切相关，因此，企业视觉识别系统的设计应积极引导社会心理和顺应时代发展的潮流。

（4）标准化原则

企业视觉识别系统的标准化是指在标志、标准字、标准色等视觉形象基本要素的设计和传达上要保持一致，达到标准化。标准化主要体现在间接化、统一化、系列化、通用化和组合化等方面。

（5）可实施原则

企业视觉识别系统设计要求具有较强的可实施性，如果在实施方面过于麻烦或者因成本过高而影响实施，再优秀的企业视觉识别系统也会由于难以实施而成为空中楼阁。

（6）严格管理原则

企业视觉识别系统工作烦琐且需要不断的坚持，因此需要充分注意各个实施部门或人员的执行情况，严格按照企业视觉识别系统手册的规定执行。

**小案例 7-4**

**苹果标志的变迁**

苹果的第一个标识由罗纳德·韦尼（Ronald Wayne）设计，标识非常复杂，是牛顿（Newton）坐在苹果树下读书的图案，上下有飘带缠绕，写着Apple Computer Co.字样。外框上则引用了英国诗人威廉·华兹华斯（William Wordsworth）的短诗："牛顿，一个永远孤独地航行在陌生思想海洋中的灵魂。"据说该图案隐藏的意思是，牛顿在苹果树下进行思考而发现了万有引力定律，苹果也要效仿牛顿致力于科技创新。

后来，乔布斯认为这一标识过于复杂，影响了产品销售，因此聘请顾问公司的罗勃·简诺夫（Rob Janoff）为苹果设计一个新标识。这就是苹果的第二个标识——一个环绕彩虹的苹果图案。1976—1997年，苹果一直使用这一标识。那么，为何这一苹果被咬掉一口呢？这或许是设计者所希望达到的效果。在英语中，"咬"（bite）与计算机的基本运算单位字节（byte）同音，因此"咬"同样也包含了科技创新的寓意。

1997年，Steve Jobs重返Apple后重整公司，将品牌定位成简单、整洁、明确。在新产品iMac、G4 Cube上应用了全新的半透明塑胶质感的新标志，显得更为立体，时尚。这一次标志变化的原因是新产品都采用透明材质的外壳，为了配合新产品的质感而改变。黑色标志也几乎同时出现，大部分是出现在包装、商品或需要反白的对比色上，以配合产品的宣传。至今苹果的单色标志仍然被使用，这也是最能体现Steve Jobs对苹果品牌定位的标志。

2001年，苹果标志变为透明的，主要目的是配合首次推出的Mac OS X系统。这次苹果的品牌核心价值从电脑转变为电脑系统，苹果标志也跟随系统的界面风格而改变，采用透明质感。

2007年，苹果推出iPhone手机时，也正式地将公司名从苹果电脑公司改为苹果公司。苹果采用玻璃质感的标志，为了配合iPhone创新地引入了multi-touch触摸屏幕技术，带来了一种全新的用户体验。

2013年，苹果设计风格发生重大改变，将iOS系统中的高光、阴影、晕圈等立体元素悉数抛弃，系统界面彻底扁平。作为设计风格的调整之一，苹果logo也发生了变化，立体元素被去除，呈现出简洁纯白的扁平效果。

其实，苹果标志的每一次变化都是核心产品的变革。苹果并不是放弃简约主义，而是品牌的核心价值在随着时代的发展而不断变化。

资料来源　改编自郭丽．你知道苹果标志的由来吗？[EB/OL]．[2011-10-17]．http://sheji.baike.com/article-83153.html。

**4）VI的要素设计**

企业视觉识别系统分为基础要素和应用要素两部分。

基础要素即识别符号，包括企业与品牌名称、企业与品牌标志、企业与品牌标准字、企业专用印刷字体、企业的标准色、企业造型象征图案、企业宣传标语与口号等。

应用要素即基础要素的传播媒体，主要包括办公事务用品、产品包装、服饰、环境空间与标识、交通工具和广告媒体与传播等。

（1）企业视觉识别系统的基础要素设计

①名称

企业名称是企业视觉识别系统众多基本要素中的首要问题，包括企业名称和品牌名称，是用文字来表示的识别要素，但又不仅仅是一个简单的文字符号。它是使企业或产品整体、个性借助文字表现使之形象化，是企业理念的缩影和体现。具有高度概括力和强烈吸引力的企业名称，对大众的视觉刺激和心理等各方面都会产生影响，对消费者的选购也有直接的影响。确定名称的具体原则和方法在品牌策划中命名的章节有详细的论述。

在名称设计时应考虑企业名称、企业标志与品牌名称、品牌标志是否同一化的问题。

②标志

标志包括企业标志和品牌标志，是企业或商品的文字名称、图形或两者结合的一种设计，它将经营理念、企业文化、经营内容、企业规模以及产品特性等要素传递给社会公众，使之被识别和认同。企业标志的设计在整个视觉识别系统中具有重要的意义。按表现形式分，标志可以分为文字标志、图形标志和组合标志三种。

要进行企业标志设计，必须先确定企业标志的题材和表现形式。以下就标志设计的题材及表现形式进行分类说明。

以企业、品牌名称为题材：以企业、品牌名称设计字体标志是近年来标志设计的新导向。以企业、品牌名称的字首作为造型设计的题材是常用的形式，也有双字首和多字首的表现形式。在单字首型的标志中有字母（文字）结构、笔画变化和字母（文字）空间变化处理等方法。双字以上的有平列、重叠、贯通和连扣（正负）等组合方式。也有以企业、品牌名称与其首字母的组合进行设计的，这种设计形式在于追求兼顾字首形式的强烈造型冲击力和字体标志直接说明性两者的优点。

以企业、品牌名称或首字与图案组合为题材：这种设计形式把文字标志与图案标志综合，兼顾文字说明和图案表现的优点，具有视听觉同步诉求的效果。

以企业、品牌名称的含义为题材：采用与企业、品牌名称的含义相近似或具有寓意性的形象，以比拟、影射、暗示、示意的方式表现标志的内容和特点。最常见的有用伞的形象暗示防潮，用玻璃杯的形象暗示易破碎。按照企业、品牌名称的字面意义转换为具体的图形，能使人一目了然。这种标志的设计形式以具象化的图形居多。

以企业文化、经营理念为题材：把企业独特的经营理念与精神文化用具象的图形或抽象的符号传达出来，通过含义深刻的视觉符号引起大众的共鸣。

以企业、品牌的传统历史或地域环境为题材：刻意强调企业、品牌悠久的历史或独特的地域环境，诱导消费者产生权威性的认同感或对于异域情趣的新奇感，是具有强烈的故事性与说明性的设计形式。这类标志通常以写实或卡通的造型作为表现形式。

以企业的经营内容、产品造型为题材：采用直接关联并具有典型特征的形象。

这种手法直接、明确、一目了然，易于迅速理解和记忆。例如，以钱币的形象表现银行业，以书的形象表现出版业等。它具有服务性质、产品特色等告知作用。

③标准字

标准字是经过设计的专门用以表现企业名称或品牌的字体，包括企业名称标准字和品牌标准字的设计。其表达形式包括中文、英文或其他文字。由于文字本身具有明确的说明性，可以直接将企业、品牌的名称传达出来，通过视觉、听觉同步传送，因而其具有更强的传递作用，能强化企业形象与品牌形象的诉求力。

标准字不同于普通文字，它注重字体的造型设计，强调整体风格和个体形象，通过笔画形状、背景颜色和字体的设置、字距的幅宽、线条的粗细搭配等设计，并加以视觉的修正调整，来增强文字的表现力。

标准字的设计方法与企业标志的设计基本一致，同时还应该注意以下问题：标准字应与企业标志配合；标准字设计应具有联想感；标准字设计应具有步骤性和操作性。

④标准色

标准色是指企业指定的运用在所有视觉传达设计的媒体上，通过色彩的知觉刺激和心理效应，显示企业的经营哲学或商品特征的某一个或某一组色彩。由于标准色具有科学化、差别化、系统化的特点，因此进行任何活动和开发作业，必须根据各种特征，发挥色彩的传达功能。

设定标准色有以下三种形式：

A.单色标准色。单色标准色是最为常用的企业标准色形式，如可口可乐的红色、IBM的蓝色、顶新集团的绿色。

B.多色标准色。为追求强烈的对比感受和律动、闪耀的视觉效果，为表现企业特性的需求，许多企业采用两色以上的色彩，像中国东方航空的蓝加红色，杉杉集团的蓝加绿色，百事可乐的红加蓝色等，但标准色的设定也不宜太多，以三色以内为佳。

C.标准色加辅助色。运用标准色加辅助色的色彩形式，其目的主要是区别集团公司的下属公司以及公司内的各个部门。对于各种品牌、产品品种的分类，也可运用辅助色来加以区分，以达到识别的目的。像日本的大荣百货，就规划了多达78种颜色的色彩系统。

⑤企业造型

企业造型是指为强化企业标志、活跃企业个性而设计的具体图案，也就是常说的“企业吉祥物”。这种造型与象征往往采用漫画式的夸张手法加以表现，生动活泼，给人以直观、随和、亲切感，具有人情味。合适的企业造型有助于企业与消费者之间的沟通。

（2）企业视觉识别系统的应用要素设计

①事务用品类

形形色色的办公事务用品，如名片、信封、信纸、请柬、小礼品、报告书、公文袋、公文夹、徽章等都是传达企业文化、树立企业形象的媒介。在日常办公用品上使用基本系列中的视觉要素，有助于企业对内产生凝聚力，对外增强公众的信赖感。

主要设计要素有：企业标志、企业名称、企业标准字、企业专用印刷字体、标准色彩和企业造型。

②产品包装类

即包装平面视觉要素与容器基本造型、运输包装、分类产品销售包装、包装系列设计延伸、礼品包装与配套包装、包装服输印刷品、专用礼品包装纸与标签等。

主要设计要素有：企业标志、企业标准字体、标准色彩、企业造型、象征图形（摄影、插图）等，文字（使用说明、质量保证），材质（纸、塑料、金属、布、皮革），结构、制作工艺。

③旗帜规划类

企业的旗帜通常是大众首先认识企业的工具，优秀的旗帜设计是极具传递力的传播媒介，包括公司旗帜（标志旗帜、名称旗帜、企业造型旗帜）、纪念旗帜、横挂旗帜、奖励旗帜、促销旗帜、庆典旗帜、主题旗帜等。

主要设计要素有：企业标志、企业简称、标准色彩、企业造型、广告语、品牌名称、商标、图形、材质。

④广告媒体类

广告媒体是强化视觉效果的有效手段。从CI的角度看，广告是实现视觉识别、树立企业形象的重要途径。广告媒体类包括：电视广告、报纸广告、杂志广告、企业简介、广告简介、说明书、促销POP、DM广告、海报、营业用卡（回函）。

主要设计要素有：企业标志、企业简称、标准字体、商标、品牌名称、象征图形和基础视觉要素组合方式，以及尺寸比例、空间位置关系、版式、格式结构关系等。

⑤员工服饰类

企业员工的服饰是反映企业和员工精神风貌的重要组成部分。员工服饰类包括企业管理层西服、文员西服、生产人员工作服、公关人员服饰、勤杂员工纺织服、保安人员制服、统一T恤、企业运动服、专用领带、统一工作帽和统一工作包等。

⑥室内外指示类

室内外指示除了能强化企业经营管理秩序，提高工作人员工作效率之外，对企业文化的传递也发挥着重要的作用。室内外指示类包括符号指示系统（含表示禁止的指示、公共环境指示）、机构、部门标识牌、总区域看板、分区域看板、表示性建筑物壁画、雕塑造型。

⑦交通工具类

企业交通工具是塑造、渲染、传播企业形象特别是视觉识别形象的流动型媒介，包含企业的营业工具（如服务用的轿车、客货两用车、展销车、移动店铺、汽船等）、运输用具（如大中巴、大小型货车）以及作业工具等。

⑧环境空间与标识类

环境空间不仅仅是为了满足企业生产、经营的需要，良好的环境还能提高员工的工作效率，并使员工产生自豪感和凝聚力。它主要包括各建筑物外观与装饰，办公室与写字间环境空间设计，会议室、接待室、陈列室环境空间设计，各生产车间色彩环境设计，销售地环境空间设计，公共环境标识系统设计。

⑨其他用品系列

其他用品系列包括企业其他出版物、印刷品、接待用品（如茶具、烟具）、礼物等。

**小案例 7-5**

**菜鸟物流LOGO品牌形象**

菜鸟网络科技有限公司（简称“菜鸟网络”）是由阿里巴巴集团牵头，联合银泰集团、复星集团、富春集团、顺丰集团、物流业的三通一达（申通、圆通、中通、韵达），以及相关金融机构各方共同组建的。马云自从阿里巴巴辞任CEO以来，转身一变成为了菜鸟网络的董事长。菜鸟网络通过建立数据应用平台，为电子商务企业、物流公司、仓储企业、第三方物流服务商、供应链服务商等各类企业提供优质服务，支持物流行业向高附加值领域发展和升级。菜鸟网络科技有限公司名由马云选定，寓意企业永远保持一种“菜鸟般”的学习心态，努力成为对未来有敬畏、对昨天有感恩的鸟。2013年5月28日，菜鸟LOGO品牌形象正式发布。标志主要由一只鸟和一片天空组成。菜鸟虽不是雄鹰，也不像仙鹤，但这只鸟大鹏展翅，朝天空飞翔，终有一天会冲破天际，展翅翱翔。就是这只菜鸟飞入千家万户，长成不一样的鸟儿。标志迎合了公司愿景：秉承和发扬开放、透明的互联网文化，致力服务于整个电商生态圈内的所有企业，最终带来行业和用户体验的颠覆。中文标识字也经过特殊处理，有独特的识别性。标志不仅原创性十足，个性突出，更实现了企业理念和视觉形象的高度结合，利于公司良好企业形象的塑造。

2017年5月22日，在全球智慧物流峰会上，菜鸟网络发布了全新的品牌标识，一组富有科技感的符号取代了小鸟，成为了新LOGO。新LOGO以菜鸟的拼音字母（CAI NIAO）作为设计重点，字体做了减法处理，其中“AI”两个字母做了艺术图形处理，做成了运动的箭头符号。运动字体展示了物流和数据流动的完美结合，体现了物流的有机统一。而且运动箭头的字符“AI”，也像0和1。AI代表智慧，表示菜鸟要让物流业告别汗水驱动，实现以大数据为核心的智能调度。0和1则是大数据的基石，是世界通用的技术语言，展现菜鸟将成为开放的全球商业基础设施的愿景。

# 7.3 CIS策划的实施

## 7.3.1 企业导入CIS的基本程序

企业导入CIS是一项系统工程，虽然因企业特点、经营范围、导入动机的不同而在设计规划的流程与表现的重点上有所区别，但基本程序大同小异。CIS的导入程序大致可以分为准备、调查、企划、设计和实施等阶段。

1）准备阶段

准备阶段的主要任务是成立相应的组织机构，确认导入CIS的动机和目的，制订计划，为正式启动导入计划做相应的、必要的准备工作。

（1）组织机构

比较常见的组织是企业CIS委员会。其具体职责是协调企业CIS导入过程中的各个具体问题以及系统方针的制定。其成员往往包括企业高层领导、业务主管、业务人员以及职工代表、CI设计专业人员。

（2）导入目的

企业导入CIS的动机一般包括：新公司成立；资金重组、企业兼并；创业周年纪念；企业扩展经营范围，迈向国际化；企业为适应时代潮流，改变经营理念；消除负面影响，摆脱经济危机；增添新产品，开拓新市场。

2）调查阶段

知己知彼，百战不殆。要做到知己知彼就要重视调查研究，一切判断和决定应在调查研究的基础上进行。调研对象包括企业内部和企业外部两个方面。企业内部的内容包括：企业经营现状、经营理念、企业精神、组织结构、员工素质、内部形象、现有视觉识别系统、信息传播渠道；企业外部的内容包括：消费市场环境、竞争者形象情况、社会公众对企业形象的认知和评价。最后，写调研报告书。

3）企划阶段

企划阶段，需要对调查结果作出综合性结论，归纳整理出企业经营上的问题，并给予有效的回答；还要对本企业的思想、活动以及形象构筑方向，提出新形象概念，确定基础的设计方向，并构筑基本理念系统。这是CIS的总设计。最后，提交一个能表达总体企划思想和战略的总概念报告书，提出CIS计划的基本策略、理念系统构筑、开展设计的要领、未来管理作业的方向。

4）设计阶段

设计阶段即将前面总概念报告书设定的基本概念、识别概念等转换成行为和视觉表达形式，以具体表现企业理念，主要包括行为识别设计和视觉识别设计以及CI手册的制作。

5）实施阶段

实施时可以将CI的传播分为内部传播和对外传播两部分。

内部传播可以通过发行CI手册，宣讲、讨论、学习规章制度，使全体员工充分理解企业的理念，更新观念，了解企业的长期、中期、短期目标和计划，并付诸实际行动。内部传播形式多种多样，包括竞猜和游戏等各种形式。

对外传播可以通过对外发布、印刷媒介、大众传播媒介、广播、广告、展示会、公关活动等进行，使得CI成果得以扩大，为社会公众所理解和接受。

## 7.3.2 企业导入CIS应该注意的问题

企业为使导入的CIS取得成功，需要注意以下几个方面的问题：

**1）达成员工对CIS的共识，强化其参与意识**

CIS是从企业内部理念到外部形象的一次变革，需要企业全体员工达成共识、积极参与和广泛支持。实施CIS要想取得成功，必须要在企业内部形成员工对CIS的认同，就一些基本观念达成共识，并且积极参与企业的CIS活动。这可通过教育培训，增加员工的认识，改变观念；信息分享，唤起员工的CIS的意识；参与设计，增强员工的认同感等基本方法来进行。

**2）避免对CIS的认识误区**

企业导入CIS容易在下列问题上陷入认识误区，需要预防和避免。

（1）片面化认识

较常见的是以VI代替CIS，认为CIS就是名称、标志、色彩的设计问题，是企业视觉形象的系统设计，把CIS等同于改进和更换企业标识、装饰外部硬件、包装外表形象的一种手段。大多数企业在导入CIS时，如果只注重VI而缺乏MI和BI，就无法获得完善的整体形象。

（2）夸大认识

CIS只是一个形象个性系统，不能夸大其作用。与企业管理的发展需求相比，CIS并不能解决其具体的问题。

（3）形式化认识

整体的CIS设计是一项要求高、工作量大的系统工程，必须对企业内外部环境进行详细和准确的调查分析，同时也要以社会学、心理学、管理学等相关学科为基础。因此，CIS的设计需要各领域专家的合作，单靠一家设计单位自身的力量难以完成。不少单位由于对CIS理论缺乏深入的了解，仅凭某些原则来制作CIS策划，这种策划没有明确的目标且思路不可能清楚，所设计出来的东西只能流于表面形式，难以深入，从而使整个策划方案只能流于形式。

**3）CIS导入要贯彻与实施到位**

CIS策划的成功不等于其实施的成功，还需要良好的推广实施。CIS策划一旦完成，就必须坚定不移地长期贯彻执行。有些企业对CIS策划理解片面，把CIS的整体运作交给个别的具体部门来实施，没有建立统一而权威的CI委员会，从而无法保证CIS策划彻底贯彻到位。同时，在实施CIS的过程中要不断地修正设计方案中可能出现的理论误差，调整、充实设计内容。

## 策划案例与文案

### 如家酒店CIS案例分析

2002年，首都旅游集团联手携程旅游服务公司，创建了如家连锁酒店。作为经济型连锁酒店的领军品牌，如家快捷酒店始终以人的感觉为着力点，提供标准化、干净、温馨、舒适、贴心的住宿产品，为海内外的客人提供安心便捷的住宿服务，传递着适度生活的简约生活理念。经过4年多的发展，如家在美国纳斯达克成功上市，成为中国酒店行业海外上市第一股，同时也标志着国内经济性连锁酒店步入了一个新的发展时代。这些成就很大程度上得益于如家鲜明的企业形象。

CIS是corporate identity system的英文缩写，即企业形象识别系统，通常人们习惯称其为企业形象识别战略。它是指运用整体传达系统将企业经营理念与精神文化，传达给企业周围的关系或者团体，并令其对企业产生一致的认同感和价值观。这里采用日本的CIS定义，即认为完整的CIS包括理念识别MI（mind identity）、视觉识别（visual identity）和行为识别BI（behavior identity）。

1）MI

MI是指理念识别，包括企业的理念精神、座右铭、文化性格、宗旨等，它是企业各种活动的主导和CI体系的基石，属于企业的最高决策层次，是企业之"心"。如家从建立开始就着力于塑造良好的形象、鲜明的特点，强调与同行业竞争者的差异，突出独特的精神，打造适合自己的理念——"把我们快乐的微笑、亲切的问候、热情的服务、真心的关爱，献给每一位宾客和同事"。

区别于通常严肃刻板的企业理念，如家的理念显得异常的温暖。如家所制定的使命也与此契合：为宾客营造干净温馨的"家"、为员工提供和谐向上的环境、为伙伴搭建互惠共赢的平台、为股东创造持续稳定的回报、为社会承担企业公民的责任。从企业核心理念到宣传语——"不同的酒店，一样的家"，处处都有着宾至如归的"家"文化的影响。如家的理念识别系统不仅体现在顾客方面，还兼顾员工、伙伴、股东以及对于社会的责任。面面俱到的周密考虑，有利于企业树立良好的社会形象，扩大其知名度与美誉度。

值得一提的是，如家制定这样的企业理念，事先经过了长期的市场调查研究。国内虽不乏星级酒店，但入住率都不高。究其原因，如家认为很大程度上是因为经常出差辗转于各大星级酒店的商务型顾客，或是旅途劳顿的旅游者，需要的是家一样的温暖，并且追求一种便捷的体验，而星级酒店往往无法给他们这种感觉。调查显示，大多数客人在住店期间并没有使用酒店康乐中心等设施，于是如家也取消了这一系列使用率不高的设施，力图达到便捷、温馨。正是这些调查促成了如家现今的企业理念。如家获得成功后，不少人想要模仿，对此，如家的管理团队称，不可复制的是理念，如家最难被模仿的就是其对商业模式的理解，而这凝聚在如家管理团队的心中。纯粹的模仿是know what，然后是know how，再高一个层次是know why。know why正是如家的核心优势。

2）BI

BI是指行为识别，指企业内外各项活动的行为规范策划，展现企业内部的制度、组织管理、教育、生产、开发研究等，并扩展到企业外部各种社会公益活动、公共关系、营销、市场调研等。BI是企业形象策划的动态识别形式，而有别于企业名称、标志等静态识别形式，是企业之"手"。

如家内部建立了一套完整而详细的管理制度，约束并规范组织和员工的行为。对于服务行业，提供产品本身是一项比较难以约束的事。对此，其管理团队提出要“像制造业一样生产服务”，主要就是强调服务质量的标准化。“在制造业，次品率往往低于千分之一或者万分之一才是合格品，而服务性行业，能够达到90%以上的客户满意度就非常不错了。其实，90%的客户满意度说明有10%的次品率，即使是99%的满意度，说明还有1%的不合格产品，这是不可以的。我们提倡零缺陷，虽然与客户接触的服务流程环节非常多，但我们仍然要求全过程的次品率要在1%以下。要做到这一点是非常不容易的，因为服务并不容易标准化。需要对每个过程、每一道工序，完全能够进行控制和测量。服务的过程中，客户会有不同的要求，要达到这些要求，是很困难的一件事情。但困难并不是不可克服。换个角度，可以把服务像制造产品一样分解成一个个环节。能够保证按照恒定的质量标准永远重复下去，才是最为成功之处。”

扩展到企业外部，如家也致力于各种社会公益活动、公共关系、营销等。比如：迎接世博，推出多项绿色环保活动；赞助东方卫视全程参与“加油！好男儿！”活动；举办员工运动会、技能比拼大赛等活动；制定反舞弊政策；制定商业行为和道德规范等。如家一直以来都在通过各种行为准则的制定及实践、持续的媒体活动策划，打造充满活力、管理高效、热心公益、注重人文关怀的形象，使品牌在大众中的知名度、美誉度和特色度不断得到提升，树立了良好的动态形象。

3）VI

VI指企业精神与行为的外在化视觉形象设计，如标志形象、标准字体、标准色彩和中心广告词等，广泛应用于销售系统、办公室系统和环境系统。人们能直观感受到，是企业之“脸”。

如家的LOGO，由红、黄、蓝三色构成，颜色鲜艳，对比强烈，可识别性高。小房子样式的设计，HOME INN的标志，“I”做成弯月的样子，“如家”两字嵌在房门中，整体LOGO巧妙而简洁，给人以温馨的家的感觉。

店面的设计也主要是黄、蓝两色，这样鲜艳的色调在城市中很少看到，故而识别性很高，仅这一点就为其特色度加了不少分。有很多新闻报道直接用“黄房子”来代替如家，其高识别度由此可见一斑。

酒店内部的设施亦高度标准化，棕黄色的地板、粉红色的床单、白色的窗纱、蓝色的窗帘，都意在区别于其他酒店难以接近的一片白色，营造家庭般的感觉。

总体而言，如家的VI设计与其理念完好地契合，充分体现了“不同的城市，一样的家”。在如家的CIS设计中，自始至终贯穿着宾至如归的“家”文化，MI、BI、VI三者相互融合，打造出全方位立体的企业形象。而这些都是基于前期详尽的市场调研，分析出企业真正想要树立的形象。因此，对于市场的充分了解及准确把握是打造企业形象识别系统的前提。另外，在实践CIS的过程中，要统一在MI理念的前提引导下，建立统一整体的企业形象。

资料来源　改编自郭艺馨. 如家酒店CIS案例分析［J］. 中国市场，2011（15）.

**案例思考题：**

1.CIS与企业文化有什么关系？如家酒店是如何利用CIS来促进文化建设的？

2.结合案例分析企业导入CIS策划时应注意哪些事项？

## 策划实战

如果你是一家服装公司形象策划部门的管理人员，现欲利用微信彰显企业形象、品牌形象，请问企业形象的三个构成要素中，哪些可以利用微信进行宣传？需要做哪些工作？

## 本章小结

企业形象是企业的相关者对企业的整体感觉、印象和认知；企业形象识别是指一个企业区别于其他企业的标志和特征，是企业在社会公众中占据的特定位置和确定的独特形象。企业形象策划最初源于20世纪50年代的欧美国家，20世纪60年代末期传入日本后予以改进，并发展成为一个系统工程，即CIS。

企业形象识别系统包含三个方面，即企业理念识别系统、企业行为识别系统和企业视觉识别系统。

企业理念识别即MI，是体现企业自身个性特征的，促使并保持企业正常运作以及长远发展而构建的反映整个企业明确的经营思想的价值体系，主要由企业哲学、企业精神、企业道德、企业目标、企业宗旨和企业作风等要素构成。

企业行为识别即BI，是指在企业的经营理念、经营方针、企业价值观、企业精神的指导下，在内部协调和对外交往中的一种规范性准则。它通过企业的经营管理活动以及社会公益活动等来传播，使之得到企业内部员工的认可和支持，进一步得到社会公众的接受，从而进一步强化其品牌形象，在市场创立的品牌中树立一种高美誉度的企业形象，创造更有利于企业深化发展的内外部环境。

企业视觉识别即VI，是指将抽象的企业理念和价值观，通过静态的、具体化的、视觉化的传播系统，有计划、有组织、正确地、快捷地传达给社会公众的各种传递方式。它是CIS中与社会公众联系最为密切、最为独特、具有极强感染力和传播力的要素。

企业形象策划不仅是给企业整容、美容的过程，而且是给企业强身健体、换血洗脑的过程。导入CIS是个系统工程，企业形象的策划其核心在于强化企业文化建设，而企业文化的建设需要企业长期的努力，企业形象策划的成功最终要接受时间的考验。

## 参考文献


[1] 李淼. 企业形象策划 [M]. 北京: 北京交通大学出版社, 2013.

[2] 王富祥, 史本林. 企业形象策划 [M]. 武汉: 武汉理工大学出版社, 2006.

[3] 李怀斌, 李响. 企业形象策划 [M]. 大连: 东北财经大学出版社, 2012.

[4] 叶万春, 万后芬, 蔡嘉清. 企业形象策划——CIS导入 [M]. 大连: 东北财经大学出版社, 2011.

[5] 董从文, 易加斌. 营销策划原理与实务 [M]. 北京: 科学出版社, 2008.

[6] 李毅. 视觉传达中的企业形象设计——CIS的深层揭示 [M]. 北京: 机械工业出版社, 2012.

[7] 周朝霞. 企业形象策划实务 [M]. 北京: 机械工业出版社, 2010.

[8] 韩拥军. 提升企业形象的五大工程 [J]. 企业改革与管理, 2007 (6).

[9] 郭艺馨. 如家酒店CIS案例分析 [J]. 中国市场, 2011 (15).

# 第8章 促销策划

## 学习目标

通过本章的学习，理解针对消费者、中间商以及内部销售人员的各种不同的促销方法，着重学习在特定的竞争环境下，如何全程策划企业的促销活动

# 8.1 促销概述

## 8.1.1 促销的定义及作用

关于促销的定义，许多学者给出了不同的解释。总的来看，促销是一种有明确目标的市场营销工具，它是指厂家在一定的预算范围内，针对明确的时间阶段、地点和顾客群，提供一些临时性的附加利益，以实现对消费者、中间商以及销售人员交易行为的积极影响。从具体的表现形式来讲，促销包括了促销活动和促销要素两个层面。前者是指使用各种促销方法的营销活动；后者是指包括陈列、包装、零售终端设计和现场宣传等内在的各种营销要素。

促销，既有对产品销售有利的一面，也有不利的一面。运用得当，促销会发挥积极的作用；运用不当，则会对企业产生消极的影响。其正负效应可以用表8-1来表示。

表8-1 促销的正负向效应

| 促销的正向效应 | 促销的负向效应 |
| --- | --- |
| 能增加市场销售额 | 有可能降低产品的品牌地位 |
| 能加快新产品进入市场的步伐 | 有可能提高消费者对价格的敏感程度 |
| 能抵制竞争对手的促销活动 | 有可能导致消费者对活动麻木不仁 |
| 能增强其他促销工具的功效 | 有可能减少企业的利润额 |

## 8.1.2 促销的主要类型

按照不同的分类方式，促销可以分成不同的类型：

**1）按促销主体分类**

促销活动从实施的主体上看，分为厂商促销和渠道促销。

（1）厂商促销，即产品制造商或服务商作为促销主体，针对次级经销商（各级经销商和零售商）、消费者和内部销售人员开展的各类促销活动。

（2）渠道促销，即各级经销商或零售商作为促销主体，针对次级经销商、消费者和渠道内部销售人员开展的各类促销活动。

**2）按促销对象分类**

以厂商促销为例，促销从实施的对象上看，分为推式促销和拉式促销。

（1）推式促销，是指以中间商或内部销售人员作为促销对象的各类促销活动。在促销中，厂商通过各类促销活动，把产品推广给经销商或零售商，激励内部销售人员积极开发市场、扩大销售，鼓励中间商更积极地向消费者推广自己的产品。例如，承诺向那些在商店里为自己的洗衣粉“安排优越货架”的经销商赠送一台彩电的行为，就是一种“推式促销”。

（2）拉式促销，是指以终端消费者作为促销对象的各类促销活动。在拉式促销中，厂商通过各类促销活动，促进消费者购买本企业的产品，进而产生零售商向批发商求购商品，批发商向厂商进货的良性循环。这种拉动是产品销售的促销方式，被相应地称作“拉式促销”或“消费促销”。

厂商选择“推式促销”还是“拉式促销”，应根据具体的市场环境、产品特征和财务预算而定。值得注意的是，无论选择哪种促销方式，厂商都必须争取零售商的配合，并对经销商实施有效的控制。

**3）按促销能够提供给顾客的附加利益分类**

促销是能够提供产品附加利益的有力的市场工具，从这个角度看可以根据促销能够提供给顾客的不同利益来进行分类。以针对消费者的促销为例：

（1）以提供财务利益为主的促销

某些促销方法能够为消费者提供实际的价格减免，使他们从直接的价格差中获得经济利益的满足。这类促销的主要方法包括折价和优惠等。

（2）以提供心理利益为主的促销

另外一些促销方法还能通过产品的品牌、实物和赠品以及购买过程，满足消费者的各种心理利益。这类促销方法主要包括赠送免费的样品、有奖促销等。

（3）以提供性能利益为主的促销

除了上述两种利益以外，有些促销方法还能够通过产品的性能、质量和各种实质性的技术特点，提供给消费者一些额外的附加利益，使他们感受到性能利益的满足。这类促销方法主要是服务促销。

**小案例 8-1**

**网络平台助力《爱情公寓5》营销**

2020年2月，跨越10年之久的现象级经典国民IP《爱情公寓》迎来了它最终季的圆满收官，相关话题总阅读量超190亿，席卷全网热搜榜单近400次。作为陪伴观众走过10年青春的系列剧《爱情公寓》，承载着一代人的青春回忆，沉淀了众多极具忠诚度的粉丝，其最终季《爱情公寓5》刚一官宣回归，就成为万众瞩目的焦点。与此同时，作为《爱情公寓5》的影视出品公司和播放平台的爱奇艺，凭借其自身平台优质的内容原创能力、广告产品创新能力、多元社交化营销能力，积累了深厚的平台影响力，进一步推动了《爱情公寓5》的内容价值和商业价值，使其成功吸引到包括苏宁易购在内的多个品牌入驻，满足了广告主与用户高度互动需求。

《爱情公寓5》在内容上，保留了IP原有经典人物的情感归宿、成长蜕变、命运走向，并延续以往喜剧温情的风格，以原汁原味的呈现方式将用户无缝代入剧中爱情、友情、亲情的情节中，激发大众情感共鸣。在此基础上，又进行了一定程度上的内容创新探索，不仅有00后新角色作为新鲜血液的加入，还有类似音乐剧等歌舞元素与剧情进行结合，以及文化潮流如直播、游戏、狼人杀、弹幕等，极大地丰富了观众的观剧体验。优质创新的内容在刷新观众期待值的同时，也为《爱情公寓》IP提供了持续性的增值。

在剧集风格和内容延续经典的同时，爱奇艺通过平台技术赋能对《爱情公寓5》进行更丰富、深层次的创新性内容创作，全方位助力IP实现内容及商业价值最大化。正如爱奇艺副总裁陈潇在1月发布会现场表示的那样，《爱情公寓5》通过平台技术赋能，巧妙地根据内容和情节设计，推出了互动内容、竖屏内容、VR定制内容，让剧集内容更贴合用户审美和习惯，使观众能够看到更多元化的艺术创作，直击观众内心，引发情感共鸣。例如，第13集《弹幕空间》借助了“互动技术”，使用户可以根据个人喜好和想法自主选择剧情走势，极大提升用户参与感、互动感；首次创新45分钟“竖屏剧”，并且巧妙融合VR技术打造360°沉浸式观剧体验，贴心满足用户移动端追剧的需求。创新升维用户娱乐体验，让爱奇艺实现了平台用户和IP粉丝的双向导流，为广告主的品牌营销赋予了多元化的拓展空间。

在广告内容营销层面上，爱奇艺更是深耕科技，贴合剧集内容设置场景，为合作广告商苏宁定制化打造原创大头贴、口播专场广告、对话贴、超级暂停、Video in等多种产品及营销场景，将品牌广告巧妙植入剧情设置中，真正实现广告与内容融为一体，持续进行价值赋能。不仅如此，爱奇艺还调动其平台生态优势，全面打通线上线下、站内站外营销壁垒，将广告品牌传播势能最大化释放。如在线上为小红书推出原创内容“公寓欢乐时刻”小剧场，邀请剧中演员在合作平台上进行定制化内容分享，结合剧情场景和人物特性，最大化帮助合作平台小红书拉动用户增长。线下覆盖了全国65 000余块大屏、3 600余家门店，在多个城市举办“爱情公寓嘉年华”以及各类联名福利放送活动。

《爱情公寓5》也是爱奇艺以科技赋能原创内容的又一次探索，为用户和品牌搭建良好的沟通桥梁，让用户真正沉浸于剧情，让品牌价值实现最大化。

资料来源　佚名.《爱情公寓5》十年最终季，有哪些创新营销玩法？［EB/OL］.［2020-01-08］. https://www.sohu.com/a/365513371_117194.

**4）按促销活动内容分类**

（1）广告

广告是指通过一定媒介向广大顾客传递信息的有效方法。广告的具体形式很多，只要是利用大众传播媒介来传播产品和服务信息并刺激顾客购买的，都可以看作广告，目的是影响目标受众的思想意识和实际行动，使之发生有利于企业的转变。具体的方法包括利用杂志、报纸、电台、电视传播广告，发放宣传小册子，制作广告牌，进行售点陈列等。

（2）公共关系

公共关系是从公共宣传发展而来的。公共宣传通常指不以企业自己的身份，而是以第三者的身份，通过大众媒体对企业及产品或服务进行转达、赞誉，直接效果是使产品或企业能形成良好的顾客印象和公众形象，最终仍然以提高销售量为目的。企业进行公共关系活动的具体方法有很多，比如：密切与新闻界的关系，吸引公众对某人、某产品或某服务的注意；通过新闻媒体对产品或企业进行宣传报道；开展企业联谊活动，加强企业与相关群体的关系；游说立法机关与政府官员；支持相关团体，赞助相关活动；安排特别活动，宣传企业或产品；处理顾客抱怨，满足顾客需求，保持顾客忠诚。

（3）人员推销

人员推销是指企业通过派出销售人员，与一个或一个以上可能成为购买者的人交谈，做口头陈述，以推销商品，促进和扩大销售。在这一过程中，销售人员要确认购买者的需求，并通过自己的努力去吸引和满足购买者的各种需求，使双方能从公平交易中获取各自的利益。人员推销的形式很多，如营业（网点、门市、柜台）推销、展示（展览、演示）推销、服务推销、样品推销、会议（订货会、商务洽谈会、研究会）推销、电话推销、上门（走访、逐户）推销、个人推销、集体推销等。

（4）销售促进

销售促进又称SP，是英文sales promotion的简称，是指企业运用各种短期诱因，鼓励购买或销售产品的促销活动。销售促进可以有效地推进新产品进入市场，有效地抵制和击败竞争者的促销活动，有效地刺激购买者购买，有效地影响中间商的营销活动。

（5）直接营销

直接营销是指运用一种或多种通信手段或广告媒介，传播促销信息，使某一区域的消费者产生购买动机，到展示店购买或通过各种通信方式定购。一般的过程是：传播信息→消费者产生购买动机→消费者定购→企业送货，所以也叫“直复营销”。直接营销是一种随着通信技术的发展而兴盛起来的信息传播方式与促销方式。它利用先进的通信技术设备和方法，使消费者不出家门就可以完成采购活动。

# 8.2 常见的促销方式

## 8.2.1 针对消费者常见的促销方法

### 1）折价促销

折价又叫价格折扣，是指厂商通过降低产品的正常售价，以提供给消费者经济利益，从而促进消费者购买的一种促销方式。折价促销最常见的形式有：

（1）直接打折。

（2）数量折扣。

（3）附加赠送。

（4）加量不加价。

### 2）优惠凭证促销

凭证优惠是指消费者依据某种凭证，即可在购买产品时享受一定优惠的一种促销方法。这种优惠可以是直接的价格减免，也可以是事先规定的某种折扣。常见的优惠凭证促销形式主要有：

（1）优惠券。

（2）以旧换新。

### 3）凭证退费促销

凭证退费是指消费者购买一定商品或累计达到一定金额时，厂商凭消费者提供的购买凭证退还一定数额的现金或折价券的促销方式。常见的优惠凭证促销形式主要有：

(1) 凭交易凭证退费。

(2) 凭借奇特证明退费。

上述三种促销方式都是以为消费者提供财务方面的利益为手段而进行的促销。促销不仅能够提供给消费者财务利益，还能通过产品的品牌、实物、赠品以及购买过程，给消费者提供各种心理利益，这种利益的满足也会促使消费者产生购买行为。以提供消费者心理利益为主的促销方法主要有以下几种：

**4) 免费使用**

对于许多新上市的产品而言，先让消费者使用、试穿、试吃、试饮，让他们亲身感受到产品的性能和质量后，激起他们的购买欲望。免费使用就是一种能够帮助消费者事先第一次尝试的促销方法。由于无须消费者付出任何代价，因此这种方法是促使潜在客户试用和购买产品的最有效手段。尤其是当产品具有差异性或由于竞争品牌，消费者在使用后能够直接感受到它的特点时，免费使用更能取得良好的效果。常见的促销方式有：

(1) 免费样品。

(2) 免费试用。

**5) 有奖销售**

有奖销售是指以赠送物品或发放奖品为促销诱因，以刺激消费者购买产品和扩大产品知名度的一种促销方法。消费者通过参加厂商组织的各种有奖销售活动，不仅得到了额外的奖励，还在了解品牌和购买产品的过程中感受到了乐趣。

有奖销售不仅可以激发消费者的购买欲望，还可以通过活动主体来强化产品形象，提高产品和品牌的知名度。一般来讲，厂商开辟新市场、推销新产品、更换新包装、鼓励重复购买，以及重大事件和节庆活动时，均适合运用有奖销售。常见的有奖销售的促销形式有：

(1) 附送赠品。

(2) 资助获赠。

(3) 集点换物。

(4) 抽奖。

**6) 公益赞助**

由于厂商在经营活动中与社会公众有着密不可分的联系，因此，采取一定的方式来获取公众的理解和支持，创造良好的企业生存环境，是企业发展的必经之路。而公益赞助正是最有效的方法之一。

公益赞助是指厂商赞助某项社会活动，借助该活动产生的良好社会效应进行营销宣传，以获得社会公众的关注和好感，从而达到传播和提升品牌形象、刺激产品销售的目的。

厂商举办公益赞助促销活动的作用主要在于：首先，其商业性和功利性没有广告那样明显，促销效果自然，使消费者对品牌产生肯定感；其次，促销沟通面广，沟通对象数量大，也有一定的针对性；最后，活动气氛热烈，容易激发消费者的购买热情。常见的促销方式有：

（1）赞助文体活动。

（2）赞助公益活动。

**7）会员制**

会员制又称“俱乐部制”，是厂商利用人类在心理上有一种团体归属感的需求，需要从某个有形的组织中获得被认同感和归属感这一特点，与消费者建立起一种相互信任的关系，然后利用会员资格作为载体，向会员提供优惠、便利或其他服务。

会员制促销是最能体现长期效果的促销方式，在国外已经被广泛运用于零售、航空、图书等许多行业并取得了明显的效果。会员制促销于20世纪90年代开始在我国逐步发展起来，并且有愈演愈烈之势。会员制常见的促销形式有：

（1）优惠类会员制。

（2）积分类会员制。

（3）便利类会员制。

除了向消费者提供财务利益和心理利益之外，有些促销方法还能够增加和改善产品的性能、质量，或者超越产品本身提供给消费者一些额外的附加利益，使他们感受到这部分增加的利益带来的满足，即以提供消费性能为主的促销方法。这类方法主要分为服务促销和财务激励。

**8）服务促销**

服务促销是通过向顾客提供各种服务，达到预期营销目标的一系列促销方法。它与其他促销方法相比的最大特点在于连续性和长期性。常见的促销形式有：

（1）售前服务。

（2）售中服务。

（3）售后服务。

**9）财务激励**

财务激励是指厂商借助金融手段，参与消费者个人理财的促销方式。对于昂贵的耐用消费品而言，如果一次性支付全款，消费者会由于较大的财务压力而延迟或取消购买决定。财务激励则通过抵押、信用担保等方式，向消费者提供一定数额的资金融通，从而减轻消费者的财务负担，激励他们作出即期的购买决定。财务激励常见的促销方式有：

（1）分期付款。

（2）后期付款。

（3）银行按揭。

（4）银行卡。

小案例 8-2

**百草味的“演吃会”：一场和易烊千玺的互动营销**

“演吃会”，一直是国民零食品牌百草味的自有IP。早在2016年，百草味就突破常规品牌代言模式携手杨洋推出演吃会，以明星颜值吃播辅以多场景的产品体验，打造品牌与用户的新互动模式。2019年，易烊千玺百草味“演吃会”第二季推出，百草味结合易烊千玺《长安十二时辰》的热播，用6个主题故事片为观众们演绎了一场古风盎然的“十二食辰”吃播秀。以“国风”诠释“国货”，易烊千玺通过扮演诗人、剑客、琴师等不同角色，一边品味古人的生活意趣，一边品尝百草味的各色零食。在“吃播”内容上加入“表演”成分，进一步诠释了“演吃会”的概念。2020年，随着百草味产品的全面升级，演吃会第三季如期到来，自有IP如何紧随当下娱乐趋势升级创新，百草味与易烊千玺用一场沉浸式的互动剧给出了自己的答案。在易烊千玺演吃会第三季中，消费者将以第一视角与明星近距离互动，在千玺与零食的帮助下，通过自己的决策推进剧情，而且多场景的互动内容也会带出百草味不同的产品，让参与者更直观地将每款零食和场景对应，形成购买决策。零食消费的核心人群以23～28岁年龄段为主，他们爱玩，更会玩，演吃会互动剧通过多场景的沉浸体验+互动游戏闯关的趣味内容，充分把握了年轻消费群体当下的喜好，运用百草味零食破解层层关卡，也贴合百草味核心消费群体的喜好，让外界感知了一个会玩、创新、有趣的百草味。整个百草味演吃会第三季既延续了自有IP模式，同时沉浸式互动的方式也让人耳目一新，做到品牌、明星、粉丝甚至更多出圈用户都跃跃欲试的多赢局面，品牌话题“百草味演吃会”更是登上微博热搜榜单前三，2020年话题实际阅读量达到3.9亿，实际讨论量184.7万。

资料来源　佚名．百草味演吃会：和易烊千玺演场对手戏［EB/OL］．［2020-08-31］．https：//socialone.com.cn/bcw-jackson-yee-carnivo-campaign-2020/.

### 8.2.2　针对中间商常见的促销方法

中间商主要指批发商和零售商。批发商是指向制造商购进产品，然后转售给其他为了转卖或者商业用途而不直接服务于个人消费者的商业机构，其位于商品流通的中间环节。零售商是指将商品和服务直接销售给最终消费者及企业，是商品流通的最终环节。

对中间商开展促销活动，其目的是使中间商积极经销本企业的产品。其主要方式有：

**1）交易折扣**

为了刺激、鼓励中间商大批量地购买本企业的产品，对第一次购买和购买数量较多的中间商给予一定折扣优待，包括给予批发商销售回扣，提供商店招牌或负担相应资金，对内部装修或者增设分店给予资金援助，还包括给予零售商累进方式的回扣优惠，对扩增设备、装修等给予资金援助等。

**2）资助**

资助是指制造商为中间商提供陈列商品、支付部分广告费和部分运费等的补贴。比如，协助批发商在电视、报纸、杂志上刊登广告，协助举办展示会、样品展览会，协助制作商品目录以及印刷宣传单，邮寄广告，提供临时周转资金援助；为零售商提供店面广告、橱窗广告、灯光广告所需用具和资金，提供广告宣传、邮寄广告所需用具及资金，提供广告传单，邮寄广告信函，招牌设计以及提供促进销售的工具，提供样品目录、手册、广告赠品等。

3）经销奖励

对经销本企业的产品有突出成绩的中间商给予奖励。比如，竞赛奖励，就是对优胜的中间商，由企业发给事先约定的奖金、奖品和证书。对给予销售人员的奖金，应以奖励的名义，而不要以引诱的形式出现，否则会导致相反的结果。

4）经营指导

经营指导就是企业派出经营、销售顾问，到中间商企业、商店进行经营诊断，调查市场，找出问题，提出改进意见，提供各种培训服务。经营指导包括人力援助和指导性援助两种。

人力援助包括：派遣外销员协助推销，派遣技术人员专门驻点指导，派遣辅导人员、服务人员、管理人员进行定期访问，提供市场分析的情报。

指导性援助包括：在长期营销计划和经营组织方面，给对方提供理论性指导及建议，提供各种相关的商业情报，对经营、管理、财务等人员进行培训及教育，提高其相应的服务技能，对商品展示活动给予指导，对进货、商品管理、库存管理、销售、售后等问题给予指导，协助中间商举行各种促销活动。

### 8.2.3 针对内部销售人员的促销方法

为了鼓励销售人员大力推销新产品，鼓励销售人员开拓新的细分市场，寻找更多的潜在顾客以及提高其工作效率等，厂商对内部销售人员也要开展相应的促销活动，主要有销售竞赛、销售赠奖以及其他激励措施。

1）销售竞赛

销售竞赛，一般以销售小组或销售员为单位，进行形式多样的竞赛活动，如可针对销售总额、特定产品销售额、销售增长率、销售目标达成率等以销售额为基础的项目展开竞赛，也可针对开发新客户、拜访客户次数、货款回款、销售毛利、销售费用率、退货率，以及销售技术、客户服务等其他非销售额的项目展开竞赛。

开展销售人员之间的竞赛，一方面为优秀销售员提供了一个获得赞赏和被承认的机会，也为其他销售员树立了榜样；另一方面有利于提高销售队伍的士气，激发销售人员的自信心和自尊心。同时，在竞赛中销售员为了争取较好的销售业绩，必然会主动充实销售知识，改善销售方法，提高销售技术，这些措施都有利于销售队伍整体素质的提高，促使优秀销售员不断涌现。

2）销售赠奖

销售赠奖是指厂商在销售人员正常的薪酬制度之外，按照事先约定的奖励规则，根据其销售业绩的目标完成情况支付一定奖励的促销方法。通过这种方法可以将企业的总销售目标层层分解下来，激励销售员在特定的时期内，全力完成既定的业绩目标，提高销售效率。

销售赠奖的项目和形式与销售竞赛相类似。在赠奖时间上，应注重对销售员奖励的及时性，以更好地发挥激励的效果。

销售赠奖促销方式已经成为企业绩效管理系统的一部分，因此还应与企业整体绩效管理方针保持一致，具体来看，应该符合以下原则：一是经济原则，即考虑企业成本，并发挥奖励的调节作用；二是激励原则，即制定合理的业绩目标才能够产生激励作用；三是均衡原则，即督促销售人员维护企业长期的整体利益。

除了上述两种针对内部销售人员的促销方式外，对销售人员的培训和协助也能很好地调动销售人员的积极性。其中，培训是指对销售人员进行入职培训和继续培训，目的在于提高销售人员的总体素质，如增长知识、提高技能、强化态度和意识等。具体培训方法可采用实地学习、案例分析、角色扮演、讲义教学以及会议讨论等。

### 8.2.4 促销传播媒介

促销传播媒介是指厂商在运用促销策略开展促销活动时，为传达促销意图、传播促销信息，以及实施促销活动等所使用的各种宣传品、工具或载体。在选择促销媒介时，企业应该将企业促销的目标、促销受众的特征以及媒介的特点三者结合起来考虑。

总体来看，促销传播媒介可以分为六大类，分别是大众媒介、中小受众媒介、焦点媒介、道具媒介、活动媒介和新兴促销媒介。

**1）大众媒介**

大众媒介是指如电视、报纸、广播、杂志等传播速度快、传播面广、表现力强的媒体，但同时这类媒体也具有费用高、时效性差、直观性不够等缺点。

企业在较大范围内进行产品促销时，一般会通过大众媒体进行广告宣传，以提高产品和促销活动的权威性。在促销活动的前期、中期和后期适当地使用大众媒介，对于在较大范围内传达促销意图、传播促销信息，以及烘托气氛、为促销活动造势等都具有重要的作用。

**2）中小受众媒介**

中小受众媒介具有大众媒介的部分特征，比如传播面广、针对性强、及时等，但它以厂商为传播主体而非传统意义上的专门机构，其传播受众相对于大众媒体也有一定的限制。中小受众媒介主要有以下几种：

（1）内部刊物

内部刊物是指以内部员工、中间商、顾客或潜在顾客为传播对象，由厂商发行的定期或不定期的免费内部杂志。目前，一些大型的企业都设专门的部门来负责这项事务。其目的在于：对内沟通组织成员，倡导企业文化，增强企业凝聚力；对外传达企业和产品信息，提升企业形象，加强与各方面的公共关系。

（2）直邮信函

直邮信函是“一对一”营销中信息沟通的主要媒介。这种促销媒介的主要优点在于传播对象具有选择性和集中性，易于控制管理，对个人冲击力强。其缺点是成本较高，其效率有待提高，经常会遇到由于投递地址有误、被消费者拒绝阅读而当作垃圾处理等问题。

直邮信函作为促销媒介，其成功的关键在于选取合适的顾客名单，优质的顾客名单必须符合准确性和正确性两个条件：准确性是指寄送名单上的顾客是本产品真正的顾客或潜在的顾客；正确性是指顾客姓名与相关的信息必须保持一致。

（3）通信服务

随着通信服务产品在我们生活中越来越普及，通信服务作为一种促销传播媒介，近年来开始受到厂商的密切关注，尤其是特殊消费品如新婚摄影、名牌服装、保险，以及大宗耐用消费品如汽车、高档家电都比较适合使用这种媒介。通信服务包括电话和电信增值服务，如短信服务。

**3）焦点媒介**

在促销现场的商店招牌、海报、商品成列、橱窗展示等，都可以作为促销的传播媒介。它们能够增强现场视觉效果，营造购物气氛，促进顾客进行购买决策，是一种成本低、见效快、操作简单方便的媒介。这类媒介主要包括商店招牌、海报、POP广告、电子媒介、促销人员和焦点支持系统等。

**4）道具媒介**

前面我们提到了一些促销方法，都需要运用一定的中间道具来完成整个促销活动，这类道具主要有以下几种：优惠凭证、促销赠品、促销性包装和产品外观、游戏竞赛道具。

**5）活动媒介**

活动媒介是指厂商为达到一定的目的，在一段时间内灵活运用相应的促销策略和促销媒介而组织的一系列活动。一方面，这类活动是厂商向消费者推广产品的无形载体；另一方面，这类活动是厂商的一种虚拟的促销媒介。活动媒介主要包括促销活动、促销事件和展览会。

**6）新兴促销媒介**

这里所指的新兴促销媒介主要是指因特网。因特网作为现代社会的新兴传播媒介，已经成为继电视、广播、报纸、杂志之后的第五大媒介，目前它正以非凡的速度前所未有地改变着人们的生活方式。

**小案例8-3**

**“发财中国年”抖音20亿的大红包**

临近春节，一年一度的红包大战又一次拉开了帷幕。前有西瓜快手直播答题送红包，后有支付宝新五福玩法。2020年1月14日，抖音方面也宣布启动了2020年春节红包活动，红包的总金额高达20亿元，较去年翻了一倍。在玩法方面，除了去年就有的集卡、红包雨等活动，还新增了互动小游戏，除此以外，参与上述任意活动都有机会抽取万元锦鲤红包，为大家的新年增添了一份喜庆的气氛。

近年来，互联网公司接连推出春节红包活动，已经成为“指尖上的新年”现象。随着参与活动人数的增多，每人随机分得的金额也在不断下降，大面额红包出现的概率越来越低，但这似乎并没有影响大家参与这项活动的热情。今日头条、今日头条极速版、西瓜视频、抖音火山版、Faceu激萌、轻颜相机和皮皮虾都在集钻和红包雨阶段和抖音有一定的联动，让更多的人熟悉了字节跳动及其旗下产品的使用，进一步带动了企业的发展。

资料来源 郑洁瑶．抖音加入春节红包大战，20亿投入能保住日活吗？[EB/OL]．[2020-01-14]．https：//www.jiemian.com/article/3874829.html.

# 8.3 促销策略设计

在促销策略设计的过程中，首先需要进行有针对性的市场调研工作，目的是为企业的促销决策提供依据，然后根据企业促销的目标来选定促销活动的要素。由于市场的持续变化以及活动形式的不断创新，要求厂商在确定了促销活动的细节后，对拟订的促销方案和行动计划进行预先评估。促销策划书的撰写有利于促销活动按照计划实施，实施后需要对促销效果进行评估，参见图8-1。

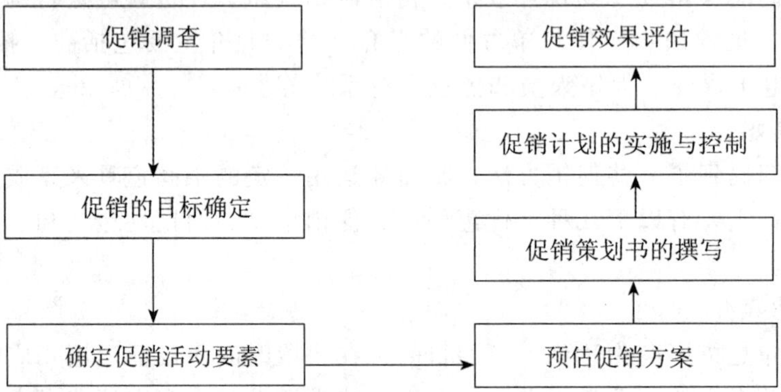


图8-1 促销策划的程序

**补充阅读8-1**

**促销分析方法**

1.因素分析法：将影响销售能力的各种因素列举出来进行分析并逐个进行评价。

2.因素检查法：对影响销售效率提高的六个关键因素（what、where、why、when、who、how）进行检查，寻求制约效率提高的“瓶颈”。

3.反复询问法：通过反复多次询问为什么来分析问题的关键所在，通过这种方式寻找问题的根源，将使影响销售效率的原因明晰化。

4.讨论法：集合促销人员，分组讨论问题，提出不同意见，探讨对策。

5.集体研讨法：通过集体讨论评价，将讨论的结果制成图表，最后选择出最佳的解决方案。

6.列举法：对本企业的先进部门进行研究分析，同时分析其他企业的成功经验，在分析比较后，将先进的经验组织推广。

7.缺点分析法：列举本企业在经营方针、经营战略、营销技巧等方面的缺点和不足，然后提出相应的改进措施。

8.期望列举法：在制订新产品开发计划和营销策略时，将新产品制定者的期望目标列举出来，并据此提出实现的途径与手段。

9.逆向思维法：对一些习以为常的事物提出问题并寻求解决问题的答案。这种方法的主要原理是利用逆向思维，换个角度提出问题和对策。

资料来源 胡占友．现代企业营销方案写作［M］．北京：机械工业出版社，2007.

## 8.3.1 促销调查

促销调查，是指对影响企业促销活动的有关资料进行收集和整理，分析企业促销的外部环境和内部状况，目的是为企业的促销决策提供依据，是促销策略设计的重要基础工作。事实上，只有在深入地进行促销调查的前提下，促销策划才有可能获得成功。

**1）调查程序**

促销调查遵循一定的科学程序，常见的调查程序分为六个阶段，各调查阶段的具体内容如图8-2所示。

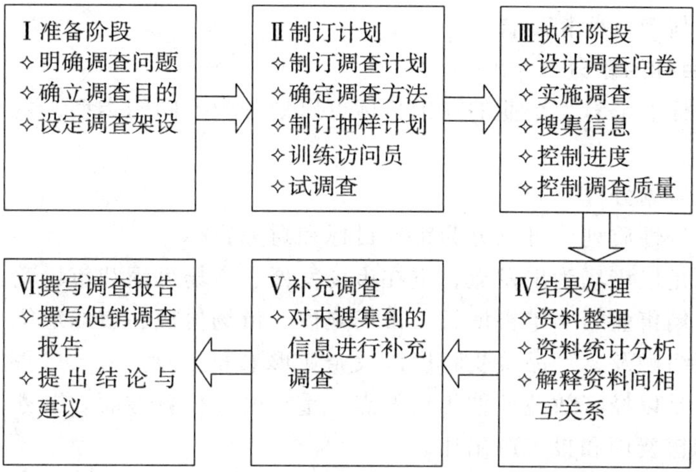


**图8-2 促销调查六阶段**

**2）调查方法**

（1）资料来源

调查资料可分为原始资料和二手资料。原始资料是指为达到当前特定目的，通过实地调查获取的第一手信息；二手资料是指为其他目的已经搜集到的信息。一般来说，促销调查开始时，通常先收集二手资料，以判断问题是否已经解决或解决的程度。其来源通常有内部资料（企业销售记录、财务报告、市场研究报告等）及外部资料（政府出版物、期刊和书籍、商业性资料等）。二手资料收集完毕，再收集成本较高的原始资料。通常做法是与某些人单独交谈或集体座谈，从而了解人们对产品或服务的大致看法，然后确定调查方法，制订抽样计划，进行大规模的实地调查。

（2）调查方法

收集原始资料的方法多种多样，常用的有观察法、小组座谈法、问卷调查法、实验法等。

3）调查内容

企业促销调查必须围绕企业的促销策划工作来进行，既要了解影响促销的微观因素及变化，又要了解与企业促销工作密切相关的宏观因素的变化。因此，企业促销调查包括外部调查和内部调查两个方面。

（1）外部调查，包括促销环境调查、市场流通调查、竞争对手调查、客户调查、消费者调查、专项调查等。

（2）内部调查，包括企业营销能力调查、营销事务调查、财务能力调查、管理能力调查等。

## 8.3.2 促销目标的确定

树立促销的目的是制订促销方案的基础，厂商的促销目标应与企业整体营销目标以及该阶段促销目标相配合。

1）促销目标的划分

从不同的标准来看，企业的促销目标可以划分为不同的类型，主要有以下三种划分方法：

（1）按性质划分

促销目标按性质划分可以分为市场目标和财务目标。

市场目标是以市场为出发点，重在市场发展、市场巩固和市场竞争方面。市场目标一般涉及销售业绩、销售增长、市场规模、市场份额、市场地位、消费者购买情况、市场网络触及、产品接受程度以及企业形象等方面。

财务目标是以经济效益评估为出发点，重在财务核算方面。财务目标主要涉及销售收入、销售费用和投入产出比。

（2）按时效划分

从促销时效上看，促销目标可分为短期促销目标和长期促销目标。

短期促销目标包括建立品牌形象、建立和扩大知名度、加强品牌认知、吸引消费者进店、促进第一次使用或购买、促进重复购买、吸引竞争品牌的使用者购买本品牌、增加人均购买频率和数量、促进提前购买等。

长期促销目标可能不如短期促销目标明显，但它能够指引企业长期发展的方向。长期促销目标包括巩固和提升品牌形象、建立和提升美誉度、教育消费者、培训中间商和销售人员等。

（3）按促销对象划分

按促销对象划分，促销目标可以分为针对消费者、针对中间商和针对销售人员的促销。

2）促销目标的制定

对某一个厂商而言，在任何时候不可能也没有必要同时完成这些促销目标。由于促销目标不仅要服从于企业的整体营销目标，同时也要解决企业当前面临的问题或抓住眼前有利的机会，因此厂商必须在各种目标中作出选择，在不同的生活区、不同的销售区域，确定不同的促销目标，以确保企业整体营销目标的实现。

### 8.3.3　确定活动要素

在确定了促销目标之后，厂商应该根据其目标选用相应的促销方式（具体促销方式的选择见8.2），然后明确相应的促销要素。

**1）促销范围**

促销范围的确定主要根据不同产品在不同销售区域的销售情况、厂商的自身资源状况、企业经营目标和竞争状况来决定。

**2）促销时机**

厂商在什么时机进行促销活动，对促销效果的影响是不同的。一般来说，促销时机的选择应根据消费需求和市场竞争的特点，结合整体市场营销战略来确定。

把握最适宜的促销时机，还能够收到事半功倍的效果。事实上，许多企业都善于利用重大节日和社会活动、企业开业或者周年庆典、新产品上市等有利时机来开展各种促销活动。

**3）激励规模**

要使促销获得成功，最低限度的刺激物是必不可少的。较高的刺激程度会产生较高的销售反应，但超过一定点时，其增加比率却是递减的。通过考察促销成本和效益的相对比率，厂商可以确定最佳的激励规模。

**4）参与条件**

参与条件的设定是指确定厂商的激励面向的受众范围：厂商的激励是面向目标市场的每一个人，还是有选择的某部分人，范围有多大，主攻目标又是哪一类人群。这些问题选择的正确与否直接影响促销的最终效果。

设定参与条件时要注意两个问题：一是避免将优惠给予不可能成为产品固定使用者的人；二是防止因条件太苛刻而阻碍了大部分品牌忠实者的参与。

**5）促销持续时间**

确定好促销的持续时间对促销活动的成功影响重大。厂商应该综合考虑消费者特点、消费者购买习惯、促销的目标以及企业的经济实力和竞争策略等因素来确定促销的持续时间。持续时间过短，消费者可能会因为时间的问题而无法参与；而时间过长，会使消费者产生误解，认为这是长期的降价，不仅影响促销活动，而且会对品牌产生疑虑。

**6）促销活动费用的预算**

不同的企业在财力资源、市场需求、竞争地位、促销愿望等许多方面存在差异，使得促销预算的决定很难通过统一的、科学的方法来进行。常用的四种方法是：

量入为出法，即根据本企业的财力情况来安排促销经费。这种方法的优点是量力而行，易于操作，但却忽视了促销对销售的影响，计划性较差。

销售百分比法，具体有两种方式：一是根据上一年度销售额的某一百分比决定促销预算；二是根据下一年度的预测销售额的某一百分比决定促销预算。销售百分比法充分考虑了促销与企业收入间的关系，但容易忽视企业的促销目标和促销效率。

竞争对抗法，即按照竞争对手的促销费用来决定本企业的促销预算。使用这种决定促销预算的方法有以下基本前提：企业了解竞争对手的促销预算；企业与竞争者之间的类似性高、差异性低；企业是竞争追随者，而非领导者。

目标任务法，即首先确定促销目标以及实现目标所需要的具体任务，然后再确定要完成这些具体任务所需的经费。理论上讲，这种方法比较合理，但实际操作起来却比较困难。

### 8.3.4 预估促销方案

市场的持续变化以及活动形式的不断创新，都要求厂商在确定促销活动的细节后，对拟订的促销方案和行动计划进行预先评估。该项评估工作主要表现在以下几个方面：

**1）法律方面**

检查拟订的活动方案和行动的细节是否符合政府有关部门相关的法律、法规，如对消费者权益、维护公平竞争等方面的限制性法规。

**2）物资后勤方面**

这部分工作包括要开展的促销活动可能需要制作特殊的包装或者加印特殊的商品条形码，需要检查是否能够适时准确地把促销用品和相关器材运输到相应的现场。此外，还要确认相关部门在计划时间内实施方案的可行性，确保各部门的配合到位。

**3）预算方面**

评价整个活动经费的预算是否全面准确，各项费用是否合理，不同产品的促销活动之间是否相互协调、经费能否到位等，以求以最小的费用取得最大的收益。

**4）时间方面**

检查促销时间的选择是否考虑到了大多数经销商和内部销售人员的实际状况，以及是否符合消费者的购买习惯。

**5）促销方法和激励规模方面**

检查所选定的促销方法和激励规模是否适合本次促销活动要达到的目的，以及是否能够有效地吸引顾客的参与。

**6）促销媒介方面**

检查促销媒介是否有效、经济，是否适用于本次促销活动。

厂商常常通过内部测试、消费者调查、在选定的市场区域进行试验等方式，对上述方面进行预先估计，以完善原来的设计方案，使促销活动的风险性降至最低。同时，通过测试的效果对整个促销策略的设计做相应的调整和修改。

### 8.3.5 促销策划书的撰写

当促销活动各项计划确定之后，必须按一定的规则将其文案化，以指导促销活动的实施。一般而言，一份完整的促销策划书主要包括以下内容：

**1）市场调研分析**

（1）总则。

（2）促销调研报告。

（3）市场预测与建议。

**2）促销目标**

促销目标涉及促销的市场目标、财务目标等多个方面。有时只确定总体目标就可明确责任，有时则必须对整体目标进行分解后才能明确责任。

（1）总体目标。

（2）目标分解。

**3）促销提案**

（1）方案细则。

（2）促销主题。

（3）促销时机和持续时间。

（4）促销对象。

（5）促销地点（区域）。

（6）促销产品。

（7）促销方法。

（8）促销媒介。

（9）促销活动方式。

（10）活动详细说明。

**4）广告配合方式**

它包括选择什么样的广告创意及表现手法，选择什么样的媒介进行宣传，按照怎样的节奏播发广告等。

**5）促销活动流程设计**

（1）前期准备

这包括人员安排、物资的准备情况和实验方案。在人员安排方面，要安排好各项工作的参与人员和负责人。在物资准备方面，对车辆、场地、场地布置物品、赠品等，逐一单项列出。由于活动方案通常是在经验的基础上确定下来的，因此有必要进行一定的市场实验来判断促销工具的选择是否正确、刺激力度是否合适、传播媒介和方式是否理想等。

（2）中期操作

中期操作的计划主要包括活动纪律规定和现场控制安排。活动纪律是方案得以有效执行的先决条件，因此在方案中应对参与人员的纪律作出详细规定。现场控制安排要明确现场负责人及其职责，并预先考虑意外情况和应急方案。

(3) 后期延续

须设想对这次活动将采取何种方式，在哪些媒体上进行后续宣传。

**6）意外防范**

每次活动都有可能出现一些意外。比如，政府部门的干预，消费者的投诉，自然原因导致户外促销活动无法正常进行等。因此，需要对各种可能出现的意外事件作出人力、物力、财力方面的防范准备。

**7）促销预算**

(1) 预算计划

确定促销的总预算和各项分类预算，包括管理费用、促销费用、附加利益费用，以及预算适用的原则、要求和预算管理办法等。

(2) 资金费用来源

**8）效果评估**

预测本次促销活动能否达到预期的促销目标，并对投入产出进行比较分析，以使活动结束后与市场先前状况进行比较，并从刺激强度、促销时机、促销区域、促销媒介等方面进行评估。

**9）附录**

需要说明预算计算方法、活动的规章制度等内容。

## 8.3.6 促销策划的实施与控制

在促销活动中，有三分策划七分执行之说，可见促销活动执行的重要性。每项促销活动应该按照促销策划书中既定的促销活动步骤来实施和控制。

**1）事先准备**

事先准备要按照策划方案的内容做好人员安排、物资准备和试验方案，制定工作程序表，传达给所有相关人员。在人员安排方面，要做到人人有事做，事事有人管，无空白点，也无交叉点。谁负责与政府、媒体的沟通，谁负责文案写作，谁负责现场管理，谁负责礼品发放，谁负责客户投诉，对各个环节都要考虑清楚，否则会造成临阵时顾此失彼。在物资准备方面要做到事无巨细，大到车辆，小到海报等都要罗列出来，然后分项检查，确保万无一失。市场实验可以采取询问消费者、收集调查表或在特定的区域实施促销方案等方法。

**2）中期操作**

中期操作要按策划方案执行促销活动的各个环节，并安排协调人员，做到有条不紊、忙而不乱。同时，在方案的实施过程中，还要及时对促销范围、强度和重点进行调整，以保持对促销活动的实时控制。

**3）后期延续和评价**

要执行活动的宣传报道计划，并收集和整理销售数据，对比活动前后，对整个活动实施效果进行评价。

### 8.3.7 促销效果评估

在促销策划方案实施之后，管理者及策划者要对方案的实施效果进行评估。评估的对象是实施促销方案后所实际产生的业绩效果。这种业绩效果可以通过销售增长率、成本降低率、市场占有率等客观指标反映出来，也可以通过调查所得数据进行主观判断，因此促销效果的评估方法也可以分为客观的评估方法和主观的评估方法。同时，对各个促销工具的策划方案可单独进行评估，如对广告效果进行评估，可分别对广告的传播效果和销售效果进行评估，采用固定的公式来计算。在此不一一进行介绍，只列举销售促进活动的效果评估方法。

**1）客观评估法**

客观评估法是以企业经营的实际指标来反映方案的实施效果。这些指标包括销售指标和成本指标。通过销售指标进行分析是最常用的方法，因为销售数据容易搜集而且能够反映目标市场对促销组合的反应。在进行评估时，可以通过把当前销售数据与期望的销售数据、行业销售数据、特定竞争对手的销售数据进行比较和评估。通过成本指标进行分析，就是通过成本与收益的比较，以测定正在实施的促销策划方案的效果。由于客观评估法以实际经营资料为依据，所以它具有科学性强的特点。但是，它没有考虑顾客心理和市场环境变化对促销策划实施效果的影响，因此，只采用这一指标还不能准确地反映策划实施的实际情况。

**2）主观评估法**

主观评估法通过对消费者的调查，考察消费者对促销活动直接和间接的反应，考虑顾客心理和市场环境变化对促销策划实施效果的影响，从而克服了客观评估法的一些缺点。就销售促进活动而言，可采用的主观评估法有：

（1）直接观察消费者对销售促进活动的反应，如对参加竞赛和抽奖的消费者人数、优惠券的回报率、赠品的偿付情况等加以统计，从中得出结论。可以将此方法作为客观评估法的补充，两种结合使用。

（2）对消费者实行抽样调查。这种方法尤其适合于评价销售促进活动的长期效果。具体做法是，寻找一组消费者，和他们面谈，了解有多少消费者还记得销售促进活动、活动对他们的影响程度如何、有多少人从中获益、对他们今后的品牌选择有何影响等，通过分析这些问题的答案，就可以了解活动的效果。

## 策划案例与文案

**爱奇艺“新娱乐营销”，五大新势能助广告主“掘金”**

爱奇艺想成为什么？“一家以科技创新为驱动的伟大娱乐公司”。2020年12月，爱奇艺副总裁徐勇明表示，爱奇艺基于2019年推出的新消费生态价值网营销解决方案，结合自身独特的营销价值，提炼出了“新娱乐营销”这一全新营销策略。

作为国内首屈一指的娱乐平台，爱奇艺在营销生态上具备了五个全新价值，这是“新娱乐营销”的核心基础。爱奇艺五大新势能，赋能品牌新娱乐营销。

爱奇艺的“新娱乐营销”主要体现在五个方面：一是新内容，优质内容是爱奇艺的核心价值；二是新理念，作为一家专业的长视频媒体平台，爱奇艺基于内容优势建立起一套独特的营销模型；三是新场景，作为一个横跨智能电视、手机、Pad、电脑等多个终端的平台，爱奇艺全面覆盖个人娱乐场景和家庭生活场景；四是新联动，对于赋能品牌营销，爱奇艺不仅能提供标准化的硬广形式，在线上线下更有众多释放营销冲击力、感染力、传播力的搭配组合；五是新联盟，爱奇艺不仅基于自己的能力做营销，更会与其他相关的媒体整合起来，共同为客户提供服务。

1）新内容：爆款内容制造+优质内容体验

在年轻主力消费人群崛起，内容和消费融合的背景下，平台对优质内容的需求越来越多，但不同平台的内容生产力、爆款制造力却差距较大，这也决定了不同平台的营销价值差距。

从全国范围看，爱奇艺长视频爆款频出，包括《延禧攻略》、《破冰行动》以及综艺《潮流合伙人》等；与此同时，爱奇艺还进行很多内容创新。在电影方面，拿下众多电影的独家发行权，不再有线上线下的窗口期。在观影方面，通过新技术创造了大量的互动剧、VR剧，并且视听体验不仅支持杜比、4K，还提供创新的“奇观一下”互动看剧体验。

2）新理念，创新“AACAR”模型带来品效协同

企业在视频平台营销，不仅追求品牌曝光，更追求精准与效果，尤其对区域性品牌来说，在品牌力不足与投放预算有限的情况下，往往更加追求品效协同。为此，爱奇艺建立了“AACAR”模型，从多途径理解并契合用户的行为习惯。

在品牌营销方面，爱奇艺通过“开场秀PLUS”等产品，并结合互动信息流中的互动选项，让用户打开终端那一刻就接收到很强的视觉冲击力，形成很强的记忆点。在效果营销方面，试玩广告、互动落地页、智能电视资源，从多端多样化的互动形式，激发用户行为；最后，落地到转化的关键环节，还有“激励广告”“公众号关注”“转化组件”前置等功能，全面促进用户的最终决策。

3）新场景：四端双场景，实现全屏营销

在广告媒体方面，爱奇艺的“新场景”包括智能电视、手机、平板、PC这4端，尤其是智能大屏，奥维互娱数据显示：智能电视的规模目前我国已经超过2亿台，在各线城市的环比增幅仍处于16%至40%的高增长区间。从电视打开情况看，智能电视月度每天被打开的数量就有近8千万台，平均观看时长超过2小时，开机时间超过4小时，智能电视在家庭场景中呈现高度活跃的趋势。

此外，四端带来的“新场景”还包括家庭场景与个人场景，不同场景能为不同品牌、产品形态提供匹配度更高的营销方案。

4）新联动：激发更多用户互动

爱奇艺还将通过“新联动”，从线上和线下两端激活更多用户互动，为品牌提供更丰富的线上线下营销场景。

以“盛典活动”为例，爱奇艺可以利用动漫游戏嘉年华、尖叫之夜、青春盛典等线下IP，针对不同的传播对象，为区域性品牌创造沟通场景。同时，区域性品牌通过不同的线下活动，再配合线上营销，进一步将自身影响力释放至全国，提升品牌知名度。

5）新联盟：打造营销行业新生态

爱奇艺将与其他拥有优质流量且营销空间有待开发的企业合作，构建“新联盟”，以实现更好的流量变现，为广告主提供更高的价值。

爱奇艺将利用自身的技术优势、数据优势，联合不同传播媒体的企业，以丰富的激励互动方式，构建更强的流量变现模式。例如在智能电视端，除了各大厂商具备流量外，还有一些运营商、一些偏传统的企业也都拥有高价值流量，其中移动端以“效果为主、品牌为辅”为主要方针，而在智能电视端则注重“品牌为主、效果为辅”。通过组建移动端和智能电视两大联盟，爱奇艺的营销布局也正从生态内部扩展至生态以外。

新内容、新理念、新场景、新联动、新联盟，爱奇艺所拥有的五大新势能，将持续提升平台营销价值，对广告主在品牌营销和效果转化层面的痛点进行逐一解决，爱奇艺表示愿与更多企业共创更多营销新模式，激发更多生意可能。

资料来源　徐勇明. 爱奇艺“新娱乐营销”，五大新势能助广告主“掘金”2021 [EB/OL]. [2020-12-30]. http://caifuhao.eastmoney.com/news/20201230162957911023100.

**案例思考题：**

1. 爱奇艺运用的是哪种促销组合元素？
2. 如何评价爱奇艺的“新娱乐营销”传播策略？
3. 为了达到更好的传播效果，你对营销行业新生态有何建议？

## 策划实战

某家具公司准备以“十一”长假为契机，整合资源，有计划、有策略地开展一次时间跨度较长的促销活动，以更好地传达其生产的×××牌家具的经营理念，提升企业品牌形象，拉动产品销售。其拟定的活动主题是“5 600元套装组合家具1元秒杀”。公司想借由中秋节和国庆节两大契机，通过1元秒杀、特惠套装组合家具等促销手法，直接让利于消费者，提高产品销量及提高×××家具的品牌影响力。请写出该家具公司的促销活动方案。

## 本章小结

促销是一种有明确目标的市场营销工具。它是指厂家在一定的预算范围内，针对明确的时间阶段、地点和顾客群，提供一些临时性的附加利益，以实现对消费者、中间商以及销售人员交易行为的积极影响。

按照不同的分类方式，促销可以分为不同的类型，最常见的促销方式从促销的主体来看，主要有针对消费者、中间商以及内部销售人员的促销方法，针对每一个主体都有几种最为常见的促销方式，其效果也在企业的实践中得到了较好的检验。

企业在准备开展促销活动时，如何选择促销传播媒介将促销信息传达给目标受众也是促销活动成功与否的重要因素之一。总体来看，促销传播媒介可以分为大众媒介、中小受众媒介、焦点媒介、道具媒介、活动媒介和新兴促销媒介六大类，企业根据不同的目标受众特点和促销的目的来选择相应的传播方式。

企业在开展促销活动之前，首先要做好促销策略设计方面的工作，在促销策略设计的过程中首先需要进行有针对性的市场调研工作，目的是为企业的促销决策提供依据；根据企业促销的目标来选定促销活动的要素；由于市场的持续变化以及活动形式的不断创新，要求厂商在确定促销行动的细节后，对拟订的促销方案和行动计划进行预先评估；促销策划书的撰写有利于促销活动按照计划实施，在活动实施后需要对促销效果进行评估。

总之，在了解促销相关理论的基础上，一次有效的促销策划是建立在完整的促销计划和严密的实施控制之上的。

## 参考文献

[1] 董丛文. 营销策划原理与实务 [M]. 北京：科学出版社，2009.

[2] 孟韬，毕克贵. 营销策划：方法、技巧与文案 [M]. 北京：机械工业出版社，2021.

[3] 胡占友. 现代企业营销方案写作 [M]. 北京：机械工业出版社，2007.

[4] 李文义，刘进. 市场营销策划 [M]. 北京：中国财政经济出版社，2012.

[5] 科特勒. 营销管理 [M]. 梅清豪，译. 上海：上海人民出版社，2006.

[6] 姜玉洁，宗清辉，陈静宇. 促销策划 [M]. 北京：北京大学出版社，2011.

[7] 向若霄. 一次季末时装促销策划 [J]. 市场营销案例，2007 (7).

[8] 郑洁瑶. 抖音加入春节红包大战，20亿投入能保住日活吗？[EB/OL]. [2020-01-14]. https://www.jiemian.com/article/3874829.html.

[9] 中国营销评论，http://www.marketingcn.org.

[10] 徐勇明. 爱奇艺“新娱乐营销”，五大新势能助广告主“掘金”2021 [EB/OL]. [2020-12-30]. http://caifuhao.eastmoney.com/news/20201230162957911023100.

# 第9章 网络营销策划

## 学习目标

通过本章的学习，明确网络营销的概念与特点，区分开网络营销与传统营销，对网络营销的14种工具有全面的认识和理解，清楚整个网络营销策划的流程，并且能独立地进行网络营销策划。

# 9.1 网络营销概述

## 9.1.1 网络营销的概念

网络营销是以互联网技术为依托，通过对思想、产品和服务的构思，定价、促销和分销的计划与执行，达到个人和组织目标交换的目的。

网络营销的产生有其在特定条件下的技术基础、观念基础和现实基础，是多种因素综合作用的结果。

## 9.1.2 网络营销的特点

**1）跨时空性**

通过互联网能够超越时间约束和空间限制进行信息交换，因此使得脱离时间限制达成交易成为可能，企业能有更多的时间在更大的空间中进行营销，以达到尽可能多地占有市场份额的目的。

**2）高效性**

网络营销利用电脑储存大量的信息，可以帮助消费者进行查询，所传送的信息数量与精确度远远超过其他传统媒体，同时能够适应市场的需求，及时更新产品陈列或调整商品的价格，因此能及时有效地了解和满足顾客的需求。

**3）互动性**

企业可以通过互联网向客户展示商品目录；通过链接资料库提供有关商品信息的查询；可以和顾客进行双向互动式的沟通；还可以搜集市场情报以及进行产品测试与消费者满意度的调查等。

**小案例 9-1**

**“丁真效应”背后的营销**

2020年11月，一名叫丁真的藏族小伙在全网掀起了一场“流量风暴”。生活在四川甘孜理塘的丁真无意中被摄影师胡波（@微笑收藏家-波哥）捕捉，因为抖音上一条不到10秒的短视频而吸引了广泛关注。黝黑的皮肤、纯真又羞涩的微笑、民族风情的服饰，再加上一双清亮的眼眸，这个不到20岁的康巴汉子火速成为大众追逐的“甜野男孩”，其个人账号在抖音上发布的第一条视频点赞量突破235万，粉丝数超过369万。在微博连续几天时间里，围绕丁真的话题更是带来了数十条热搜。如果说丁真最初的走红是个意外，那么接下来围绕他的一番操作和衍生出来的“丁真效应”，则结结实实让大众感受到了网红经济的正面作用。

丁真被任命为四川甘孜理塘的旅游形象大使，并和理塘文旅公司签约，成为一名员工。随后，视频自媒体“时差岛”和甘孜文旅联合出品《丁真的世界》的宣传片迅速上线。“很多人问我，我的梦想是什么。我没有太想过这个问题。就想骑着我的小马，翻山越岭。这就是我的世界：雪山、草原、冰川、寺庙、白塔、我的朋友们。”伴随着片中辽阔壮美的风景，他用汉语说道：“我是丁真，欢迎大家来我的家乡做客。”紧接着，甘孜当地政府正式宣布从2020年11月15日至2021年2月1日期间，甘孜州所有景区（含67个A级景区）门票全免。

去哪儿网数据显示，截至2020年11月25日，四川甘孜地区酒店预订量较去年同期增长89%，其中11月17日成为首个增长高峰，当天酒店预定量较去年同期增长111%，相比前一天增长15%。不同于普通网红的丁真，被赋予了一层官方性质和当地旅游形象宣传的意味，围绕他的话题还在继续——在微博，还引发了@四川日报、@西藏日报等官微之间的口水战，以及包括山东、陕西、青海、云南、湖北、辽宁、江苏等多地官微和媒体的“邀请丁真来我家乡”的抢人大战。

**4）经济性**

网络营销使交易的双方能够通过互联网进行信息交换，代替传统的面对面的交易方式，可以减少印刷与邮递成本，进行无店面销售而免交租金，节约水电与人工等销售成本，同时也减少了由于多次交换带来的损耗，提高了交易的效率。

**5）整合性**

在互联网上开展的营销活动，可以完成从商品信息的发布到交易操作和售后服务的全过程，这是一种全程的营销渠道。另外，企业可以借助互联网将不同的传播营销活动进行统一的设计规划和实施，从而避免由于不同传播渠道中的不一致性产生的消极影响。

## 9.1.3 网络营销与传统营销

**1）网络营销与传统营销的区别**

（1）营销载体不同。传统营销运行的载体是除网络以外的所有市场，主要针对传统的实体市场，而网络营销的营销载体是互联网，体现虚拟性。

（2）营销对象不同。传统营销的对象是传统消费者，可以是个人，也可以是企业甚至全球人类，而网络营销的对象是网络消费者，当然也可以是全球的上网用户。

（3）营销策略和方法不同。传统营销的营销策略是基于4P组合的营销策略，通过营销策略组合在市场上发挥作用，组织生产和销售，而网络营销是基于4C的营销策略，通过网络营销策略组合在网络市场上发挥作用。

（4）营销理念不同。虽然网络营销是在传统营销的理念和背景下成长起来的，但由于目标市场不同，其营销理念也必将不同于传统营销，网络营销更注重对消费者的满足。无论从生产到销售都是以消费者的需求为出发点，而且非常注重个性化消费者的需求。所以，网络营销的理念可以借鉴传统营销，同时也应不断地创新，以适应网络市场的需求。

（5）营销过程不同。在传统的营销环节中，以零售业为例，消费者在商场购物付款后交易结束，而网络营销并没有因为网上支付结束而结束，还需要把商品送到消费者的手中，当然也要负责一些售后的工作。虽然同样是售后服务，网络营销可以更多地依靠网络开展服务，如把产品使用说明、注意事项挂到网上，方便消费者了解，也可以通过FAQ或在线咨询的方式解决消费者的问题，还可以通过搜集消费者的反馈信息改进生产，完善售后服务。

2）网络营销对传统营销的冲击

传统营销致力于建设、维持和依赖层层严密的渠道，在市场上投入大量的人力、物力、财力，这一切在网络时代将被看成无法负担的奢侈和摆设。在网络时代，人员推销、市场调查、广告促销、经销代理等传统营销手法，将与网络相结合，并充分运用互联网上的各项资源，形成以最低成本投入，获得最大市场销售量的新型营销模式。

（1）对标准化产品的冲击。作为一种新型媒体，互联网可以在全球范围内进行市场调研。通过互联网厂商可以迅速获得关于产品概念和广告效果测试的反馈信息，也可以测试顾客不同的认同水平，从而更加容易地对消费者行为方式和偏好进行跟踪。

在互联网迅速发展的今天，产品已经由标准化形式衍生成了多种形式，特别是易于网上交易的虚拟产品，如网络游戏产品。

（2）对营销组织的影响。由于网络营销是通过网络实现营销的工作，不需要大量的推销人员，只需要少量人员对电脑订单进行处理，因此网络营销不但可以减少营销人员的人数，也将改变企业的管理层次，同时，企业也增加了专门从事网络营销的人员。

（3）对企业运营的冲击。传统营销中的采购环节，过去是通过采购员去各地考察采购，而网络采购的实现使企业可以足不出户在网络上寻找供应商，不但效率高而且成本低，方便货比三家。信息化运营也减少了企业大量的办公费用，文件可以通过网络传输和存储。通过网络在线洽谈还可以节省大量的通信费用。信息化的管理和运行也将缩短劳动生产周期，加快企业新产品的开发，降低成本，提高企业的核心竞争力。网络营销销售额的增加将会促使传统的中间商从事一些售后服务等其他相关工作。与此同时，企业还需要考虑建立物流配送体系实现网络营销，保证服务的质量，提高客户的满意度。

（4）对传统客户关系的影响。网络营销具有超前性，这就需要企业更多考虑如何利用网络引导和挖掘潜在消费者，争取新的顾客，留住老顾客，扩大顾客群，建立和谐的顾客关系。因此，在网络环境下，如何与散布在全球各地的顾客群保持紧密的关系，并能正确掌握顾客的特性，再通过对顾客的教育和对本企业形象的塑造，建立顾客对于虚拟企业与网络营销的信任感，是网络营销成功的关键，需要不断探索和创新，通过网络有效地影响消费者，并建立虚拟社区拉近企业和消费者的距离，让消费者成为企业忠实的朋友，树立企业良好的网络品牌。

（5）对跨国营销战略的影响。传统营销在开展海外业务时，一般通过建立分公司和代表处等方式开展本地业务。由于网络营销不受地域限制，一个网站可以把商品卖到世界各地，但也要面临语言、文化、基础设施和配送的问题。不同地区消费者的特点并不相同，这就需要企业制定的跨国营销战略也随之改变，做到全球化思考、本地化运作，否则必将影响企业的长远发展。

### 3）网络营销与传统营销的整合

网络营销并非独立的，而是企业整体营销策略中的组成部分，网上营销与网下营销相结合形成一个相辅相成、互相促进的营销体系。网络营销有很多优势，传统营销也有其难以取代的特点。传统营销并不会因为网络营销的到来而终结，至少要有相当长的时间两者共存。只有两种营销实现整合，才能使企业的整体营销策略获得最大的成功。传统营销是企业实施网络营销的基础。企业的营销对象主要有两个：企业网站本身和企业品牌。网络营销与传统营销整合的成功与否，将在很大程度上取决于在网络上能否提供足够多的、传统媒体无法提供的新颖服务，吸引并留住访问者，迅速提高网站的流量，增加网站品牌价值和增强品牌知名度，同时也应认识到虽然网络营销和传统营销的方法并不相同，但两者的目的都是要更好地满足消费者，使企业获取更大的利润，让企业持续发展。因此，企业在开展业务时不必严格区分两者，网络营销可以通过传统媒体进行促销和发布广告，传统营销也可以通过网络开展售后服务和进行客户关系管理，只有把两者有机地结合起来，取长补短，发挥各自的优势，才会促进企业的快速发展。

**小案例 9-2**

**完美日记玩转社交媒体**

在长期被国际彩妆大牌占据着的中国彩妆市场，一个正在快速崛起的中国国货彩妆品牌——完美日记，正在向国际彩妆大牌的霸主地位发起猛烈进攻与挑战。这是一家2016年才正式上线的年轻公司，自2017年8月开设天猫旗舰店以来，仅仅用了一年半的时间，就成功跻身超10亿美元估值的一线国货美妆品牌，登顶天猫“6·18” “双11”“双12”彩妆类品牌第一，在美妆领域大放异彩，被消费者誉为“国货之光”。

完美日记自成立起就开始大力布局线上全渠道营销，把重点投放到了热门潮流时尚女性聚集地小红书上，通过建立官方账号，与不同明星及粉丝量多的KOL合作，最大程度引起消费者的关注。完美日记在小红书平台上的营销不是简单盲目地投放广告，而是采取了自上而下，有层次结构的“金字塔”式投放策略。首先，完美日记与小红书平台上热门明星及头部KOL博主进行合作，通过他们对产品的推荐引起消费者的注意；其次，继续与粉丝量中等的中部及腰部KOL进行合作，邀请他们使用品牌产品，并对产品进行评价反馈，以真实、突出的效果反馈进一步激发消费者的购买欲望，引导消费者进行购买；最后，通过开展分享和互动活动，邀请普通购买者进行使用后的分享，在平台上进行二次传播，使消费者更加信任其产品。截至2021年初，完美日记在小红书的官方账号坐拥193.9万粉丝，在小红书上搜索“完美日记”，可以看到有30万+的笔记分享。

除了小红书，抖音和B站也是完美日记开展营销的重要平台。早期，完美日记与网红主播李佳琦合作，在抖音发布“魔鬼”试色视频。不同于其他美妆品牌的官方账号，除了产品介绍和普通的广告视频，完美日记的官方抖音账号发布更多的是形象有趣的小短片，如“仿妆教学”“你们班上最帅的同学姓什么”等，能够和用户产生共鸣或有不断反转的剧情，引起了一批用户点赞、转发，为品牌聚集了大量的粉丝人气。

在B站搜索关键词“完美日记”，搜索结果数量达到了B站的上限50页，视频标题中不乏“美哭了”“平价好用”“良心国货”等极具诱惑力的形容词，最高播放量近190万。相较于传统植入式广告，B站的弹幕互动增强了与用户之间的互动性，尤其对年轻群体更具吸引力。依托

UP主发布的测评视频，借助弹幕进行引导性营销，提高了完美日记在B站的营销投入产出比，实现了营销价值的进一步放大。

当然，在其他类型的新媒体社交平台上，无论是微博、微信、知乎还是唯品会、淘宝直播等各类线上商城，都少不了完美日记的身影。尤其是在新冠肺炎疫情的影响下，完美日记的线下门店一度全部关停，但通过线上微信小程序、直播带货等销售方式，依然维持住了完美日记的正常运营。通过推出直播间限定产品、限定优惠和各大社交媒体平台抽奖、互动讨论等多种营销活动，完美日记的销售量仍在同类产品前列。

可以看出，完美日记通过选择小红书、抖音、微博等新媒体平台，而不是传统的广告投放方式，实现了更加精准化、多元化的营销，利用互联网独有的传播优势，吸引了大批消费者，尤其是年轻消费群体。当然，社交媒体平台也是一把双刃剑，除了推荐和赞扬也不乏质疑的声音，如被频繁提到的品控问题、"踩雷事件"、"虚假数据"等。因此，除了注重新式营销，完美日记想要在中国彩妆市场上继续保持良好势态，还需要从品质上提升核心竞争力，再借助社交媒体"锦上添花"。

资料来源 佚名. 浅析完美日记营销策略的"完美"之处 [EB/OL]. [2020-08]. https://www.socialmarketings.com/articldetails/7199.

# 9.2 网络营销工具

## 9.2.1 微信营销

### 1）微信营销介绍

微信营销是移动营销的重要体现，是互联网时代网络营销模式的一种升级，伴随着微信的火热已成为当前我国网络营销的利器。微信不存在距离的限制，用户注册微信后，可与周围同样注册的"朋友"建立一种联系，用户订阅自己所需的信息，商家通过提供用户需要的信息，推广自己的产品，从而实现点对点的营销。微信一对一的交流方式具有良好的互动性，精准推送信息的同时更能形成一种朋友关系。基于微信的各种优势，借助微信平台开展客户服务营销已成为继微博之后的又一新兴营销渠道。

微信营销主要体现在以安卓系统、苹果系统的手机或者平板电脑中的移动客户端进行的区域定位营销，商家通过微信公众平台，展示商家微官网、微会员、微推送、微支付、微活动，已经形成了一种主流的线上线下微信互动营销方式。

### 2）微信营销的方式

（1）互动营销式——微信公众平台。对于大众化媒体、明星以及企业而言，如果微信开放平台+朋友圈的社交分享功能的开放，使得微信成为一种移动互联网上不可忽视的营销渠道，那么微信公众平台的上线，则使这种营销渠道更加细化和直接。

（2）O2O互联式——扫一扫。移动应用中加入二维码扫描这种O2O方式已普及开来，对于线上和线下资源与信息联通、吸引和转化顾客，这种方式发挥了极大的作用。

（3）草根广告式——查看附近的人。营销人员在人流量最大的地方后台24小时运行微信，如果“查看附近的人”使用者足够多，这个广告效果也会随着微信用户数量的上升而上升，可能这个简单的签名栏会变成移动的“黄金广告位”。

（4）品牌活动式——漂流瓶。微信官方可以对漂流瓶的参数进行更改，使合作商家推广的活动在某一时间段内抛出的“漂流瓶”数量大增，普通用户“捞”到的频率也会增加。加上“漂流瓶”模式本身可以发送不同的文字内容甚至语音小游戏等，如果营销得当，也能产生不错的营销效果。这种语音的模式，也让用户觉得更加真实。但是如果只是纯粹的广告语，是会引起用户反感的。

**3）微信营销的特点**

（1）熟人网络，小众传播。微信不同于其他社交平台的特点是其建立的好友圈中全是已经认识的人，建立起来的人际网络是一种熟人网络，其内部传播是一种基于熟人网络的小众传播，其信度和达到率是其他媒体无法比拟的。

（2）富媒体内容，便于分享。与传统媒体相比，新媒体的一个显著特点是移动互联网技术的应用，通过手机等终端可以随时随地浏览资讯、传递信息，充分利用用户碎片化的时间，而微信在这方面可谓做到了极致。微信集文字、声音、图片、视频于一身，在其服务的聊天、朋友圈、群聊等内容上均能有效传播。

（3）公众平台，一对多传播。微信在2012年8月18日开通了公众平台服务，个人和企业都可以打造一个微信公众号。微信公众号方便了与其他用户的一对多传播，信息的达到率和阅读率很高。现在已经有许多微信公众号因其高质量的推送内容获得庞大的粉丝群体。这种群体对公众号有更高的认可度，基于公众号的广告推送也更容易取得效果。

（4）基于地理位置提供服务（LBS）。微信可以方便地通过手机的位置信息服务获取用户的地理位置信息，用户在分享最新动态时勾选地理位置，好友便能看到其所在地，而地理位置是商家进行精准营销的重要信息。

（5）便利的互动性，实时推送信息。微信作为一种社交软件，便利的互动性是其区别于其他网络媒体的优势所在。在微信公众平台中，用户可以像与好友沟通一样与企业公众号进行互动。企业可以通过公众号及时更新推荐内容，用户也可以直接回复。这是其他网络媒介难以做到的。

**小案例9-3**

**场景营销与饿了么**

在互联网，尤其是移动互联网的情境中，企业根据消费者的消费习惯，利用多媒体数字传播工具，构建特定的场景，增强消费者的画面感和临场感，促进企业与消费者的沟通，促使消费者获得更好的消费体验，从而有效达到企业的营销目标，这就是场景营销，也被称为场景化营销。它是在移动营销环境中内容营销的升级版，也是体验营销发展的新阶段。

场景营销是针对消费者在具体的现实场景中所具有的心理状态或需求，而进行的营销行为。当我们进行场景化营销的时候，其实是一种营销理念的转变。传统营销从年龄、性别、爱好、地域、收入等指标把握消费者的需求，营销者关注的是消费者群体的产品需求，而通过具体的场景把握消费者的需求时，关注的是消费者个体的心理需求。由于网络信息技术具有精准、全面的数据搜集和处理能力，尤其是移动互联技术能够定位消费者的位置和场景，因而只有在当前移动互联时代，场景营销才会如此流行。通过对互联网上企业产品相关场景的构建，企业可以实现更高的品牌曝光、更多的定制化互动以及O2O的营销方式。目前，基于微信已经产生不少的场景化营销方式，比如微信红包场景营销、二维码场景营销、公众号平台场景营销等。微信红包构建了传统的线下红包的场景。二维码成为消费者从线下或线上获得信息的入口，扫描之后会跳转至一些属于特殊场景的网络页面。此外，企业的公众号平台也推送各种图片精美、内容引人入胜的信息或广告内容，也是对信息告知的场景化。

例如，饿了么在2020年推出全新标语“爱什么，来什么”转型成一站式生活服务平台期间，为了解决用户对品牌仍停留在过去的送餐平台上的认知不对称问题，推出了一波“更名活动”，从饿了么变成了“喂猫了么、脱发了么、追剧了么、划水了么……”每一个名字都能关联到饿了么的新业务，同时也能够和每一个人的生活产生一定的联系。饿了么的“更名活动”线上、线下全方位开展，尤其在线下，饿了么将这批“新名字”投放在地铁站通道，每个名字都像对过路人痛点的灵魂拷问；在电梯里，又会看见饿了么蓝骑士形象海报；在社区时会问你“狗子拆家了么”；在写字楼里又会问你“老板让你头疼了么”等。这一波“更名活动”，让消费者清晰感知到饿了么“爱什么，来什么”的品牌形象，将饿了么与生活中各种场景产生自然的联系。

## 9.2.2 搜索引擎营销

### 1）搜索引擎营销介绍

搜索引擎营销，是英文search engine marketing的翻译，简称为SEM。就是根据用户使用搜索引擎的方式，利用用户检索信息的机会，尽可能将营销信息传递给目标用户。简单来说，搜索引擎营销就是基于搜索引擎平台的网络营销，利用人们对搜索引擎的依赖和使用习惯，在人们检索信息的时候尽可能将营销信息传递给目标客户。

### 2）搜索引擎营销方法

（1）了解产品/服务针对哪些用户群体。

（2）了解目标群体的搜索习惯。目标群体习惯使用什么关键词搜索目标产品。

（3）目标群体经常会访问哪些类型的网站。

（4）分析目标用户最关注产品的哪些特性。

（5）竞价广告账户及广告组规划。

（6）相关关键词的选择，可以借助谷歌关键词分析工具及百度竞价后台的关键词分析工具，这些工具是以用户搜索数据为基础的，具有很高的参考价值。

（7）撰写有吸引力的广告文案。

（8）内容网络广告投放。

（9）目标广告页面的设计。

（10）基于KPI广告效果转换评估。

**3）搜索引擎营销技术**

（1）自然搜索

自然搜索指的是利用搜索引擎找到与搜索请求最相关匹配网页的方法。自然搜索结果仅仅与搜索者所键入的搜索请求的相关程度有关，不会因为任何搜索引擎营销人员作出的支付而受到影响。搜索营销人员使用很多技术来改进他们的网站在自然搜索结果中的表现，这些技术经常被称为搜索引擎优化（SEO）。

（2）目录列表

目录列表通常保证推介你的网站（或是网站的一部分），但是并不承诺你的网站会出现在列表的哪一部分（顶端？底部？一堆网站的中间？），或者有多少人会点击你的网站。目录的编辑决定你的网站被放到什么主题类别之下，你也可以要求一个具体的类别。绝大多数网站在一个主题类别中只有一个链接通往它们的主页，但是中到大型的公司有多个不同主题的网页，这样就可以得到多个目录列表。

## 9.2.3 网站与品牌社区营销

**1）网站与品牌社区**

对大多数公司而言，开展网络营销的第一步是建立网站。企业的官方网站既能够展现企业的形象和历史，也能够吸引顾客，推动他们线下购买或直接线上购买。比如苹果官方网站就提供醒目的标题，介绍产品，并提供详尽的信息和工具，以及相关产品对比来帮助顾客对比产品并激励消费者购买。品牌社区即虚拟品牌社区，不以直接销售商品为目的，主要目的是展现品牌内容，吸引消费者和建设顾客-品牌社区，通常的表现形式是论坛、贴吧、微信群、微信公众号等。这类社区通常提供种类丰富的品牌信息、视频、博客、活动和其他有利于建立紧密的顾客联系以及促进顾客-品牌互动的特色内容。例如在小米社区中，顾客可以接触到大量的小米产品信息，参与各种功能的讨论。顾客在社区中能够与小米公司直接进行互动，也能够和其他顾客互动。这为小米的顾客提供了一个方便参与、了解彼此的虚拟品牌社区，创造了难忘的顾客体验。

此外，在创建网站和社区之后，企业还要考虑如何吸引顾客的访问。企业一般通过线下印刷品和广播广告，以及其他网站的广告和链接大力推广自己的网站。但今天的网络使用者非常容易抛弃那些不合格的网站，因此，提供高价值和刺激体验的相关因素是使顾客停留并再次访问的关键。一个有效的网站不止提供便于使用、外观设计专业且形式上具有吸引力的外在内容，还应该包含更多深入和有用的信息帮助购买者发现和评估感兴趣的产品的互动工具、与其他相关网站的链接、不断更新的促销优惠，具有令人愉快的娱乐特征。

**2）品牌社区营销**

品牌社区营销需要注意以下事项：

（1）企业要设有专门的人员或聘请消费者代表来管理账号、发布帖子、回帖等。

（2）发帖的题目要吸引人的眼球，也就是要有创意，这样才会吸引读者，增强社区的黏性。

（3）企业策划的内容要具有一定的互动性，网友看了之后觉得有话要说、愿意参与。

（4）企业人员要积极回复，并鼓励其他参与者回复，形成顾客之间的互动。

（5）大型企业要进行网络舆情的监控，及时发现不利于企业的言论，要正确地引导网友的回帖，不要让事件朝相反方向发展。

（6）对于第三方论坛，企业人员要及时与论坛管理员沟通，经常发帖、回帖。熟悉各大论坛的管理员和版主有助于论坛营销的开展。

### 9.2.4　微博营销

**1）微博营销介绍**

微博营销是近年来新兴的一个网络营销方式。微博的火热催生了有关的营销方式，就是微博营销。每一个人都可以在新浪、网易等注册一个微博，然后利用更新自己的微博。每天更新的内容可以是跟大家交流，或者是大家所感兴趣的话题，这样就可以达到营销的目的，这样的方式就是新推出的微博营销。

博客营销具有立体化、高速度、便捷性、广泛性等特点。

国内，新浪网首推新浪微博。用户通过网页、WAP页面、手机客户端发布消息或上传图片。用户将所看、所听、所想以编辑文本或发送图片的形式，通过电脑或者手机即时分享在网络上。微博用户主要由个人和企业构成。

国外，微博营销又叫Twitter营销。Twitter允许用户将自己的最新动态和想法以短信息的形式发送给手机和个性化网站群，使用起来非常方便，可以通过网页、手机甚至IM工具如Gtalk，随时把信息发布到网上。

Twitter开发了“品牌频道”，企业可以构建品牌页面，建多种品牌小组，将同一品牌的粉丝聚合在一起，借由平台发布最新的产品和促销信息。

Twitter营销的特点是：极强的用户黏性；符合年轻一代的信息关注习惯；很强的跨平台性，可以在多个信息终端落地。

**2）微博营销形式**

微博营销形式至少有4种：活动营销、植入式广告、客户服务的新平台、品牌宣传。微博营销很可能需要第三方的介入，第三方就是微博的运营商。第三方首先给出一种策划，然后需要对三类微博做组合，就是企业微博、代言人微博、用户微博，用一种受众能够认同的，并且受欢迎的方式，对新产品、新品牌等进行主动的网络营销。

微博作为营销平台的入口有待进一步开发。微博用户对微博上信息的信任度高，对微博上的商业信息、商业活动也都有较高的信任度，并且对关注的人或粉丝推荐的产品更是具有好感，微博具有较大的潜在营销价值。

**补充阅读9-1**

**粉丝经济与网红经济、网红营销**

粉丝经济泛指架构在粉丝和被关注者关系之上的经营性创收行为，是一种通过提升用户黏性并以口碑营销形式获取经济利益与社会效益的商业运作模式。以前，被关注者多为明星、偶像和行业名人等。比如，在音乐产业中的粉丝购买歌星专辑、演唱会门票，以及明星所喜欢或代言的商品等。现在，互联网摆脱了时间、空间上的束缚，粉丝经济被宽泛地应用于文化娱乐、销售商品、提供服务等多领域。另外，商家也会借助一定的平台，打造网络红人，通过网红聚集消费者，以此推动产品和服务的销售，形成基于网红的粉丝经济，即网红经济。

## 9.2.5 网络广告

### 1）网络广告介绍

网络广告就是利用网站上的广告横幅、文本链接、多媒体等方法，在互联网刊登或发布广告，通过网络传递到互联网用户的一种高科技广告运作方式。

与传统的四大传播媒体（报纸、杂志、电视、广播）广告及近来备受垂青的户外广告相比，网络广告具有得天独厚的优势，是实施现代营销媒体战略的重要部分。Internet是一个全新的广告媒体，速度最快，效果很理想，是中小企业发展壮大的很好途径，对于广泛开展国际业务的公司更是如此。

### 2）网络广告形式

（1）网幅广告（包含Banner、Button、通栏、竖边、巨幅等）。网幅广告是以GIF、JPG、Flash等格式建立的图像文件，定位在网页中大多用来表现广告内容，同时还可使用Java等语言使其产生交互性，用Shockwave等插件工具增强表现力。

（2）文本链接广告。以一排文字作为一个广告，点击可以进入相应的广告页面。这是一种对浏览者干扰最少，但却较为有效果的网络广告形式。有时候，最简单的广告形式效果却最好。

（3）电子邮件广告。它可以针对具体某一个人发送特定的广告，针对性强，为其他网上广告方式所不及。

（4）赞助。比传统的网络广告给予广告主更多的选择。

（5）插播式广告（弹出式广告）。访客在请求登录网页时强制插入一个广告页面或弹出广告窗口。插播式广告有各种尺寸，有全屏的，也有小窗口的，而且互动的程度也不同，从静态的到动态的都有。

（6）Rich Media。一般指使用浏览器插件或其他脚本语言、Java语言等编写的具有复杂视觉效果和交互功能的网络广告。这些效果的使用是否有效，一方面取决于站点的服务器端设置，另一方面取决于访问者浏览器是否能查看。

（7）其他新型广告。视频广告、路演广告、巨幅联播广告、翻页广告、祝贺广告等。

（8）EDM直投。通过EDMSOFT、EDMSYS向目标客户，定向投放对方感兴趣或者是需要的广告及促销内容，以及派发礼品、调查问卷，并及时获得目标客户的反馈信息。

### 9.2.6 移动营销

移动营销也称作手机互动营销或无线营销。无线营销是利用以手机为主要传播平台的第五媒体，直接向“分众目标受众”定向和精确地传递个性化即时信息，通过与消费者的信息互动实现市场沟通的目标。移动营销也可以理解为“网络营销”的技术性延伸。移动营销具有便捷性、整合性、创新性、移动性、精准性、互动性等六大特点。

移动营销有LBS、App、微信、二维码、移动广告等几种类型。以下主要介绍前两种。

1）LBS

LBS（local based service），即基于地理位置的服务。从LBS的定义可以看出，其发展与互联网密不可分。智能手机的定位技术是这种服务的基础。作为当年移动互联网最热门的服务，LBS能够高效地连接线上和线下。常见的LBS营销模式有以下几种：

（1）生活服务模式。这类模式以生活服务为出发点，与人们的日常生活、旅游、购买等紧密结合在一起。比如大众点评及饿了么等外卖类应用，都是基于人们的地理位置为特定商圈内的居民提供相关服务。这一模式的最大特点是实用性极强。这种模式还随时记录用户的相关信息，并将服务渗透到用户生活的方方面面，使人们的生活更加便利。这种模式除了上述的用户主动选择和搜索外，还包括以企业为核心的服务推送模式。服务推送模式能够利用LBS的定位功能，根据用户的喜好实现精准投递。例如，根据LBS，给机场附近的用户推送休闲娱乐方面的内容，给商场附近的用户推送各种折扣信息，给电影院附近的用户推送影讯等。

（2）社交模式。社交模式的主要方式是地点交友。不同的用户只要在同一时间出现在同一地点，就可以建立用户关联，然后商家在关联用户之间发起营销宣传、团购、优惠信息推送等活动，还可以以地理位置为基础建立小型社区，从而在社区中开展相关营销活动。比如2010年街旁、网易八方、开开、玩转四方等开展的签到服务，用户可以通过定位服务在某个商店周边进行签到，通过分享个人位置、相片和个人状态实现社交互动，获得积分、勋章和优惠券等奖励。

另外，LBS营销服务有两大发展趋势：一是平台化，即LBS功能与生活服务、电商融合，提供以位置为导向的周边生活信息推荐和电商购买；二是垂直化，即移动终端上的各种垂直类内容和应用与LBS服务相结合。

2）App

App，全称为application，表示移动终端上的应用程序。移动互联网时代的App，就像互联网时代的浏览器和桌面程序，是用户接触移动互联网的基本途径，也为各个企业的营销提供了重要的契机。

App营销是指应用程序营销，是通过特制手机、社区、SNS等平台上运行的应用程序来开展营销活动。在采用App营销的企业中，大众点评、当当网、美丽说、有道词典等都有不少的用户和不错的用户体验。基于各个App所产生的用户群，企业可以有针对性地通过App对其进行营销内容的发布，以保留现有顾客。比如美丽说、汽车之家就在App上创造了一个优质的闭环社交圈，牢牢锁住了自己的顾客群体。其他企业可以通过该平台进行一些广告的推送。

此外，一种更为常见的App广告类型是视频广告。这类广告多出现在各种视频播放类App中，比如在爱奇艺、优酷等视频类App中，用户播放其所选的视频之前会有一段较长时间的广告。企业在投放这类广告时，可根据视频内容对所要传播的用户群进行定位。

## 9.2.7 网络事件营销

### 1）网络事件营销介绍

网络事件营销是企业、组织主要以网络为传播平台，通过精心策划、实施可以让公众直接参与并享受乐趣的事件，并通过这样的事件达到吸引或转移公众注意力，改善、增进与公众的关系，塑造企业、组织良好的形象的目的，以谋求企业、组织长久、持续发展的营销传播活动。

### 2）网络事件营销特点

（1）小投入，大产出。

（2）影响面广，关注度高。

（3）快速提高知名度。

目前国内率先从事网络事件营销的公司是阿凡达推广策划机构，还有中国事件营销网、品牌整合营销传播网。随着网络事件营销向专业化、行业化的发展，出现了一批针对特定行业的网络事件营销公司，如专注旅游行业的黑孩子旅游营销机构等。

## 9.2.8 网络新闻传播

### 1）网络新闻传播介绍

网络新闻传播也称网络公关，即企业通过一定的新闻策划，用新闻的形式描述产品、品牌或企业，从而达到引起消费者关注的目的。

### 2）与广告、新闻的比较

与广告相比，网络新闻传播有新闻特性，以热点话题或新闻事件切入，与品牌信息关联，运用大量数据或事实进行信息传递。

与新闻相比，网络新闻传播有广告特性。标题与内容描述都要与品牌信息相关联，具有产品广告传播功能。新闻营销兼具可读性与可信度，感染力和影响力大，社会关注度高。

3）网络新闻传播特点

（1）成本低。相比于网络广告投放，网络新闻的投放成本极低。

（2）信息再传性高。如果该新闻非常吸引人，那么其他网站会免费对其进行转载及传播。

（3）可信度高。网民不喜欢看广告，但新闻则不同。

## 9.2.9 网络视频营销

1）网络视频营销介绍

网络视频营销是指企业或者组织利用各种网络视频，比如科学视频、教育视频、企业视频等发布企业的产品展示、各种营销活动等相关信息，最终达到宣传企业产品和服务，在消费者心中树立良好的品牌形象的营销目的。网络视频营销的本质是在传统电视营销的基础上，将运作平台转移到网络上，充分利用电视媒体所缺失的互动特性，实现企业营销效果的提升和优化。

2）网络视频营销方式

（1）网络视频直播

网络视频直播是将电视直播手段与互联网视频系统相结合的一种传媒或宣传手段，主要由下列元素组成：①音视频编码工具，用于创建、捕捉和编辑多媒体数据，形成流媒体格式，这可以由音视频编码工作站、音视频切换器、摄像设备组成。②流媒体软件与数据，流媒体服务器软件系统、编码软件，还有文件格式如WMV、ASF等视频流。③视频服务器网络主机，用于安装流媒体系统，并且存放和控制流媒体的数据。④接入网络，主要是直播现场网络接入。⑤播放端，就是供客户浏览的端口，可以是网络播放器，也可以是网站页面，还可以是户外LED视频显示器。

（2）网络流媒体系统

网络流媒体系统有4个系统：①微软的WMS流媒体系统（Windows Media Services）。文件格式为ASF（advanced stream format），文件后缀为.asf和.wmv，对应的客户端播放器是“Media Player”。适用于视频点播与直播，且与P2P技术容易结合。②Real Networks公司的RealServer、Helix Server流媒体系统。对应的客户端播放器是RealPlayer或RealOne Player，其文件格式包括RealAudio、RealVideo和RealFlash三类文件，适用于视频点播与直播，且与P2P技术容易结合。③苹果公司的QuickTime Streaming Server、Darwin Streaming Server流媒体系统，这类文件扩展名通常是.mov，它所对应的播放器是“QuickTime”。④Adobe公司FMS流媒体系统，即Flash Media Server，已成为视频和实时通信领域业界领先的解决方案，与Adobe Flash Player运行时紧密集成，几乎横跨所有操作系统和屏幕，文件格式是Flv。

**小案例 9-4**

**中国台湾大众银行最感人的视频广告——《母亲的勇气》**

《母亲的勇气》是台湾大众银行公益广告“不平凡的平凡大众”系列中的一个。广告取材自台湾一则真实的故事，讲述了一个母亲排除万难远赴委内瑞拉探望怀孕女儿的感人故事，被评为2010年台湾最感人广告，网络播放率超过百万，在华人网络世界广泛流传。

视频的主人翁是一位真实而又平凡的中国母亲。她来自台湾，名叫蔡莺妹，生平第一次到外国，不会说英文，不会说西班牙语，在没有人陪伴的情况下为了自己的女儿，飞行整整三天，从台南到哥斯达黎加，经历三个国家，无惧三万两千公里路程的艰难险阻。广告中母亲手里拿着女儿与外孙的照片以及一路奋力奔跑赶飞机的场景都牵动着观众的心。坚韧、勇敢、爱，她传达给观众的形象与企业倡导的“一个不平凡的平凡大众”的理念紧密契合在一起。

视频在获得广泛关注的同时也使得大众银行的品牌形象迅速传播，并在消费者心中留下深深的印象。实现视频创作的艺术性与企业理念的有效结合是企业在应用网络视频进行营销推广的关键。网络经济时代下，每一个消费者都可成为独立的“自媒体”。通过视频营销，企业不仅要传达给消费者积极、健康的企业形象，更要致力于让消费者自主自愿地成为企业宣传推广的“媒介”。

## 9.2.10 电子杂志营销

**1）电子杂志营销介绍**

电子杂志营销是以电子杂志为载体的一种营销方式。电子杂志是一种非常好的媒体表现形式，它兼具了平面与互联网的特点，且融入了图像、文字、声音等，通过其相互动态结合来呈现给读者，是很享受的一种阅读方式。

电子邮件营销与电子杂志营销很相近，是企业运用一定的软件技术和营销技术，以互联网为载体，以发送电子邮件的方式实施的，与用户及潜在用户沟通，实现企业经营战略的一种营销技术。

**2）电子杂志营销方式**

第一种是企业制作电子书，电子书的内容与企业相关，一般以企业产品、企业服务为核心制作电子杂志。

第二种是通过电子书发布公司产品或服务广告，如某家企业在某些有影响力的电子杂志（如新浪电子杂志《精品阅读》）的封面和封底做的广告。

电子杂志拥有多种格式，随着PC技术的发展，纯文本格式的电子书已经不能满足读者的需要，因此CHM和HLP格式应运而生，这两种格式的电子书不需要任何的第三方阅读软件，可以直接阅读。随着5G时代的到来，手机阅读电子杂志将更加流行。

## 9.2.11 IM（即时通信工具）营销

**1）IM营销介绍**

IM营销又叫即时通信营销，是企业通过即时工具IM（如QQ或MSN）帮助企业推广产品和品牌的一种手段。作为互联网的一大应用，其重要性日益突出。近年来，在国内QQ受到微信的冲击较大，但QQ也推出了手机版，许多原有的用户仍在使用手机版的QQ。

**2）IM营销方式**

第一种是网络在线交流，中小企业在建立网店或者企业网站时一般会有即时通信在线，这样潜在的客户如果对产品或者服务感兴趣自然会主动和在线的商家联系。

第二种是企业通过IM营销通信工具发布一些产品信息和促销信息，或者可以通过图片发布一些网友喜闻乐见的表情，同时加上企业要宣传的标志。

**补充阅读9-2**

**HTLM5与微信小程序**

HTLM（超文本标记语言）是万维网的核心语言，目前已经历过5次重大修改，因此称为HTLM5（简称H5）。简单来说，H5就是我们在社交应用里经常看到的以文章形式出现，但点开后可以通过滑动翻页、带有动画效果，一般配有音乐的链接。一般在社交应用里进行的广告都是以H5的形式展现的，即H5场景。由于H5的链接内容丰富，交互性强，同时也具有成本低、传播效果好的特点，因此这种营销方式在移动营销领域迅速风靡。例如New Balance就通过一个题为“你欠青春一张返校照”的H5进行了产品的营销推广。

微信小程序是于2017年1月9日上线的微信新功能。这种小程序是一种不需要下载、安装即可使用的应用。它能够使用户扫一扫或者搜一下就打开应用，实现了用完即走的理念，用户不用安装太多应用，应用随处可用，但又无须安装卸载。作为微信加载项的一种，微信小程序能够帮助企业实现基于线下场景的“即时”服务。比如商超停车场可以提供“停车导引”的服务，用户通过扫描二维码，便可享受停车场全景、空位引导、车牌查询等服务。由于这些小程序不需要用户经历烦琐的下载过程并且能够很好地集成线下场景，因此能够为用户创造更好的体验。

# 9.3 网络营销策划流程

网络营销策划的流程可以分为六个步骤：确立网络营销策划目标；拟订策划方案；进行网络市场调研；编写策划方案；实施与控制；效果测评。

## 9.3.1 确立网络营销策划目标

策划目标是对网络营销策划所要实现的目标进行全面描述。既然投入大量的人力、物力和财力进行营销策划，就要解决一定的问题。公司在营销上一般可能存在以下几种问题：

（1）公司还未涉足网络营销，尚无一套系统的营销方案，因而需要根据市场特点，策划出一套可资遵循的网络营销方案。

（2）公司发展壮大，原有的网络营销方案已不适应新的形势，因此需要重新设计。

（3）公司经营方向改变与调整，需要相应调整网络营销策略。

（4）企业原有网络营销方案严重失误，需要对原方案进行重大修改或重新设计。

（5）企业在总的网络营销方案下，需要在不同的时段，根据市场特征和行情变化，设计新的阶段性方案。

补充阅读9-3

**社交媒体营销的4I原则**

社交媒体营销作为新兴的营销传播方式，目前并没有特别规范的营销策略，但是，营销界有公认的能够提高社交媒体营销绩效的参考原则，即4I原则。与传统方式的营销传播不同，互联网环境下的传播营销具有“集市”的特征，即信息多向传播，顾客之间或顾客与企业间互动式交流。在这种信息多元、嘈杂、互不相同的情况下，社交媒体能够传播更多草根消费者的信息与意见。因此，企业要实现信息的有效传播，引起消费者的兴趣，满足消费者的切身需求，就要遵循趣味（interesting）、利益（interests）、互动（interaction）、个性（individuality）四项原则。

1.趣味原则。中国互联网的本质是娱乐性的，其中的广告、营销也必须是娱乐化、趣味性的。由于互联网为消费者提供了无数可供选择的信息，因此，消费者的注意力就成为互联网时代的稀缺资源。当企业无法向消费者说“这是我给你的讯息，快去看看”的时候，企业就必须通过一些趣味的、娱乐的方式来让消费者观看或阅读其传播的信息。

2.利益原则。营销的本质就是为消费者传递价值，在互联网时代更是如此。企业能否向消费者传递有效的信息，往往依赖于这条信息是否能够为消费者创造利益。在社交媒体为消费者创造的利益中，消费者不仅关注实际创造的物质或金钱利益，还会关注该信息是否能够为其带来好处、该服务是否能够为自身生活提供便利、该信息是否能够为自己创造心理上的满足。因此，在社交媒体发布信息的时候，企业也应当遵从利益原则，考虑自己发布的信息到底能为消费者带来什么。

3.互动原则。互联网营销与传统营销不同之处正是在于网络传播缺乏传统媒体所拥有的“强制性”，而在这种缺乏“强制性”的背景下，如果仅采取与传统媒体相同的单向传播策略，企业的信息传播对消费者而言就没有多大的吸引力。因此，在互联网时代，企业可以利用社交媒体提供的相关技术，向消费者传递具有更高互动性的信息。当消费者参与这种互动性的传播过程时，消费者会有更强的品牌印记。因此，互动原则也是社交媒体营销的策略之一。

4.个性原则。互联网带给企业更大的消费者接触能力，同时也使消费者变得更加挑剔。在这样的环境下，企业能否满足消费者个性化的需求就成为了企业成功的关键。社交媒体的盛行为企业提供了接触消费者、管理消费者、分类消费者的可能性。企业可以通过用户社交媒体上的资料以及对消费者与企业社交媒体互动资料的深度挖掘，将消费者分类，进行差异化营销。因此，在企业使用社交媒体营销时，也可以遵循个性原则，以有效地满足消费者的个性化需求。

## 9.3.2 拟订策划方案

网络营销策划方案是企业在特定的网络营销环境和条件下，为达到一定的营销目标而制定的综合性的、具体的网络营销策略和活动计划。网络营销策划方案的制订要经历三个阶段：首先确定目标优势，网络营销是否可以促使市场增长和增加市场收入，同时分析是否能通过改进目前营销策略和措施降低营销成本。其次分析计算网络营销的成本和收益，须注意的是，计算收益时要考虑战略性需要和未来收益。最后是综合评价网络营销战略计划，主要考虑以下三个方面：成本效益问题，成本应小于预期收益；能带来多大新的市场机会；考虑公司的组织、文化和管理能否适应采取网络营销战略后的改变。

网络营销策划方案一般包括以下几方面内容：

**1）策划进程**

策划进程大致可以分为四个阶段：

首先是准备阶段。这一阶段是为正式策划所进行的前期准备，包括物质准备、人员准备和组织准备等。

其次是调查阶段。这一阶段为正式策划收集资料，是全面策划工作的基础。

再次是方案设计阶段。方案设计是基于大量调查，借助于理论知识和实践经验所进行的思考和创意过程，是营销策划的核心。

最后是方案实施阶段。营销方案有两种：一是企业的营销战略方案，该方案涉及企业的全局营销，其实施阶段的长短要根据预测的未来市场和产品状况来决定；二是企业的营销策略方案，该方案仅涉及公司某一次或某一段时间或某一方面的营销活动，其实施阶段的长短根据活动的目的和性质而定。

**2）策划经费预算**

一般而言，用于策划的费用包括市场调查费、信息搜集费、人力投入费以及策划报酬等。

**3）效果预测**

在拟定营销策划书时，必须对营销策划方案实施后的可能效果进行预测，主要包括两部分：预测直接经济效果，即预测方案实施后可能产生的直接经济效益；预测间接经济效果，即预测方案实施后企业可能因此而提高的知名度、美誉度等。

**补充阅读9-4**

**网络营销策划的层次**

目前中国企业的网络营销策划大致可分为三层：

1.信息应用层策划。这是最简单、最基本的一层。在这个层次上，企业主要通过互联网发布信息，并充分利用网络优势，与外界进行双向沟通。在这个层面，对企业信息技术没有太高的要求。比如，通过微信推送与消费者进行沟通、交流，定期给客户发送各种产品信息、产品推荐、公司动态等，加强与顾客的联系。

2.战术营销层策划。针对战术营销层策划，企业主要做下列工作：①网络营销调研。利用在线调研可以轻松地完成大量的、复杂的调研工作，能够充分满足各种统计数据的要求，提高营销调研的质量。由于它使用电子问卷，从而大大减少了数据输入工作，缩短了调研时间。②网上销售。这是目前网络营销最具诱惑力的地方，网上销售与传统的商业销售的实物流程相分离，是一种信息时代的营销手段。③管理与决策系统。它主要包括一些用于管理库存的子系统，用于宣传产品、链接网站的子系统及用于答复用户意见、反馈信息的子系统。决策者利用网上的系统分析工具，进行着各种各样的决策活动。

3.战略营销层策划。这个层次是建立在战术营销层策划基础上的，将整个企业营销组织、营销计划、营销理念等完全融入网络，依靠网络制定方针，进行战略部署，实现“互联网+”，形成商业生态系统，创新商业模式。

### 9.3.3 网络市场调研

网络市场调研就是利用互联网了解顾客需要、市场机会、竞争对手信息、行业潮流、分销渠道以及战略合作伙伴等方面的情况。互联网正是实现这些目标的良好资源。在某种程度上说，全球互联网上的海量信息、几万个搜索引擎的免费使用已对传统市场调查的计划和策略产生了很大影响，它大大丰富了市场调查的资料来源，扩展了传统的市场调查方法。特别是互联网在预调查、定性调查和二手资料调查方面具有无可比拟的优势。

**1）网络市场调研的特点**

网络市场调研可以充分利用互联网的开放性、自由性、平等性、广泛性和直接性等特点，开展调查工作。与传统的市场调研相比，网络上的市场调研具有如下特点：

（1）网络信息的及时性和共享性

网络的传输速度非常快，网络信息能迅速传递给上网的任何用户；网上的调查是开放的，任何网民都可以参加投票和查看结果，这保证了网络信息的及时性和共享性。

（2）网络调研的便捷性与低费用

在网络上进行调研只需要一台能上网的计算机即可，可节省传统调查中所耗费的大量人力和物力。网上调查在信息采集过程中不需要派出调查人员，不受天气和距离的限制，不需要印刷调查问卷，调查过程中最繁重、最关键的信息采集和录入工作将分布到众多网上用户的终端上完成。

（3）网络调研的交互性和充分性

在网上调查时，被调查对象可以及时就问卷相关的问题提出自己更多的看法和建议，可减少因问卷设计的不合理而导致的调查结论偏差等问题。

（4）网络调研结果的可靠性和客观性

由于企业站点的访问者一般都对企业产品有一定的兴趣，因此这种基于顾客和潜在顾客的市场调研结果是客观和真实的，它在很大程度上反映了消费者的消费心态和市场发展的趋向。

（5）网络调研无时空和地域的限制

网上调查可以24小时全天候进行，这与受区域制约和时间制约的传统调研方式有很大的不同。

（6）网络调研可检验性和可控制性

利用互联网进行网上调查，搜集信息，可以有效地对采集信息的质量实施系统的检验和控制。首先，网上调查问卷可以附加全面规范的指标解释，有利于消除因对指标理解不清或调查员解释口径不一而造成的调查偏差。其次，问卷的复核检验由计算机依据设定的检验条件和控制措施自动实施，可以保证检验和控制的客观公正性。最后，通过对被调查者的身份验证技术可以有效地防止信息采集过程中的舞弊行为。

**2）网络市场调研一般步骤**

（1）明确问题与调查目标

进行网络市场调查，首先要明确调查的问题是什么，调查的目标是什么，谁有可能在网上查询你的产品或服务；什么样的客户最有可能购买你的产品或服务，客户对竞争者的印象如何，公司在日常动作中，可能要受哪些法律的约束，如何规避等。具体要调查哪些问题事先应考虑清楚，只有这样，才能做到有的放矢，提高工作效率。

（2）制订调查计划

网上市场调研的第二个步骤是制订出最为有效的信息搜索计划。具体来说，要确定资料来源、调查方法、调查手段、抽样方案和联系方法。下面对相关的问题加以说明：

①资料来源：确定收集的是二手资料还是一手资料（原始资料）。

②调查方法：网上市场调查可以使用专题讨论法、问卷调查法和实验法。

A.专题讨论法是借用新闻组、邮件列表讨论组和网上论坛（也可称BBS、电子公告牌）的形式进行。

B.问卷调查法可以使用E-mail分送（主动出击）和在网站上刊登（被动）等形式。

C.实验法则是选择多个可比的主体组，分别赋予不同的实验方案，控制外部变量，并检查所观察到的差异是否具有统计上的显著性。这种方法与传统的市场调查方法所采用的原理是一致的，只是手段和内容有差别。

③调查手段：

A.在线问卷，其特点是制作简单、分发迅速、回收方便，但要注意问卷的设计水平。

B.交互式电脑辅助电话访谈系统，是利用一种软件程序在电脑辅助电话访谈系统上设计问卷结构并在网上传输。互联网服务器直接与数据库连接，对收集到的被访者答案直接进行储存。

C.网络调研软件系统，是专门为网络调研设计的问卷链接及传输软件。它包括整体问卷设计、网络服务器、数据库和数据传输程序。

④抽样方案：要确定抽样单位、样本规模和抽样程序。

⑤联系方法：采取网上交流的形式，如E-mail传输问卷、参加网上论坛等。

（3）搜集信息

互联网没有时空和地域的限制，网上市场调研可以在全国甚至全球进行。同时，搜集信息的方法也很简单，直接在网上递交或下载即可。这与传统市场调研收集资料的方式有很大区别。

在问卷回答中访问者经常会有意无意地漏掉一些信息，这可通过在页面中嵌入脚本或CGI程序进行实时监控。如果访问者遗漏了问卷上的一些内容，其程序会拒绝递交调查表或者验证后重发给访问者要求补填。最终，访问者会收到证实问卷已完成的公告。在线问卷的缺点是无法保证问卷上所填信息的真实性。

（4）分析信息

调查人员如何从数据中提炼出与调查目标相关的信息，直接影响到最终的结果，信息的提炼需要使用一些数据分析技术，如交叉列表分析技术、概括技术、综合指标分析和动态分析等。目前国际上较为通用的分析软件有SPSS、SAS等。

（5）提交报告

报告不是数据和资料的简单堆砌，调研人员不能把大量的数字和复杂的统计技术扔到管理人员面前，否则就失去了调研的价值。正确的做法是把与市场营销关键决策有关的主要调查结果报告出来，并按调查报告所应具备的正规结构写作。

**补充阅读9-5**

**网络调查网站集锦**

➤问卷星（www.sojump.com）：专业的在线问卷调查、测评、投票平台，界面简单易用、成本低，被企业和个人广泛使用，尤其受学生群体的喜爱。

➤第一调查网（www.1diaocha.com）：专业且最活跃的网络调查社区，用户可以在此进行自由交流，为会员提供参与调查、发表意见并获得收益的机会。

➤积沙成塔（www.jisha.cn）：会员只要踊跃参与积沙的市场调查活动，就可以“积沙成塔”，赢得多多积分，金沙社区、金沙论坛也是获取金沙的途径之一。

➤题客（qtick.com）：为消费者提供轻松表达见解与意见的平台，将互联网手机消费者对产品或服务的意见整理成研究报告，为企业服务。

➤中国调查网（www.zdiao.com）：集专业调查和娱乐生活于一体的特色网站，通过参与调查和活动获得金币，将市场研究网络化，让网民直接参与调查，获得收益。

➤Surveymonkey（www.surveymonkey.com）：美国著名的在线调查系统服务网站，功能强大，涵盖所有财富100强公司，支持任何语言，也可以制作中文调查问卷。

➤Surveysavvy（www.surveysavvy.com）：世界著名市场调研公司，对参与的每份调查都会支付现金。

➤GlobalTestMarket（www.globaltestmarket.com）：全球领先市场调查提供商GMI（Global Market Insite）旗下公司，现已入驻Facebook，有中文版面，参与调查可获得积分。

## 9.3.4 编写策划方案

编写策划方案的过程，实际上与策划的过程是重叠的。随着策划人员在市场调查与研究的基础上，对最初策划的不断修改、完善，策划方案也逐渐成形，逐渐接近它的最终形式。因此，可以说策划的全过程就是对公司营销中存在的问题和所发现的市场机会，提出具体解决问题的战略方案和策略方案，并实施日程设计的过程。

## 9.3.5 实施与控制

经过公司决策层的充分论证或批准，最终定稿的策划方案即成为网络营销活动的指导纲领，经过细化后成为公司不同阶段的努力目标与行动计划，指导公司的网络营销活动。在方案的实施过程中，还要对方案进行控制，以确保策划目标的实现。

### 9.3.6 效果测评

方案实施后，应对其效果进行跟踪测评。测评的形式主要有两种：进行性测评，即在方案实施过程中进行的阶段性测评，其目的是了解方案实施的效果，并为下一阶段更好地实施方案提供一些建议和指导；终结性测评，即在方案实施完结后进行的总结性测评，其目的是要了解整个方案的实施效果，为以后制订营销方案提供依据。

## 策划案例与文案

**燕京啤酒品牌年轻化成功转型，圈粉“后浪”**

作为根植北京40年的本土啤酒品牌，燕京啤酒自1980年创立以来，先后开创了清爽、鲜啤两大啤酒品类，在啤酒行业的历史上留下了浓墨重彩的一笔。但随着消费方式、消费群体的改变及竞品品牌数量的增加和多元化，燕京啤酒逐渐失去了对年轻消费者的吸引力，品牌老化，被称为“爸爸们喝的啤酒”。2020年5月，在消费市场逐渐恢复的“后疫情时代”，作为目前国内大型啤酒集团中唯一一家没有任何外资背景的本土龙头民族企业——燕京啤酒，在全面分析了国内啤酒行业趋势后，锐意创新，通过网络营销和社交营销，重点转向日渐崛起的年轻人市场，积极参与到新型消费升级转型的浪潮中。

2020年5月10日，燕京啤酒携手全能艺人王一博，联合国内电商两大巨头京东、天猫，分别开启“京东超市超新星计划”“天猫510新国货大赏”等主题战略性合作，推出全新概念产品“燕京U8热爱罐”，并配以系列主题海报及与猫王音响等品牌跨界合作。此次系列宣传成功扭转了燕京啤酒品牌形象，与年轻消费者迅速建立沟通渠道，尤其在95后以及00后的“后浪”群体中，掀起了一阵“热爱风”与“国潮风”，成功完成了品牌向年轻化转型的处女秀，同时也提升了品牌在年轻人心中的好感度。

秉持“小度酒、大滋味”产品理念的“燕京U8热爱罐”是燕京啤酒历经数载潜心研发并做了大量市场测试的战略性升级产品，是完全基于中国啤酒市场进行的一次消费升级、健康升级，也是对国人口感偏好进行的一次品质升级。“燕京U8”以其独树一帜的香醇口味、特色拉盖设计、时尚包装以及小度酒特有的健康保障，一经上市就成为市场上最受欢迎的宠儿。

“燕京U8热爱罐”5月10日零点借助京东超市“超新星计划”刚一首发，就取得了极为亮眼的成绩：120秒销售额破百万元，5分钟售出20 000箱，平均每秒售出800听，并且持续24小时占据啤酒品类销量与销售额双料TOP1。“燕京U8热爱罐”京东超市2小时销售额同比增长400倍，环比增长550倍。更值得一提的是，燕京啤酒突破自我，第一次与其他品牌展开跨界营销，此次就与猫王音响开启创意跨界合作。“当啤酒遇到音乐”会玩出什么新花样？在“京东超市热爱发生站”平台上发售的燕京啤酒限量跨界礼盒摇身变成开关，猫王收音机充当音响，转动啤酒即可随意切歌，用音乐和激情点燃生活。

同时，燕京啤酒和品牌代言人王一博也分别在其社交平台上官宣了双方的合作，一则“为所爱，为热爱”全力冲刺的消息迅速在网络上掀起了一波粉丝狂欢热潮。21大App开屏，覆盖70+城市、70万+屏幕的电梯广告同时上线，让燕京啤酒的TVC广告刷屏，收获了20亿+人次的广告观看量。此外，还配合有公交车广告、公交站牌广告、地铁包站广告、城市大屏广告，更点亮了北上广三城标志性建筑，从一线城市到三四线城市，随处可见燕京啤酒广告，火热开启燕京啤酒×王一博奇妙不眠之夜，话题图片刷爆朋友圈。在微博上，官宣话题“王一博燕京啤酒代言人”阅读量破5亿人次，累计互动量破10亿人次，微博TVC观看量冲破了10亿人次。燕京啤酒官方微博在5月10日当天瞬时涨粉近50万人。除了微博，燕京啤酒还联动密子君等网络意见领袖进行全网种草，推介“燕京啤酒配多肉多酱大汉堡”“燕京啤酒配小龙虾”等不同美食搭配，使得“燕京U8热爱罐”“小度酒大滋味”完美百搭的魔性形象深入人心，成功打入年轻化圈层。

在“天猫510新国货大赏”活动中，燕京啤酒更是利用当下尤其是“后浪”们对“国潮”消费的热爱，将自己的国民品牌形象与国潮风高度结合，打造了一场颇具创意性的文化国潮亲密对话。用中国传统神话色彩人物“牛郎、月老、托塔力士、电母”的形象进行海报宣传，生动形象地发出“就好这口，燕京味道”的品牌主题宣言。又把当代年轻人生活中的“酸、甜、苦、辣”与啤酒味道进行创意结合，引发了年轻人对生活的共鸣，纵然生活千滋百味，也还有我陪你笑对。

由此，在国内消费市场较为低迷的背景下，燕京啤酒通过新生代艺人王一博代言宣传，与京东、天猫两大电商平台展开合作，结合时代潮流，创新性打造了事件、品牌和明星IP三位一体的内容营销模式，成功完成品牌年轻化转型，领跑百度、微信、微博三大平台行业指数，逆风翻盘，真正成为疫情期间啤酒消费领域的实力王者。

资料来源　17PR.2020金旗奖候选案例：燕京啤酒×王一博 年轻出位王者归来整合营销方案［EB/OL］.［2020-09-01］. http：//www.17pr.com/news/detail/205123.html.

**案例思考题：**

1.简述燕京啤酒网络营销传播的特点。

2.简述燕京啤酒网络营销策略能够为其带来的好处，并分析燕京啤酒的“互联网+”战略可能遇到的问题。

3.基于燕京啤酒“燕京U8热爱罐”，请为燕京啤酒设计一个完整的微信营销方案。

## 策划实战

（1）创办网站已成为青年人热衷的创业途径之一，一批80后策划并运营着点击率颇高的网站，你能举出几个例子，说出他们的创业故事吗？你能否策划一个奇特而有市场的网站？

（2）搜索引擎营销（search engine marketing）在中国经过几年的发展，已经为更多的企业所重视，搜索引擎随之也成为用户应用率最高的网络服务。搜索引擎作为用户的品牌认知第一媒体，其营销价值值得深度挖掘，特别是对于大品牌广告主而言，合理地搭配搜索引擎营销和品牌图形广告，将起到成本减半、效果增倍的作用。请你根据上述营销背景为企业设计一个网站，使搜索结果排序能为企业品牌的公关活动提供量化的衡量方式，同时使用户自发地诉求，能够为企业提供需求线索，带动产品销量。

## 本章小结

网络营销是以互联网技术为依托，通过对思想、产品和服务的构思、定价、促销和分销的计划和执行过程，达到个人和组织目标交换的目的。网络营销具有跨时空性、高效性、互动性、经济性、整合性等特点。

网络营销的工具有很多，本章重点介绍了14种工具，包括：搜索引擎营销、论坛营销、博客营销、网络投票、网络事件营销、网络广告、网络新闻传播、贴吧营销、网络视频营销、电子杂志营销、IM营销、小i机器人营销、移动营销和微信营销，每一种营销工具都有其不同的特点和适用性。

网络营销策划包括6个流程：确立网络营销策划的目的，拟订策划方案，进行网络市场调研，编写策划方案，实施与控制和效果测评。

## 参考文献

[1] 瞿彭志．网络营销［M］．北京：高等教育出版社，2019.

[2] 商玮，段键．网络营销［M］．北京：清华大学出版社，2012.

［3］郭笑文，裴艳丽，曹鸿星．网络营销［M］．北京：机械工业出版社，2006.

［4］常金玲．网络书店经营成功策略分析［J］．郑州航空工业管理学院学报，2007（10）.

［5］杨立军．网络营销实务全案［M］．北京：电子工业出版社，2011.

［6］赵秋梅．网络市场营销与策划［M］．北京：机械工业出版社，2008.

［7］斯特劳斯，弗罗斯．网络营销［M］．时启亮，孙相云，刘芯愈，译．北京：中国人民大学出版社，2010.

［8］冯英健．网络营销基础与实践［M］．北京：清华大学出版社，2016.

［9］沈美莉，陈孟建，笨慧剑．网络营销与策划［M］．北京：人民邮电出版社，2007.

［10］沈美莉，陈孟建．网络营销应用与策划［M］．北京：清华大学出版社，2007.

［11］刘向晖．网络营销导论［M］．北京：清华大学出版社，2019.

［12］李玉清，方成民．网络营销［M］．北京：北京交通大学出版社，2012.

［13］林景新．实战网络营销——最佳网络营销案例全解读［M］．广州：暨南大学出版社，2012.

［14］李红新，晁翠华．网络营销与策划［M］．西安：西安交通大学出版社，2011.

［15］中国营销传播网，http：//www.emkt.com.cn.

# 第10章 广告策划

## 学习目标

通过本章的学习，明确广告策划的概念与特点，清楚广告策划的一般过程，并能够进行广告策划，全面认识广告创意策划，了解广告策划书的内容结构与编写技巧。

# 10.1 广告策划概述

## 10.1.1 广告策划的概念与内涵

**1）广告策划的概念**

广告策划是根据企业的营销战略和广告目标，以企业产品、消费者、竞争者和广告环境为基础，充分考虑广告策划活动的系统性、可行性、目的性、创造性、效益性，从而为企业广告传播和市场开拓提供经济有效的广告计划方案的决策过程。

广告策划为广告运作提供全面的指导，贯穿于广告运作过程的始终，因此，广告策划在整个广告运作中占据核心地位。需要注意的是，广告策划要服从企业整体营销的目标，在企业整体营销计划指导下作出，这样才能达到广告的预期目的。

**2）广告策划的内涵**

（1）广告策划的依据是市场调查。

（2）广告策划应提出广告活动的总体战略，并非停留在具体行动计划层次上的广告计划。

（3）广告策划有特定的程序，须合理规范布局，绝不能随心所欲。

（4）广告策划的核心内容是广告策略，广告策划必须脱离平庸，要与众不同，能产生实际效果。

（5）广告策划的结果以文本的方式来体现，即广告策划书。

## 10.1.2 广告策划的特征

广告策划具有以下特征：

**1）广告策划是一种事前的谋划**

它是在广告活动开始之前根据企业的目标和使命，对未来的活动以及广告主的重大资源进行调配的整体计划，预先决定该做什么、何时做、怎么做、谁来做、花多少经费、做成什么结果等，是一种预先的谋划。

**2）广告策划具有明确的目的性**

广告策划起始于广告目标的选择，根据制定的策略，最终达到既定的目标。广告目标是根据企业战略和市场、产品、消费者在不同时期的具体情况制定的，它统领广告策划的内容和方向，从而使广告策划能够有的放矢。

**3）广告策划是发挥创造力的过程**

广告策划是广告运作的主体部分，同时它也是一项运用智谋进行创造性思维的活动。在这个活动过程中，需要相关人员发挥创造力，发现新问题，提出新创意，创造性地解决问题。

**4）广告策划是一种集体性工作**

广告策划涉及广告运作的各个环节。进行一项广告策划，往往需要成立策划小组，集合各方面的人才和智慧，协同运作。因此，广告策划常常被称为小组性工作（team work），是广告运作中涉及面最广、规模最大的环节。

**5）广告策划具有程序化的特点**

广告策划是一个动态连续的过程，具有一定的目的性，是在策划人员的统一协调下，遵从一定的策划流程，系统、客观、有序地进行科学运作。

## 10.2 广告策划流程

广告策划流程是指广告策划工作应遵循的方法和步骤。它是为使广告策划顺利进行和保证广告策划的成功而对广告策划工作自身提出的方法、原则和要求。虽然每个具体广告策划的工作细节不同，但每个成功的广告策划的产生过程，都有其基本的方法和步骤，都有一定的程序。就其一般规律而言，广告策划的整个过程可分为以下四个阶段（见图10-1）：

### 10.2.1 调查分析阶段

这一阶段的主要工作具体包括：组建策划小组，进行产品、市场及消费者研究，然后对所得资料进行统计和分析并最终完成调查报告，从而为后续的广告决策提供依据。

**1）组建策划小组**

策划小组一般在调查工作开展前成立，具体负责某一特定的广告策划工作。广告策划小组由多类人才组成，一般包括业务经理、策划人员、方案创作人员、美术指导和设计人员、摄影员、市场调查员、媒体联络人员等。

**2）消费者调查**

消费者调查又称消费者行为调查，是广告调查的主要内容。它运用行为科学理论的有关概念和原理，通过搜集、整理有关消费者的各种信息，系统地了解和分析消费者的各种行为，为设定广告目标、确定目标市场、拟订广告信息以及制订媒体计划等各环节提供必要的背景资料和依据，以保证广告策划活动的顺利进行。

**3）产品调查**

广告的目的一般是促进产品的销售，因此任何成功的广告都离不开对产品的熟悉和了解。产品调查具体包括以下内容：

（1）产品的构成或成分。

（2）在目标市场上，产品质量或价格是否重要。

（3）产品的使用方法、保管养护及其难易程度（对许多产品来讲，此项调查是非常重要的）。

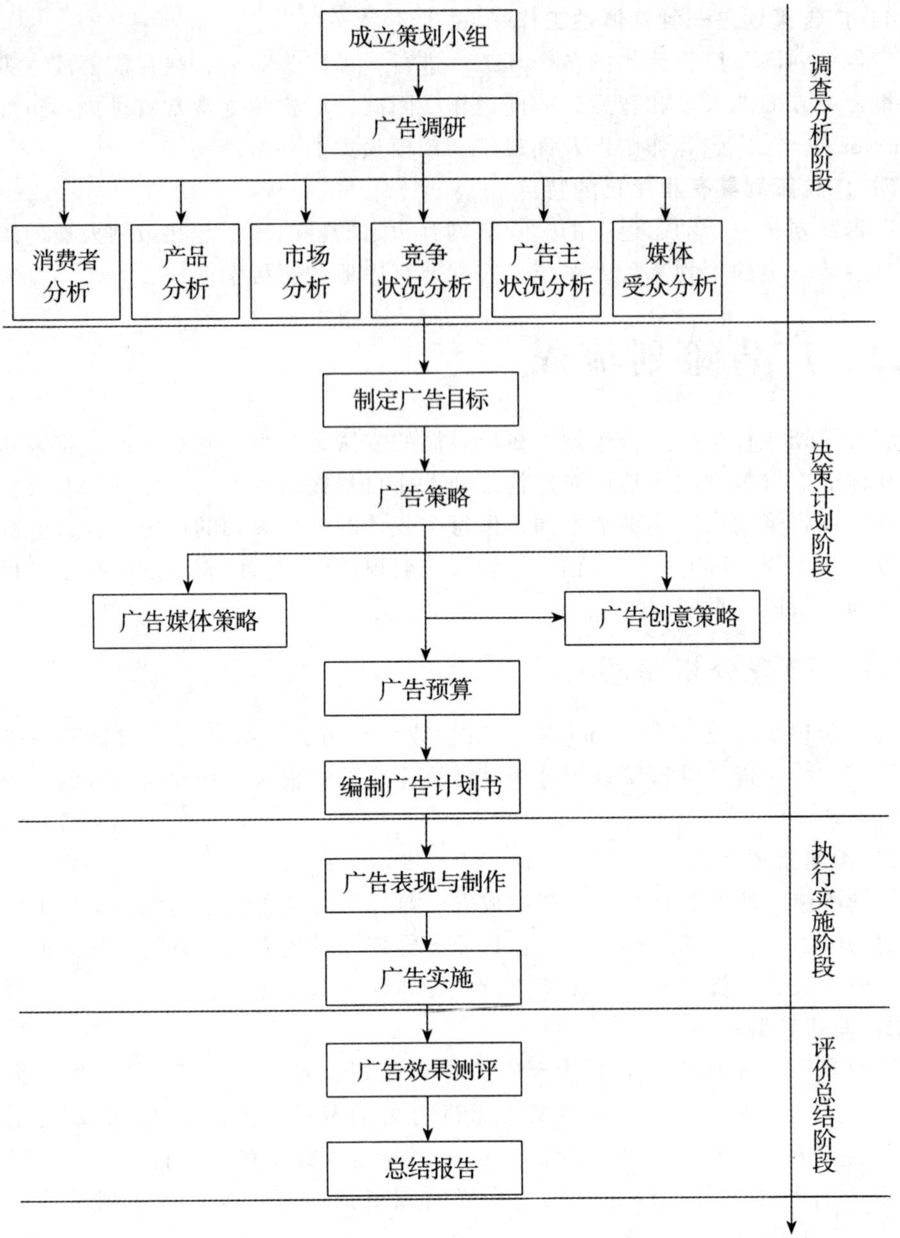


**图 10-1 广告策划程序**

资料来源 根据陈乙. 广告策划［M］. 成都：西南财经大学出版社，2002改编。

（4）该产品在市场中的竞争状况如何，优势和劣势各是什么。

（5）产品的设计是否会使消费者感到满意。

（6）产品的包装如何。

（7）产品销售渠道如何（以便消费者清楚在何处可以买到产品）。

（8）产品更新和发展的历史状况（这对于一些产销历史较长的产品十分必要）。

4）市场分析

广告策划的市场分析工作主要是分析广告受众群体的特点，包括所细分的市场、受众的消费偏好、消费能力以及市场需求量等。此外，还要对广告的投入产出比进行预测。

5）竞争状况调查

广告策划者在正式开展广告宣传活动前，必须对市场上的竞争状况进行详尽调查，以确定广告主在市场中所处的位置优劣。对竞争状况的调查具体包括以下几方面：

（1）确定竞争对手。

（2）识别竞争对手的广告策略。

（3）判定竞争对手的广告目标。

（4）评价竞争对手的优势和劣势。

（5）预期竞争对手的反映模式。

6）广告主经营状况调查

通过收集有关广告主经营历史与现状资料，运用多种分析方法，全面、科学地了解广告主的声誉和产品销售量状况，确定广告主的特点与不足，为广告成功塑造企业形象做好准备。具体调查内容如下：

（1）广告主形象要素评分调查。

（2）广告主知名度、美誉度调查。

（3）对媒体受众期望和意见的调查。

7）媒体受众状况调查

这主要是指对媒体受众市场情况的资料进行收集、整理和汇总的过程。由于媒体受众在年龄、收入、教育程度以及偏好、兴趣上的差异极大，广告策划者应广泛收集媒体受众对广告产品的需求数量、品牌偏好、品种要求、购买能力、购买方式、使用习惯等方面的资料。这些资料的掌握有助于针对媒体受众的需求确定广告宣传的诉求主题，并根据不同媒体受众的特征选择适当的媒体形式。

### 10.2.2 决策计划阶段

这是对广告活动的整体过程和具体环节进行决策和计划的阶段，具体包括以下内容：

1）进行广告定位

广告定位就是为了使产品或服务在消费者心目中占据无法取代的位置，使其深植于消费者脑海中，一旦有相关需求，消费者就会想到该产品或服务。广告定位能赋予产品以竞争对手所不具备的优势，能为产品赢得特定而且稳定的消费者，能树立产品在消费者心中与众不同的形象。

广告定位的作用如下：

（1）赋予产品以竞争对手不具备的优势。这是一种关于产品特定的形象、特定的用途、特定的市场、特定的消费者观念上的优势，这种优势使产品摆脱了同质化，使产品的地位更加巩固。就像“雀巢咖啡”“可口可乐”，竞争对手很难从“正面”战胜它们。

（2）它是说服消费者购买的关键。如果一个产品宣称是专门为消费者设计的，并且专门满足他们的需求，那么消费者会更倾向于选择这种产品。由此可见，明确的产品定位使产品更具针对性，而且可以起到促销的作用。

（3）正确的定位有利于商品识别。我国的整体消费水平还较低，加之产品的同质化现象越来越严重，商品之间的差异化就显得更加重要。在这种情况下，强调商品区别的广告也会显得有效。

（4）帮助产品占据一个有利的地位。“占位”观念是定位观念的一个延伸，是指产品通过定位去发现并且占据一个有利的地位。它不仅可以帮助产品在消费者心目中树立独特的形象，而且可以阻止竞争对手采取与本企业同样的定位，使产品获得绝对的竞争优势。

**2）确定广告目标**

广告目标是广告主希望广告能达到的特定效果。它是广告策划中各项活动的中心。企业通过确立广告目标，对广告活动提出具体要求来实现企业的营销目标。构成广告目标的基本因素包括预定市场数值、限定时间和信息交流目标。

设定目标的目的在于使企业能具体、集中、切合实际地制定广告目标，只有在目标市场的受众听到、看到广告并认识、接受产品，继而对产品产生好感或共鸣时，才能最后达到诱导其购买的目的。

**补充阅读10-1**

**中国十大经典广告诉求**

从20世纪90年代至今，我国营销快速发展，诞生了很多经典的广告，它们创造了很好的传播诉求。

➢白加黑传递了“白天服白片，不瞌睡；晚上服黑片，睡得香”的理性诉求；

➢一句“有效除菌护全家”，舒肤佳传递了杀菌清洁的理性诉求；

➢“今年过节不收礼，收礼只收脑白金”，脑白金向消费者传递着送礼首选的感性诉求；

➢乐百氏传递着“27层净化”的理性诉求；

➢“农夫山泉有点甜”传递着甘甜天然水的理性诉求；

➢借助滑稽的父子俩形象，农夫果园传递着果汁含量高，“喝前摇一摇”的兼顾差异化的理性诉求和有趣的感性诉求；

➢金龙鱼1∶1∶1传递着“最佳营养配方”的理性诉求；

➢霸王洗发水传递着防脱生发的理性诉求；

➢海尔氧吧空调传递着保证室内氧气充足的理性诉求；

➢汇源果汁冷灌装传递着新鲜、营养成分不变的感性诉求。

**3）广告媒体的选择**

从广告信息传播的角度看，广告媒体是运载广告信息，实现广告主与广告目标对象之间联系沟通的一种物质技术手段。凡是在广告宣传中起到传播广告信息作用的物质和工具都可以称为广告媒体。如电视、互联网、报纸、直邮、杂志、广播、网络视频、另类媒体等大众性传播媒体，路牌、灯箱、交通工具等流动性传播媒体以及售卖点、包装等其他媒体，都是广告媒体。

（1）选择广告媒体应考虑的因素

①媒体的性质与宣传效果。不同的广告媒体有不同的优点和局限性，媒体的性质是选择媒体时首先要考虑的。媒体传播范围不同，发行数量不一，会影响媒体受众人数；媒体社会地位的高低，会影响广告的影响力和可信度等。这些都会在一定程度上影响广告效果。近年来新兴的微电影营销可以很好地实现与目标人群的情感对话，参见小案例10-1。

**小案例 10-1**

**《把乐带回家》的十周年**

百事可乐——《把乐带回家》今年如约而至，这十年，让我们看到了这个IP的延续性：持续不断地用微电影的形式，讲述家庭社区伦理故事，不停地解读中国人眼中的家与乐。就像“John Lewis发了广告片圣诞节就不远了”，看到百事的《把乐带回家》我们就知道春节要到了，这种“条件反射”成了一种独特的品牌认知。

这十年，我们也看到了这个IP的变化和发展：从巨星时代，到明星为故事让步，再到短视频全名共创，然后是经典怀旧的《猴王世家》和《家有儿女》，还有去年的为农历鼠年打造的《家有一宝》，以及今年“平民英雄”的表达。在《把乐带回家》共同的内核下，百事每一年都在努力做点不一样的。

今年的故事，特别之处在于没有过分渲染过年的欢庆气氛，没有刻意的煽情和反转，而是在每一个小人物的身上去寻找一种家带来的最朴实又最温暖的力量。在故事的呈现上，也丢掉了以往的习惯，没有选择时下最热门的明星大咖，而是找到了最适合演绎这两个故事的演员，所以最终影片呈现的质感非常到位。精细的剧本、贴切的场景、接地气的台词表达、细腻的表演、克制的商业化，都在传递品牌对观众的诚意。

在“黑天鹅”频现身的2020年，《把乐带回家》给消费者带来了有诚意的“温暖”。有人会说，《把乐带回家》这个IP的形式大于实质了，但作为消费者，大家更愿意看到更多简单而有力的品牌表达。

截止到2020年12月31日，也就是影片播出的第4天，腾讯视频《2021把乐带回家》专辑的播放量已经超过2.6亿，微博话题“把乐带回家10周年了”，已经产生1.9亿阅读和96.7万的讨论。

资料来源　艾玛.《把乐带回家》如约而至，追到第十季该完结了吗？[EB/OL].［2020-12-31］. https：//socialone.com.cn/pepsi-bring-joy-back-home-2021/.

②商品的特性因素。广告产品特性与广告媒体选择密切相关。产品的性质如何、具有什么样的使用价值、质量、包装以及对媒体传播的要求等，都会对媒体的选择有着直接或间接的影响。

③媒体受众因素。选择广告媒体，要充分考虑媒体受众者的职业、年龄、性别、文化水平、信仰、习惯、社会地位等，因为其生活习惯不同，经常接触的媒体也就不同。

④竞争对手的特点因素。竞争对手的广告战略与策略，包括广告媒体的选择情

况和广告成本费用情况，对企业的媒体工具选择有着显著影响。比如选择与竞争对手相同的媒体，用以削弱对方的广告效果，或者采用迂回战术，采用其他媒体渠道。

⑤广告预算费用。一个广告主所能承担的广告费用的多少，对广告媒体的选择会产生直接的影响。例如一些效益不佳的中小企业，因广告费用的限制，就很少采用全国性等费用昂贵的广告媒体，而一些效益好的大型企业，像报纸、杂志、广播、电视四大媒体就是其经常采用的媒体方式。

⑥媒体的成本因素。不同媒体所需的成本也是选择广告媒体的依据。不同媒体，其成本价格不同；不同版面、不同时间也有不同的收费标准。应该选择投资效应良好的媒体，以实现广告投资最大化收益的目标。

（2）广告媒体的选择策略

① 按目标市场选择媒体。任何产品都有其特定的目标市场，因此，广告媒体的选择必须对准这个目标市场，广告宣传的范围和产品的销售范围应一致。比如，某种产品以全国范围为目标市场，就应该选择覆盖面大、影响面广的媒体，一般选择全国发行的报纸、杂志、全国性的电台或者能够在全国多处落地的卫视频道。

② 按产品特性选择媒体。不同的产品有不同的特性，这些特性在广告活动中适用不同的广告媒体。比如，价格便宜的日常消费品，其受众面广泛，通常适宜使用电视媒体进行广告发布；而一些专业性较强、用户较少的产品，可以选择专业杂志、专业报纸等媒体进行广告投放。

③ 按产品消费者选择媒体。任何产品都有其目标消费者，即特定的使用对象，因此，广告发布渠道的选择应该充分考虑目标消费者的媒体接触习惯，确定深受消费者喜欢的传播媒体。例如，与女性有关的化妆品广告，就应该选择女性最喜欢的传播媒体，如与女性有关的电视栏目、时尚杂志等。

④ 按广告预算选择媒体。广告媒体预算的多少决定了在广告发布时能够选择什么样的媒体。广告主对于广告媒体的选择要量力而行，量体裁衣。对于预算充足的广告主，针对产品的具体情况，可以选择一些收视率高的媒体，而对于广告预算有限的广告主，可以选择一些不是特别抢手的广告时间或空间，或者将一些覆盖面有限的媒体进行巧妙组合，达到整体大面积覆盖的效果。

⑤ 按广告效果选择媒体。广告的效果难以具体衡量。一般来说，广告主应进行综合比较，选择信息表现和传达效果最佳的媒体。

**补充阅读10-2**

**广告媒体的评价指标**

1.视听率。视听率是指接收某一特定电视节目或广播节目的人数（或家庭数）的百分比。

2.毛评点。毛评点又称毛感点、总视听率，指广告通过有关媒体传播所获得的总效果，是各次广告传播触及人数比例的总和。

3.视听众暴露度。视听众暴露度是指在某一特定时期内收听、收看某一媒体或某一媒体特定节目的人数（户数）总和，实际上是毛评点的绝对值。

4.到达率。到达率是表示在一定时期内，“不同的”人（或户）接触某一媒体刊播的广告的比例，可用百分数表示。

5.暴露频次。暴露频次是指在一定时期内，每个人（或户）接收到同一广告信息的平均次数。

6.每千人成本。每千人成本为广告信息到达1 000人（或户）平均所付出的费用成本。

7.有效到达率，又称为有效暴露频次，是指在一特定广告暴露频次范围内，有多少媒体受众知道该广告信息并了解其内容。

（3）广告媒体的组合策略

①广告媒体组合策略的方式

A.视觉媒体与听觉媒体的组合。视觉媒体指借助于视觉要素表现的媒体，如报纸、杂志等；听觉媒体主要是借用听觉要素表现的媒体，如广播。无论是视觉媒体还是听觉媒体，都有其明显的传播局限性。媒体组合能够使各种媒体在特性上互补，提高传播效率。

B.瞬间媒体与长效媒体的组合。瞬间媒体是指广告信息停留时间短暂的媒体，如电视、广播等。这些媒体需要和保留信息时间长的长效媒体组合使用，才能使广告信息被广告对象长记不忘。

C.大众媒体与促销媒体的组合。大众媒体指报纸、电视等传播面广、声势大的广告媒体，其传播优势在于“面”，但只能起到间接的促销作用；促销媒体指招贴、户外广告等传播范围小、起直接促销作用的媒体，它们的优势在于“点”。将大众媒体与促销媒体配合使用，能够起到较好的直接促销效果。

D.媒体覆盖空间的组合。各媒体有其特定的覆盖空间，在媒体组合时要考虑到空间上的互补性。合理的媒体组合，不仅能够将空缺处弥补，还会提高其中某一部分的暴露频次。

E.“跟随环绕”媒体组合。消费者每天在不同的时间会接触不同的媒体。比如：早上听广播、看电视；中午看报纸；晚上浏览网站、看电视。如果根据消费者从早到晚的媒体接触，采用一种“跟随环绕”媒体组合方式，就能够以跟随的方式进行随时宣传和说服。

②几种效果较好的媒体组合形式

A.报纸与广播媒体搭配。这种组合可以使不同文化程度的消费者都能接受广告信息的宣传。

B.报纸与电视媒体搭配。这种组合方式是利用电视传播速度快、视觉冲击力强的特点与报纸信息量大、目标消费群集中的优势进行组合，先将广告信息传播给广大受众，使之通过文字资料详细地了解产品，再通过电视图像展示产品的优良品质和产品形象，从而使品牌认知和产品功能得到同步发展。

C.报纸与杂志媒体搭配。这种组合利用了报纸的影响力，配合杂志目标消费者的信任，加强了对产品功效特点的宣传，对销售有直接的推动作用，并可能形成相对稳定的目标群体以及影响潜在消费者。

D.电视与广播媒体搭配。这种组合有利于城市与乡村的消费者普遍地接受广告所宣传的信息，提高品牌认知，引起消费者对产品的兴趣。

E.电视与户内外媒体搭配。户内外媒体具有提醒、强化的效果，与电视媒体组合，不仅能够使电视媒体的效果得到延伸，而且能够增强在销售上的提醒性，强化使用效果。

F.报纸或电视与销售现场搭配。这种组合有利于提醒消费者购买已有印象的产品。

**4）确定广告预算**

广告目标确定后，为了达到此目标就须进行必要的预算。广告目标与广告预算之间有着密切的联系：广告目标说明广告策划者想做什么，而广告预算则限制广告策划者能做什么。编制广告预算是制订广告计划的重要内容，两者要同时进行，不能分开。

广告预算是广告主根据广告计划对开展广告活动所需费用的预算，是广告主为进行广告宣传活动而投入的资金的使用计划。它规定了广告计划期内开展广告活动所需的费用总额、使用范围和使用方法。

广告预算的对象主要是广告费用。一般而言，广告费用包括广告调查研究费、设计制作费、购买媒体费、广告部门行政费和广告活动机动费等。其中，数额最大的是购买媒体费，弹性较大的是广告部门行政费用。

为了更好地控制广告活动、评价广告效果并提高广告效率，需要广告主合理并明确编制广告预算，以尽可能少的费用达到最佳效果，即在既定规模资源下寻找最佳的广告支出点。

**小案例 10-2**

**“拼团”+“病毒”：拼多多的社交媒体营销**

淘宝、京东、拼多多作为中国电商三巨头，几乎占据了整个市场份额，但是成立于2015年9月的拼多多如何一跃成为行业翘楚却鲜有人知。有人说，拼多多是社交电商的代表，凭借朋友圈的拼团转发、线下街头广告和各大综艺冠名，一步步蚕食电商市场，走进千家万户。诚然，拼多多是一家致力于C2B（Customer to Business，即消费者到企业）拼团的第三方社交电商平台。用户通过发起和朋友、家人、邻居等的拼团，可以低价团购商品。这种通过沟通分享形成的社交理念，形成了独特的社交电商思维。财报显示，2019年拼多多全年实现营业收入301.4亿元，较上一年同比增长130%；用户数据方面，截至2020年9月底，拼多多活跃买家数达7.313亿，接近阿里巴巴的7.57亿，拼多多用户季度增速达6.58%。

拼多多的迅速崛起与其“拼团”+“病毒”社交媒体营销方式是密不可分的。首先，借助拼团模式引爆流量，在其平台内，每个商品都有单独购买价格和拼团价格，选择拼团购买进行商品下单，开团支付成功后获取转发链接，邀请好友参团，参团成员也可以将该团购链接分享出去，邀请更多的团员参团，在规定时间内邀请到相应人数支付购买则拼团成功，等待收货。然后，拼多多凭借社交属性突围传统电商。随着微信等社交软件的兴起，拼多多另辟蹊径，把注意力放在用户自己、亲友、邻居等身上。通过人与人的社交连接，每个人都可以成为流量的入口，都可以作为流量分发的渠道，以分享和交流为主要特征的拼多多模式，更契合开放、去中心化的社交思路，最终实现快速崛起。

2020年，拼多多继平台加码百亿补贴后，进一步揭开了“6·18”大促的玩法。“6·18”当晚拼多多与湖南卫视推出的《6·18超拼夜》——“6·18”直播晚会，以“为了你，拼了”为主题，携手李宇春、李荣浩、黄子韬等一线明星为消费者带来精彩纷呈的表演，并进行现场PK带货以及9.9元秒杀活动。为了提振消费信心，通过与电视机前及直播间内的观众互动，共同派发现金红包，让消费者获得更多超值福利，提升购物体验。此前，拼多多同样与湖南卫视进行过直播合作，以一档《出手吧兄弟——芒果扶贫云超市大直播》节目成功助农，共同带动线上线下经济发展。

## 10.2.3 执行实施阶段

这一阶段主要是执行并实施广告决策与计划。在该阶段须完成下列工作：决定广告表现，进行广告制作及正式推出广告。

广告表现是这一阶段中最重要的步骤。任何一个广告要表现它的目的和意图，都要借助语言文字、图形、色彩等，将其转化为原稿、图像、声音等信号而后传达给消费者。对广告信息的策划和设计过程，就是广告表现。具体而言，广告表现包括在广告传播过程中说什么、如何说（逻辑上、形式上等）以及由谁来说等几个问题。

广告表现策划的过程由四步构成：第一步，进行营销分析；第二步，确定广告概念；第三步，设定广告主题；第四步，经创意形成原稿、图像，开始具体的广告设计、编制工作（见图10-2）。

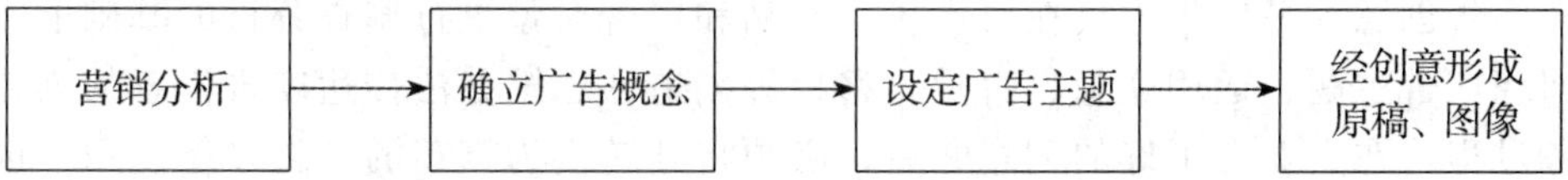


图10-2 广告表现策划过程

广告概念是为了达到广告目标，在明确目标市场、把握产品特征以及在市场中的竞争状况、产品定位之后定下的广告表现的基本方针。具体来说，广告概念是通过营销分析，明确商品定位，即以什么为卖点，与竞争产品比较有何长短处，以哪些阶层为受众对象，再在商品定位的基础上确定营销计划和广告目标，从而形成的。它是广告主题的基础。

广告主题是指广告所表现的中心思想，是广告创意的主要题材。它是广告主与目标受众沟通的焦点。为达到预期的广告效果，广告创作人员必须在商品企业中找出最重要的部分加以发挥。它是广告成败的关键。

广告表现确定以后就要进行广告的制作及广告的推广。

## 10.2.4 评价总结阶段

这一阶段主要是对广告发布后的传播效果和促销效果进行测定评估。在该阶段需完成下列工作：征集广告信息反馈；测评广告效果；总结经验教训，写出总结报告。

广告效果测评是指采用科学的方法和手段，测评广告目标通过广告实施后的实现程度。广告效果的测评主要由广告心理效果测评、广告销售效果测评两部分组成。

广告心理效果测评也称为广告本身效果测评，是指并非直接以销售情况的好坏作为评判广告的依据，而是以广告到达、知名度、偏好、购买意愿等间接促进产品销售的因素作为依据来判断广告效果的方法。

广告销售效果测评，就是测评在投入一定广告费及广告刊播之后，所引起的销售额的变化状况。广告的销售效果比心理效果更难评估，产品除了受广告促销的影响外，还受其他诸多因素的影响，如季节、地区、经济、风俗习惯、生活习惯、价格、质量等。在测评广告销售效果时，要分清影响广告销售效果或决定广告效果的主要因素，以保证测评的客观性和真实性。

广告测评结束后就要写出总结报告。报告内容包括整个广告策划过程中所积累的经验、不足与需要注意的事项等，以便在以后的策划中有所改善。

## 10.3 广告创意策划

### 10.3.1 广告创意概述

**1）广告创意的策略**

广告创意就是广告人员在对市场、产品和广告对象进行调查分析的基础上，紧紧围绕广告主题，运用联想、直觉、移植等创造性思维方法传达广告信息的创造性思考过程。在企业有了好的创意之后，必须将其转换为真正的广告才能使用。创意人必须在形成广告的过程中找到最好的方法、风格、格调、文字和样式来执行创意。

企业经常使用的广告创意策略见表10-1。

表10-1 **常见的广告创意策略**

| 执行风格 | 含义 | 举例 |
| --- | --- | --- |
| 生活片段 | 描述日常生活环境中的普通人 | 肯德基App的“我要炸鸡”广告 |
| 幽默广告 | 通过幽默的描绘或场景获得关注 | 港荣蒸蛋糕的“我对你是蒸的”广告 |
| 产品基调 | 围绕产品或服务建立一种情调或形象 | 德芙营造的浪漫基调的广告 |
| 科学依据 | 提出该品牌产品优于其他品牌产品的调研结果或科学依据 | 汰渍洗衣液与其他洗衣液的对比广告 |

续表

| 执行风格 | 含义 | 举例 |
| --- | --- | --- |
| 产品示范 | 呈现产品产生效果的机理 | 林心如代言的黛莱美裸BB霜示范广告 |
| 音乐联系 | 将音乐或歌曲与品牌或产品直接联系起来 | Coldplay为苹果制作的电视广告 |
| 明星代言 | 请名人、演员等权威人士，公司职员或者日常的消费者推荐产品 | 梁朝伟为小米note2发布会的代言 |
| 生活方式 | 描述产品将如何与目标消费者的生活方式联系 | 哈尔滨啤酒集团有限公司的“一起哈啤”的广告 |
| 奇妙幻境 | 围绕产品及其使用者创造一种奇妙的情景 | 多喜爱床上用品的一位女性躺在床上幻想的广告 |
| 非人代言 | 在广告中卡通人物或者动物是主角，有时作为“品牌代言人” | 使用卡通动画角色喜羊羊代言的儿童产品的广告 |

**2）广告创意原则**

（1）独创性原则，是指广告创意中不能因循守旧、墨守成规，而要勇于和善于标新立异，独辟蹊径。与众不同的新奇感，能够引起人们的注意和激发人们强烈的兴趣，使受众在脑海中留下深刻的印象。

（2）实效性原则，就是能带来现实的广告效果，能给广告主带来实际的收益。实效性原则体现了对广告创意最基本的要求，是广告所产生的根本原因。

（3）真实性原则，可以从两方面来理解：一是指广告创意必须是诚实的、真实可信的，这是广告创意被消费者所接受和促销的重要依据；二是指讲事实、摆道理，这是实施广告促销的有效策略。

（4）艺术性原则，是指广告创意不仅应当遵循真实性和实效性原则，还应当具有较强的艺术感染力。广告只有在具备了高度的艺术性时，才能产生感染力与说服力，才能达到超值的传播价值。

## 10.3.2　广告创意的过程

广告创意的过程可分为以下几个阶段：

**1）收集资料阶段**

收集资料是广告创意的提前准备阶段，也是广告创意的第一阶段。我们必须要收集的资料有两种：特定资料和一般资料。特定资料是指与产品、服务、消费者及竞争者等密切相关的资料，这是广告创意的主要依据，创意者必须对这些资料有一个全面而深刻的认知。一般资料是指创意者个人必须具备的知识和信息，它们直接影响着广告创意的质量。

**2）分析资料阶段**

在这一阶段，就是对收集来的大量资料加以分析归纳和整理，从中找出广告的诉求点，然后再进一步找出最能吸引消费者的地方，以形成比较清晰的基本概念。

**3）酝酿阶段**

经过长时间的绞尽脑汁的冥思苦想之后，还没有找到满意的创意，这个时候不如不去想这个问题，去做一些轻松愉快的事情，任其在潜意识中综合酝酿。事实上，大多数创意灵感都是在轻松悠闲的身心状态下产生的。听音乐、洗澡、喝咖啡、看报纸、小睡一会等，都是形成良好创意状态的好方法。

**4）顿悟阶段**

这是广告创意的产生阶段，即经过酝酿之后，创造性思路如柳暗花明似的豁然开朗。经过了酝酿期的量的积累，顿悟阶段发生了质的突破，在整个创造过程中是一个转折点，使创造过程上升到了一个更高层次。

**5）完善阶段**

完善阶段也就是验证阶段，是发展广告创意的阶段。在这一阶段需要做许多耐心的工作，仔细推敲和进行必要的调查，使创意更加完善，还要把它交给有深思远虑能力的批评者审阅，使之不断完善和成熟。大卫·奥格威为劳斯莱斯汽车创作的经典广告语："这辆新型劳斯莱斯在时速达60英里时，最大噪声来自电钟"，是由6位同仁从26个不同标题中评审出来的。

## 10.3.3 广告创意的思考方法

**1）集体思考法**

集体思考法也叫头脑风暴法，是通过集思广益进行创意的一种方法，是20世纪40年代由美国BBDO广告公司副总经理奥斯本提出的。它通过会议的方法，使与会人员围绕一个明确的主题，共同思索，广泛讨论，深入挖掘，直至产生优秀的广告创意。

在运用集体思考法时，一般要遵循以下原则：

（1）禁止批评。在小组讨论中，不允许对他人提出的创意进行批评，有意见只能在会后提。

（2）自由发言。策划主持人要善于调动小组成员的积极性，鼓励大家踊跃发言和逆向思维。

（3）创意的量越多越好，不介意创意的质量。创意越多，得到好创意的可能性就越大，因为没有量的积累，就没有质的飞跃。

（4）在综合的基础上对创意思路不断改进。

集体思考法一般可分为三个步骤来进行：第一步是确定议题。会议议题尽量明确单一，议题越小越好。第二步是脑力激荡。这是产生创造性设想的阶段，在遵循以上原则的基础上，所有成员尽可能把各种想法写下来。第三步是筛选评估。会议成员提出的设想虽然很多，但并不是所有的设想都可行，这就需要进行筛选工作，分门别类，去粗取精，最后选出相对最优方案，用于将来的广告创意。

**2）垂直思考法**

垂直思考法，是指按照一定的思考路线进行的，在一定范围内，向上或向下进行垂直思考，是头脑的自我扩大方法。这种思考方法是从已知求未知，就像挖洞，在已挖好的一个洞的基础上，深挖下去，形成一个更深的洞。在这个洞内有许多旧经验和旧观念，人们就利用这些经验和观念进行创意思考。

垂直思考法一向被评为最理想的思考法。其优点是比较稳妥，而且思考方向明确。但垂直思考法受旧知识和旧经验的束缚，产生的广告创意有很多雷同之处，缺少新意，尤其是顺向垂直思考，这一点表现得更为明显。与顺向垂直思考法相对的是逆向垂直思考法。这种思维与常规思维相反，具有反常性，产生的创意常常比较新颖。

**3）水平思考法**

水平思考法又称横向思考法，是指在思考问题时向着多方位方向发展。这种方法强调思维的多向性，善于从不同角度思考问题，是一种发散思维，因而，在思考问题时能摆脱旧知识和旧经验的束缚，产生新的创意。

水平思考法有益于新创意的产生，但它并不能取代垂直思考法，只能弥补后者的不足。但是，我们绝不能把垂直思考法和水平思考法完全对立起来，相反，将两种方法相互配合，有机结合加以灵活运用，可以达到事半功倍的效果。

## 10.4 广告策划书的内容结构与编写技巧

### 10.4.1 广告策划书的内容结构

一份完整的广告策划书一般按下面的结构顺序来安排其内容：

**1）前言**

前言是整个策划书的总纲部分，这部分主要是详细说明广告策划的宗旨和目标，广告策划项目的由来、经历时间、指导思想、理论依据以及广告策划书的目录内容，必要时还应阐明企业广告主的营销战略。这部分一定要简洁，以使决策人员能够在最短时间内对本次广告策划的内容有大致的了解。

**2）市场分析**

这部分一般涉及四个方面的内容：市场环境分析、企业经营状况分析、产品分析和消费者分析。

市场环境分析包括国家经济形势与经济策略分析、市场文化分析、消费者状况（如有效需求的规模、收入水平等）分析、市场商品格局状况分析、竞争对手的产品情况分析和广告策略分析等。

企业经营状况分析包括企业在社会上的形象分析、市场占有率分析、企业自身的资源和目标分析、品牌面临的机会与威胁分析等。

产品分析包括产品的特征（如性能、质量、价格、外观与包装等）分析、产品生命周期分析、产品的品牌形象分析、产品定位分析等。

消费者分析包括消费者的构成（如总量、年龄、职业、收入等）分析、消费者的态度（如喜爱程度、偏好程度等）分析、消费者的行为（如购买动机、购买时间、购买频率等）分析、消费能力分析、消费时尚分析、潜在消费者分析等。

**3）广告受众**

具体说明目标消费者的基本状况，如年龄、性别、职业、收入、文化程度、数量等，分析其需求和心理特征，进而明确广告诉求的内容、媒体的传播策略。

**4）广告地区**

根据市场定位和产品定位，决定市场目标，从而确定广告宣传所针对的地区。

**5）广告预算与分配**

在这一项内容中，要详细列出媒体的选用情况、所需的费用、每次播出的价格。广告预算非常重要，科学合理的广告预算不仅可以提高广告工作效率，而且能够保证广告活动按计划进行。

**6）广告策略**

这一部分是广告策划书的核心内容，介绍广告决策、策划的基本结论，主要包括以下几个方面：

（1）目标策略，包括广告的目标、战略性方法、阶段广告工作任务等。

（2）产品定位策略，包括对以往产品定位策略的分析与评估、产品定位的表述、定位的依据与优势等。

（3）广告诉求策略，包括本次广告宣传的诉求对象、诉求重点、诉求信息和诉求方法等。

（4）广告表现策略，包括广告的主题表述，文案表述，各种媒体的表现、规格以及制作要求等。

（5）广告媒体策略，包括媒体的地域、媒体的类型、媒体的选择、媒体的组合策略、广告的发布时机与频率等。

**7）配套措施和策略**

从整体策划的目标和要求出发，提出与广告传播活动相互配合的其他信息手段和方式，如公共关系活动计划、促销活动计划等。

**8）广告效果评估**

广告效果评估可以在广告前进行，也可在广告后进行；既有事前、事中、事后的测定评估，又有贯穿于整个过程的连续控制，从而总结经验，并且为下一次广告活动提供依据。

在撰写以上内容后，还应按照一定的格式进行编制。设计一个版面精美、要素齐备的封面，列出详细的目录，内文部分一般主要用文字撰写，也可以配以图表，使其更加形象、具体。此外，也可以将广告策划书的基本要点简化成图表形式。

## 10.4.2 广告策划书的编写技巧

广告策划涉及多方面的信息资料，内容非常丰富，所以广告客户接收的信息量相当大。如何将这些信息以容易理解的方式表达出来，并使其在内容和形式上具有一定吸引力，这就涉及广告策划书的一些写作技巧。在写作策划书时常用的技巧有：

**1）信息组织技巧**

从广告前期的调查分析到最后策划书的写作，都涉及信息的组织和运用，而且广告策略的核心又是把信息传递给潜在顾客，因此，信息在广告策划中尤为重要。

在信息组织上，首先应该对要在策划文本中传递的信息有一个总体的把握，并对不同的信息有所归类，这样就使信息具有一定的条理性；其次要在众多的信息中区分出主次，将重点信息突出传达；最后还要明确信息的层次和信息之间的相互联系，使信息传达层次分明。

**2）文字表述技巧**

（1）明确的标题。广告策划书每一部分涉及的内容都不同，各个部分应该根据内容制作明确的标题。标题要显示层次性，而且提示重点内容。

（2）短小的段落。在策划书中，大段的文字不仅会淹没主要观点，而且很难吸引人阅读，因此要使用较短小的段落，并且每一个段落只传达一个重点信息或策划结论。

（3）明确的序号。注意用序号来标示段落层次，不但可以使信息脉络清晰，而且可以给读者明确的阅读提示。

（4）语言尽量大众化，避免过多地使用专业术语。如果策划者和广告主对它们有一致的理解，专业术语可在不会产生误解或理解困难的情况下使用。

**3）接近读者技巧**

策划人员在知识、经验、专业领域以及思维方式上与说服对象存在着很大差异，因此要了解接受者的情况，包括人数、地位、年龄、理解能力，其中接受者的理解能力最为重要。在撰写广告策划书时，应该根据接受者的不同特点，对写作方式加以调整。

**4）形式配合技巧**

广告策划书中的一些形式性因素可以吸引读者的注意力，主要包括以下几个方面：将数据以视觉化图表的方式表达，可以使策划书富于变化，容易吸引读者的注意；通过标题字体和结论字体的变化，突出重点，增强形式的灵活性。一般来说，字体的大小应该根据内容的重要程度而有所区别；版面的布局应该按照视线移动的规律来进行，而且要注重版面的平衡匀称等基本美学特征；策划文本的装订有多种选择，但应以容易翻阅、不遮挡版面为首要原则。除此之外我们还要注意，策划书在写作上应当采取归纳的方法，不要过多的演绎推论；避免冗长，通常广告策划书不宜超过60页；要说明资料的来源，以表明推断有所根据而非凭空想象，增强说服力和可信度。

## 策划案例与文案

### 李宁创意混搭进行时

1）背景介绍

广告主：李宁

实施范围：全国

核心策略：利用硬广、社区和专题的形式，将产品信息通过网络传递出去。

创新点：开创性地结合了淘宝自身的“试衣间”产品，以新颖的活动形式，完美地将李宁推广的产品结合到运动当中去。

目标受众：在22～30岁之间，关爱自己、宠爱自己的女性，通过硬广+社区+专题的投放形式，采用搭配秀，结合淘宝特点，以混搭的推广形式，把李宁女性运动产品（内敛光芒）的概念推广出去。

2）活动介绍

（1）活动主题：李宁创意混搭进行时。

（2）活动过程：

①前期准备。

招募时尚卖家，选出时尚配饰；告知淘宝爱秀MM活动信息。李宁负责提供按照试衣间模特造型拍摄的真实模特穿衣照片，以及各单品展示照片。

②实施阶段。

在试衣间，根据李宁提供的运动服饰，以及招募的时尚配饰进行搭配，并保存搭配的模特图片到专题页面。在社区中的服饰鞋帽居开设专区，进行李宁创意混搭信息告知及发布李宁春季新品展示图文。

A.奖项安排。

| 奖项名称 | 获奖人数 | 获奖金额 |
|---|---|---|
| 我最shine亮绰约大奖 | 2 | 3 000元现金 |
| 我最shine亮创意奖 | 4 | 1 000元现金 |
| 我最shine亮活力奖 | 6 | 500元现金 |
| 每日爱shine幸运奖 | 2 | 李宁时尚运动背包一个 |
| 每日爱shine现金奖 | 5 | 50元现金 |

获奖名单及时公布，以证实活动的真实性、公正性，不断刺激用户参与。

B.配合推广。

a.李宁春季新品专区。

在活动页面开设李宁新品介绍的专区，点击进入李宁产品淘宝资讯页。专区内展示李宁最新款的产品，让用户在第一时间了解各个产品的特色，并从中了解此次活动的推广主题。

b.李宁潮流资讯专区。

结合淘宝网各频道的资讯内容，发布最新最热门的时尚资讯，减少了活动的商业气息，增加了品牌文化的推广。

c.淘宝消费者社区。

淘宝网是用户发表心得体会、畅所欲言的地方。其中，服饰鞋帽是人气尤为旺盛的板块。李宁在服饰鞋帽居中开设专区，宣传李宁品牌的相关信息。

d.开设主题帖。

详细介绍了本次活动的内容和参与方法，从论坛引入流量到活动页面，增加了用户的参与数。用户可以在该专区看到各个参赛者的作品，同时也可以在参赛作品中看到李宁服饰不同风格的搭配方式。

（3）活动效果。

活动期间页面总流量101万，每日最高浏览量达到10万人次以上，保存参赛人数为51 202人，参与试衣人数为233 972人，李宁馆访问量为553 196人次，活动参与率达42.3%，从试穿到宝贝浏览平均转化率为3.85%。活动期间，参加试衣间服饰搭配的人次每日递增，最高日接近20 000人次。活动开始的第一周，试衣间的PV数明显提升，最高日接近8 000 000。

3）活动启示

基于淘宝核心人群互动性强，用户喜欢用不同的方式秀自己的特色，开创性地结合淘宝自身的“试衣间”产品，以新颖的活动形式，完美地将李宁推广的产品结合到活动中去，是客户和淘宝合作上的一大突破。

结合了淘宝消费者社区的互动资源。在论坛中宣传活动，提高了活动的知名度，同时也带入了大量的用户来参与。选择了淘宝中适合李宁品牌的优势广告位进行推广，使得资源在最大程度上发挥作用。

**案例思考题：**

1.你认为这一广告策划的创新点在哪里？

2.评价这个广告策划的优缺点。

## 策划实战

面对国内、国外市场疲软，特别是绒、毛纺织业竞争激烈，产品销售走向低谷的现状，××羊绒衫公司将实行销售重点的转移，以国际市场为依托，突出国内市场的开发。在强化提高产品质量、加强售后服务和增加花色品种的同时，积极开发羊毛衫、羊绒衫等新产品。××公司的整体广告策划，将以实现上述销售目标、扩大企业和产品知名度以及创立名牌为目的，制定广告策略和实施方案。请你根据上述背景资料，为××羊绒衫公司制订一份广告策划方案。

## 本章小结

广告策划是根据企业的营销战略和广告目标，以企业产品、消费者、竞争者和广告环境为基础，充分考虑广告策划活动的系统性、可行性、目的性、创造性、效益性，从而为企业广告传播和市场开拓提供经济有效的广告计划方案的决策过程。

广告策划的一般过程包括调查分析阶段、决策计划阶段、执行实施阶段和评价总结阶段。

广告定位的方法主要有竞争定位、实体定位和观念定位。一份成功的广告策划需要一个好的广告创意，广告创意的过程可分为五个阶段：收集资料阶段、分析资料阶段、酝酿阶段、顿悟阶段、完善阶段。广告创意的思考方法主要有集中思考法、垂直思考法和水平思考法。

一份完整的广告策划书包括：前言、市场分析、广告受众、广告地区、广告预算与分配、广告策略、配套措施和策略、广告效果评估。广告策划书的写作技巧包括信息组织技巧、文字表述技巧、接近读者技巧、形式配合技巧。

## 参考文献

[1] 张翔，张哲．广告策划［M］．北京：高等教育出版社，2010.
[2] 穆虹，李文龙．广告策划实战［M］．北京：中国人民大学出版社，2007.
[3] 徐莉莉．广告案例评析［M］．武汉：华中科技大学出版社，2013.
[4] 黄升民，段晶晶．广告策划［M］．北京：中国传媒大学出版社，2018.
[5] 陈培爱．广告策划与策划书撰写［M］．厦门：厦门大学出版社，2007.
[6] 高萍．广告策划与整合传播［M］．北京：中国传媒大学出版社，2007.
[7] 陶应虎．广告理论与策划［M］．北京：清华大学出版社，2007.
[8] 吴柏林．广告策划：实务与案例［M］．北京：机械工业出版社，2013.
[9] 崔银河．广告策划与创意［M］．北京：中国传媒大学出版社，2007.

[10] 刘树林. 搜索引擎广告的机制设计理论与实践——关键词拍卖 [M]. 北京: 科学出版社, 2010.

[11] 李东进, 秦勇. 现代广告学 [M]. 北京: 中国发展出版社, 2011.

[12] 蒋旭峰. 广告策划与创意 [M]. 北京: 中国人民大学出版社, 2011.

[13] 塔腾, 所罗门. 社会化媒体营销 [M]. 李季, 宋尚哲, 译. 北京: 中国人民大学出版社, 2014.

[14] 阳翼. 数字营销 [M]. 北京: 中国人民大学出版社, 2015.

# 第11章

# 公共关系策划

## 学习目标

通过本章的学习，理解公共关系策划，掌握三种公共关系策划方法，清楚公共关系策划流程，能够独立进行策划，了解公共关系策划书的内容与格式。

# 11.1　公共关系策划概述

## 11.1.1　公共关系策划的定义

公共关系策划是组织为获得公共关系活动成功和实现形象战略目标而事先进行的有科学程序的谋划、构思和设计最佳方案的过程。通常在通过公共关系调查确定了公共关系问题，并掌握了充分的信息之后，就要进行公共关系策划，制订公共关系活动方案。公关战略策划直接体现公关战略目标，即塑造组织形象。公共关系策划具有强烈的战略性、策略性和创造性，具有全局性、长期性、指导性、稳定性等特征。它是在公关战略策划的指导下，对组织日常公关活动的谋划及设计最佳方案的过程，既是一门科学，也是一门艺术。公共关系策划的核心，就是要解决以下三个问题：一是如何寻求传播流通的内容和公众易于接受的方式；二是如何提高传播沟通的效能；三是如何完备公关工作体系。

## 11.1.2　公共关系策划的类型

根据公关实务活动组成要素的不同，我们将公共关系策划分为以下类型：主体或部门公共关系策划、对象公共关系策划和功能性公共关系策划。

**1）主体或部门公共关系策划**

在公共关系一系列活动中，公众是其工作活动的客体和对象，真正起主导作用或扮演主角的是各个具体组织或部门。由于主体或部门间各有差异，因此各自的公共关系工作具有不同的内容或方式。据此，我们将主体或部门公关策划划分为：生产企业公关策划、商业或服务业公关策划、事业团体公关策划和政府公关策划。

**2）对象公共关系策划**

对象公共关系策划是按照公众进行的横向划分。一般来说，有多少类公众就有多少类对象公关策划，但由于各类公众对象间往往有较多相似成分，因此大体上可将对象公共关系策划分为以下几类：员工公关策划、消费者公关策划、政府公关策划、媒介公关策划、社区公关策划和竞争对手公关策划。

**3）功能性公共关系策划**

所谓功能性，是以公共关系在组织运行中所发挥的实际作用为标准而加以划分的，它贯穿于主体公共关系与对象公共关系活动之中。功能性公关策划按其作用可分为六种：日常事务性公关策划、宣传性公关策划、交际公关策划、服务性公关策划、社会性公关策划和征询性公关策划。

补充阅读11-1

公共关系的主要工具及例子

| 类型 | 含义 | 举例 |
| --- | --- | --- |
| 新闻稿 | 通过各种渠道发布的有新闻价值的消息 | 华为击败高通，获选5G编码标准的新闻稿 |
| 独家报道 | 授予某一特定媒体独家报道的权力 | 第一财经独家报道，“银天下”公司未来将迈步跨入互联网科技型企业 |
| 采访 | 对代表企业的个人进行的采访 | 凤凰网“总裁专访格力集团董事长董明珠” |
| 新闻发布会 | 正式进行的向新闻界公布信息的活动 | 小米note2发布会 |
| 品牌巡回展 | 进行品牌宣传的展览会 | 汽车、房地产、教育、工业品等各类展览会 |
| 赞助 | 企业无偿提供人力、物力、财力资助某一项事业 | 加多宝在汶川地震时捐款1亿元、玉树地震时捐款1.1亿元 |
| 社区参与 | 直接或间接地参与当地社区事务 | 浦尔电器有限公司、上海申威塑料有限公司、三齐蔬菜种植专业合作社等8家企业走进浦江镇 |
| 互联网 | 利用互联网进行信息发布 | 各类企业的网站、官方微博、微信公众号 |
| 社交网站和博客 | 企业参与社交网站或博客，进行与利益相关者的信息传播 | 上海迪士尼旅游度假区博客的官方发布 |

# 11.2 公共关系策划流程

所谓公共关系策划流程，是指公共关系人员通过调查研究和综合分析，确立公共关系目标、制订公共关系计划方案的过程。它是公共关系策划能力充分展示与形成决策的阶段，也是实际操作的阶段。公共关系策划作为实务活动的一个类型，有其自身的活动方式与方法，一个健全的公共关系策划程序应该是一个科学的系统，其每一个步骤都有科学的含义，相互间存在着紧密的联系。但由于策划者的用意、思路及策划的内容等方面的差异，公共关系策划的层次和内容不同，策划活动的程序与方法也不尽相同。从实用性角度出发，公共关系策划程序可分为五个阶段：确定公共关系策划目标、组建策划团队、制订策划方案、专家督导实施和评估公共关系策划效果。也有学者将公关策划流程归纳为“BDTEP”模式。

补充阅读11-2

“BDTEP”公关策划模式

“BDTEP”公关策划模式即从背景（background）、诊断（diagnose）、策略（tactics）、执行（execution）、预防（prevent）五大方面入手，切实解决企业的真正公关营销问题，为企业量身打造一个系统的公关营销解决方案。

背景。一些企业往往忽略背景分析的重要性，而导致策划方案虽创意很好，但不适合企业的现实需求。所以，在做一个成功而系统的公关营销案时，一定要就企业自身条件、行业状况、社会环境等背景资料，进行周密的剖析，在充分了解企业现状、行业现状以及舆论环境的基础上，明确企业的现实需求，即明确而准确地规划出公关营销案的目标（包括首要目标、阶段目标等）。

诊断。在明确企业现阶段的公关目标之后，就要根据企业的现实状况，找到现实与目标之间的“矛盾点”，而这一“矛盾点”就是诊断得出公关营销亟待解决的问题，具体分为核心问题和一般性问题。

策略。策略是一个公关营销案精髓的展现，是方案中最有价值的部分，而优秀的策略往往会取得四两拨千斤、起死回生的功效。曾经在营销界广为流传的“富亚老总喝涂料”事件，不仅证明涂料无毒无害，而且让富亚一举成名；张瑞敏“挥锤砸冰箱”，不仅砸醒了海尔，而且为中国砸出了一个世界级的中国品牌。

执行。任何优秀的策略都需要彻底而完美的执行才能展现光芒。不到位的执行力就等于浪费，执行力已经成为中国营销界长期研究和要解决的课题。对于一个系统的公关营销案来说，执行策略尤其是媒体执行策略，是考核一个专业公关公司执行能力的重要层面。

预防。任何一个公关营销案都可能引发危机。即使是非常正面的方案，也可能因为用词的过度夸张或者与事实有所背离而引起危机。所以，在执行过程中，一方面，需要执行人员（一般情况下必须对项目组进行详细的培训）在与媒体、公众打交道的时候，向他们传递最准确的信息；另一方面，还需要组建预防小组，对媒体、公众进行监测，避免负面报道的出现或者负面口碑的流传。

## 11.2.1　确定公共关系策划目标

确定公共关系策划目标是公共关系科学策划工作的重要一步，建立在公共关系调查研究的基础上。公共关系目标是在公共关系活动方案实施之后要达到的目的。没有目标，公共关系活动就是无的放矢；没有目标，公共关系策划就无从谈起。公共关系目标是指导和协调公共关系活动的依据。公共关系活动的开展要有若干部门和人员配合，而且在公共关系方案的实施过程中又会不断出现各种情况。确立了明确的目标，可以指导操作人员的具体工作，使大家朝着一个明确的方向努力，并且为公共关系人员处理各种意外情况提供依据和准则。

公共关系策划目标是指在一定的条件和环境下，通过公共关系方案的策划工作所希望实现的结果。这一结果是策划活动的出发点和归宿点，在公共关系活动中从始至终都是衡量和评估策划效果的标准，起着定向导航的作用。策划工作者必须对策划目标有明确的认识，要在公共关系调查研究的基础上，对公共关系的未来环境及对组织可能产生的影响进行科学的预测分析，思考组织的公共关系问题所在，并结合委托人的授意，确定公共关系策划的目标。

**1）公共关系策划层面的目标**

公共关系策划目标从策划层面上划分有公共关系专题策划和公共关系战略策划。

（1）公共关系专题策划。公共关系专题策划是为实现组织的宏观战略意图而从事某些公共关系活动方案的策划。它把公共关系战略策划行动化、具体化，是公众领略组织公共关系战略的开端。当组织做公共关系战略策划工作时，一定要有相应的一系列公共关系专题活动策划，后者是前者的继续和依托，两者又具有策划目标一致性和策划时间连续性相统一的特点。当组织根据公共关系现状，需要矫正或加强组织形象时，开展公共关系专题策划是实现目的的最有效的手段。当组织有了明确的活动主题，如开业典礼、开工、记者招待会、各种接待仪式等，就可直接针对其主题进行策划。

（2）公共关系战略策划。公共关系战略策划是指某一个组织以未来为主导，围绕着公共关系这一核心，为塑造组织的良好形象而作出的长期性和整体性的谋划与对策。战略性策划目标具有长期性、决策性的特点，对整个公共关系工作具有决定性的指导作用。一般来讲，策划人员通过调查分析发现组织的问题是形象定位不准确，或该组织（产品）非重新定位就不能摆脱困境、长足发展，就需要对其进行整体的战略规划。

**2）公共关系策划形象类别的目标**

公共关系策划目标从形象类别上划分，主要有产品形象和组织形象。

（1）产品形象。产品形象是指产品的性能、质量、品种、工艺水平及相关服务等方面的综合面貌与特征在公众心目中的印象及评价。当一个企业将要推出新产品时，需要对该产品进行市场定位、产品包装、品牌创意等全方位的形象策划，打出“质优貌美”的拳头产品形象。当某种产品推销不力，在制订销售方案时，大多从传播角度对产品进行形象定位。例如，小米手机针对主要目标对手苹果手机，将自己定位于高性价比的智能手机。

（2）组织形象。组织形象是指社会公众对一个组织的全部看法和整体评价。当要推出一个组织、地区或城市崭新形象时，该策划工作即为组织形象策划。这是一种全方位的系统策划工程。例如，山东省在推广省内旅游城市时，多年以“好客山东欢迎您”为主题，树立了山东整个区域的形象。

**3）公共关系策划对象的目标**

所谓公共关系对象，就是公共关系活动中涉及的特定的公众。在策划公共关系方案时，很重要的一项工作就是明确公共关系对象，分析公共关系对象。具体做法是：

（1）明确公共关系对象。明确本次公共关系活动要涉及哪些公众？他们在哪里？哪些公众是重要的工作对象？谁是他们当中的“意见领袖”？

（2）分析公共关系对象。①分析公共关系对象的基本情况，如他们的年龄、性别、生活习惯、文化层次、平时通过哪些渠道接收信息等。②分析公共关系对象对本组织的印象及态度，如他们当中有多少人了解本组织，有多少人与本组织打过交道，有多少人对本组织有良好的印象等。

**小案例 11-1**

**小米新LOGO，新十年 新形象**

2021年3月29日，小米春季发布会如约而至，像以往一样“，米粉”们早就翘首以待，目睹小米会在发布会上带来哪些惊艳的产品。但是，一切都是那么令人始料不及。在今年小米的春季新品发布会上，小米首先正式发布了新LOGO，十年迎来新形象。新LOGO与旧LOGO的区别在于新LOGO把直角修改成圆角。据了解，新LOGO是由世界著名设计师原研哉提出全新的设计理念。原研哉说：“我认为科技越是进化，就越接近生命的形态。因此，人类与科技是不断接近的。”他表示自己在这个LOGO里引入了“Alive”概念，赋予“科技”以“生命感”，以回应雷军创立小米的企业理念。他强调：“这次的设计不仅仅是针对形状，更是针对内在的精神。”

然而，许多网友对原研哉的设计理念表示不理解。很多人都说“看不出什么变化”，新LOGO只是从方形变成圆形，认为这个LOGO不值得花费200万元，历时2年时间去设计。在网络上，一时间出现了对小米新LOGO的群嘲。有人甚至在网上直呼“雷总被骗了”。

网友的热议迅速霸占了抖音、头条、微博等各大热搜排行榜。仅在微博上，“小米新LOGO”的话题就产生了2.8亿阅读、4.4万的讨论。在讨论的同时，消费者对品牌的关注度也在无形中提升。还有知乎热榜、公众号，甚至不少KOL在各大社交媒体频繁给小米送“自来水”，引起了不少网友的围观，大大提升了小米的曝光度和流量。就其本质而言，小米换LOGO事件，已经形成一种公共关系活动的传播方式。而且在发布会当天，小米股价涨到市值38亿元。小米股价暴涨的背后，品牌的LOGO升级可以说功不可没。

到2021年，小米已经成立有十年之久，在十年这个节点上，小米作出更大改变，不管是冲击高端手机市场还是进军汽车领域，雷军用行动证明，小米这回要“跑”起来了，而新的LOGO出现更像是给世界的一次宣告：“小米即将开启新十年征程。”

## 11.2.2 组建策划团队

实践证明，一项公共关系策划方案能否成功，与策划者的关系极为密切。

**1）组织聘请策划人员的基本原则**

（1）限制人员数量。一般情况下，聘请与策划目标密切相关人员5~12人为宜，以做到精干、高效。

（2）优势互补。所聘用的策划人员要在知识结构、能力、特长等方面形成互补，保证策划成果浑然一体、无懈可击。

（3）注重人员质量。每位策划人员都应是某一方面的专家，在策划中能很好地配合某一问题或独立承担某一部分的策划内容。

**2）策划组的基本人员构成**

（1）委托策划的组织代表。委托策划的组织代表是指组织中有决策权的主要领导和全面了解该组织情况的人员，人数为1或2人，主要发挥参谋和沟通等作用，如及时为策划者提供所需信息，对专家们的意见作出一定的判断，促使策划方案得到组织的认可等。

（2）专家学者。策划专家是策划组的精英，社会组织要根据策划项目的需要有重点地选择各类学科的专家。一般与公共关系策划密切的学科专家有：公共关系学专家、营销学专家、市政学专家、管理学专家、广告学专家、心理学专家、传播学专家、美工专家、礼仪专家、决策学专家、财务专家、人际关系学专家等。

（3）媒介中人。媒介中人是指直接从事媒体传播工作的人员，他们能够起到组织策划与社会公众信息交流的桥梁作用。任何公共关系策划的目标都是树立良好的具有持久信誉的组织形象。这一目标必须通过一系列精心策划的信息传播途径来达到。充分利用各种媒介，与公众进行积极的双向交流，广泛地传播信息，增进相互了解是公共关系策划的主要专题，而这一专题的完成，要有传播学专家的谋略，更要有媒介中人的绝招，尤其是要得到他们的认同，方可使绝招变为现实。

**补充阅读11-3**

**公共关系人员的角色与职能**

1.守望和监视环境。这里所说的环境，既指企业内部环境，也指企业的外部社会环境。公共关系人员必须全面而正确地分析环境现状及其变化趋势。根据本单位的利害关系，对可能造成的影响作出判断，及时反馈给管理部门，以利于政策、计划的变更和调整。这时，公共关系人员扮演着企业“耳目”的角色。

2.传达、联络和解释。公共关系人员将管理部门的政策、决定和措施及时传达和解释给有关公众，与公众保持日常的关系。这时，公共关系人员扮演着企业“喉舌”的角色。

3.参与决策。公共关系人员依据对情势的了解和分析，向主管部门提出意见和计划，必要时直接参与最高管理层的决策过程。这时，公共关系人员扮演着企业“大脑”的角色。

4.协调人际关系。公共关系人员要善于发现人才，激发员工的士气和工作热情。编印一份“员工刊物”可以给员工发表意见的机会，也可使员工及时了解本单位的动态和发展，培养员工的参与感和与企业荣辱与共的归属感，增进员工的敬业精神和集体精神。员工的福利待遇和薪金、职务升迁、文体生活、家庭和私人问题，以及各类后顾之忧，都是公共关系人员应予关心并主动协同各有关部门妥善解决的。

5.组织活动。围绕巩固良好关系和提高组织声望这一基本目标，公共关系人员应不失时机地运用一些专门的活动和沟通方式，及时传递公共关系信息。

### 11.2.3 制订策划方案

公共关系策划方案是向委托组织汇报的依据，也是公共关系策划的成果，既可作为策划活动实施的纲领，又可作为策划成效的备查依据。设计出的策划方案，必须见诸文字，以便建立完整的档案。对方案的写作格式一般没有统一、固定的要求。

**1）写策划方案需要注意的问题**

（1）保证方案内容的系统性。有时要分为框架文本和执行文本。凡执行文本都要写清楚各个步骤的操作细则，还要有备忘录的记载等，总之应尽量详细。

（2）封面要写出策划书的全称，如《哈尔滨×××有限责任公司“品牌扩张工程”策划案》，并注明策划人员及其身份。一般在封面或扉页上，要注明总策划、策划总监、策划督导和策划人员的名字及其身份等。

（3）注明策划的起始时间。

**小案例11-2**

**钉钉在线“求饶”两部曲**

受疫情影响，在“停课不停学”的背景下，全国中小学、各大高校纷纷开展线上教学活动。作为2019年12月教育部公布的首批教育移动互联网应用程序的钉钉，自然成为了很多学校的线上教学平台，绝大多数教师上网课的首选。据不完全统计，疫情期间钉钉累计下载量已超过10亿次，一度超过微信的下载量。但学生们却开始不乐意，因为钉钉各种“贴心”的功能，如定时打卡提醒学习、收作业及批改作业等，使他们轻松学习的幻想破灭，于是自发地在各类应用商店上给钉钉打上一星差评。加之哔哩哔哩等社交媒体上以钉钉为主体的鬼畜视频的发布，更是将这场差评风波推向了高潮。除了有学生们因线上学习而产生的牢骚，也有不少对钉钉服务器卡死等服务质量问题的吐槽，负面口碑持续发酵。面对来势汹汹的差评，钉钉第一时间明确了应对的方案。

**第一部——卖萌回应表观点**

看似轰轰烈烈的“恶评”，从产品本身的角度来看，并没有出现太大的问题，总体上是一次基于情绪的互联网恶搞式狂欢。因此，基于这个判断，钉钉也不需要一份官方正式的声明回应。于是，在2020年2月7日，钉钉官方微博首先发布了一条配有表情包，以调侃的方式说出的“我知道，你们只是不爱上课”的微博，直接向群众指明了问题的核心——不是产品不好，只是学生有些调皮，并联合阿里里巴巴旗下公司的官方微博及其他新媒体账号为其扩散应援，助推话题传播，一度登上微博热搜榜。这样，在澄清问题原因的同时，以“卖萌”的语气更加深化了品牌人格，提高了用户好感度，扩大了品牌影响力。

**第二部——鬼畜视频求好评**

在阿里系全员出动“帮场子”后，舆情已经有所好转，在向好的趋势下，钉钉选择趁热打铁，进行第二波“求饶”回应，在官方微博、哔哩哔哩官方账号发布了一个名为“钉钉本钉，在线求饶”的视频，向对钉钉恶意刷一星的用户求好评，真切表达了对“少侠们”“爸爸们”的服软，并阐述了自身的难处。“少侠们饶命吧，大家都是我爸爸”“此生无悔入钉钉，五星求一次付清”，画面中钉钉的小燕子卡通形象流着眼泪诉说着自己的无奈与委屈，每句文案都体现了强烈的求生欲。视频放出后一下子就火爆全网，看到偌大一个品牌向“少侠们”低头，用户们也得到了安慰和满足，同时也在鬼畜视频中找到了文化认同感。这一波回应不仅使钉钉的打分开始逐渐回暖，各类社交媒体平台上也开始出现为钉钉“洗白”的热门鬼畜作品，“求饶”微博的转发量超5万，评论数超过2万，点赞量更是高达90万，引起的报道和热议更是为钉钉带来了正面的二次传播效应，使钉钉实现了从“一星差评”到“五星好评”的转变。

钉钉在线“求饶”两部曲无疑是成功的，背后是钉钉实施的营销策划。

资料来源 开心零售观察. 在线“求饶”的钉钉，一次成功的借势营销［EB/OL］.［2020-02-21］. https: //baijiahao.baidu.com/s? id=1659126450091670585&wfr=spider&for=pc .

（4）为了显示策划书的保密性，在方案的封面左上方，要注明保密密级，如“AA级”字样，以示方案的保密程度。

（5）为方便阅读策划方案，最好将方案的章、节、目各部分材料排上页码。

（6）保证文字的准确性。方案内容的表述要准确，文字的打印要精确无误。

**2）提交方案的步骤**

对于大型公共关系项目，方案应分层次出台，主要分两个层次：方案框架文本和行动细则方案。

（1）方案框架文本

方案框架文本一般由总策划主笔，它是向委托组织递交的第一份“成果”。其内容由四部分组成：第一，该组织现状的分析。第二，提出战略设想。第三，实现战略设想的策略与步骤。第四，对实施方案的后果进行预测。

（2）行动细则方案

一般情况下，细则方案由负责该项行动的专家小组撰写。对行动细则方案的内容有两个要求：第一，要与公共关系战略紧密挂钩，成为框架文本中战略的延伸，要注明每个行动的战略意图。第二，内容越细越好，强调可操作性，诸如时间、地点、人员、方式、方法等。公共关系活动内容是公共关系策划的核心，这一部分内容应包括公共关系活动对象、公共关系活动目标、公共关系活动策略、公共关系活动项目、公共关系活动主题、公共关系活动时机、公共关系活动经费预算、公共关系活动进度、公共关系活动效果评估标准等。

撰写公共关系活动策划方案是精益求精的公共关系工作，策划方案不仅要内容充实，表述清晰，而且要结构完整，符合格式。标准的公共关系活动策划书由封面、目录、正文和附件四部分构成。

对于大型公共关系策划，要在“框架文本”得到委托组织认可后，方可着手细则方案的构想与写作。如果是某一专题公共关系策划，则可以将战略策划方案和战术策划方案一气呵成。

### 11.2.4 专家督导实施

公共关系策划方案出台后，策划专家不能卸任而归，而是要接着做好方案的督导实施工作，这一环节在实践方案中十分关键。

从一般意义而言，以下三种督导方法具有普遍的实用价值：

**1）亲临实践法**

在策划方案推行过程中，对一些专业知识较强的项目，如果组织无力操作，专家就应亲自动手，如形象标志设计、品牌设计，以及一些主题活动的组织等。

**2）信息遥控法**

专家的督导方式可以根据工程进展的不同阶段有所变化。如在形象工程进入平稳发展阶段，专家就可以撤离现场，而采用遥控督导方式，即对组织形象建设中出现的问题进行及时的指导，起到场外咨询的作用。

**3）现场指导法**

现场指导法就是指导组织的人员理解策划方案。如烟台白云商厦策划方案的实施，中层干部们就是在策划专家的耐心说服后才下决心接受并推行策划方案的。在方案的推行过程中，专家亲自向商厦的全体员工讲解新理念的含义，并对理念导入仪式的方式、方法做现场指导，最大程度地展现了方案的原意。

### 11.2.5 评估公共关系策划效果

一个完整的公共关系策划活动应该以公共关系调查研究为策划的开端，以对公共关系方案实施后果的全面评价为结束。

**1）总结评估对公共关系策划的重要意义**

（1）总结评估能够加强委托组织对公共关系策划的信赖，即用公共关系活动后组织形象指标上升的事实，增强其对公共关系策划的信任，促使组织继续支持公共关系策划活动。

（2）总结评估能对公共关系策划成败做科学诊断，即在多大程度上实现了原来的设计要求，从而减少由于盲目性而带来的损失。

（3）总结评估是下一个公共关系策划活动的开端。总结评估可以根据公众对组织形象的反馈意见，重新调整形象，选择更为成熟的公共关系途径和公共关系方案，使公共关系策划不断提高档次，向着越来越科学的方向发展。

**2）常用的总结评估工作的方法**

（1）民意调查。民意调查一般采用“抽样调查”的方法，可以在以下人员中进行：该组织内部员工、产品消费者或服务对象、社会公众。通过这些调查，组织可以了解到公众在组织公共关系活动后的态度和兴趣有无改变，改变的程度如何，从而把握公众对组织形象的评价和认可度。

（2）专家评价。由各方面的专家组成评议组，对公共关系成果进行评估，接受质询，予以论证。专家评价的方法可以采取专家咨询法、同行评论法，也可以开座谈会听取意见，举行一些正规的活动，以及非正式地进行私人交谈等。

（3）比率统计。进行新闻传播方面数据的搜集和统计，如有多少媒介组织活动的报道？报道了多少次？报道什么内容？有多少公众收看或收听了这一传播报道？通过对这些问题的统计就可以得出组织形象传播广度的可靠数据。

## 11.3 公共关系策划书的内容结构与注意事项

### 11.3.1 公共关系策划书的内容结构

公共关系策划书即用书面形式表达出来的公共关系策划方案，它全面而细致地体现着公关活动的方方面面。不论哪种类型的公共关系策划书，其内容都应该涵盖以下几方面：组织环境分析、公共关系目标的确立、目标公众的确定、公共关系主题的拟定、公共关系活动措施与步骤的制定、工作日程的安排、机构设置与人员分工、经费的预算、公共关系效果的预测。

**1）组织环境分析**

组织环境是指企业所面临的各类公众和各种条件，包括内外环境。它有“硬环境”和“软环境”之分。“硬环境”是指一切看得见、摸得着的有形环境，如厂房、办公设备、生产线、资金财产等。“软环境”是指看不见、摸不到，但又对组织起着十分重要作用的无形环境，如科技水平、员工素质、管理状况、社区关系、公众认可度等。就公共关系而言，主要是对组织的内外相关软环境进行分析调查，以此作为公共关系活动的依据和出发点。

（1）组织内部“软环境”调查分析

组织内部“软环境”调查分析主要包括对组织内部职工向心力和劳动积极性的调查分析、对股东主人翁意识及与组织利益关系的分析、对组织内部结构组成合理程度的调查分析。

（2）组织外部“软环境”调查分析

组织外部“软环境”调查分析主要包括顾客对组织的意向分析、社区对组织的要求及满意程度调查分析、传播媒介宣传效能的分析、对政策法规执行情况的分析。

**2）公共关系目标的确立**

公共关系策划具有鲜明的目的性，目标是公共关系活动的方向与希望达到的标准。在策划书中，既要对整个活动的总目标有所体现，又要对各层次的分目标一一列出。在制定公共关系目标的过程中要做到以下几点：

（1）总目标与分目标的层次性要明显。总目标是宏观要求，分目标是具体执行，不同层次的目标应不一样。

（2）量化目标，即将公共关系目标尽可能用数字体现出来，既便于工作人员操作，也便于监督。

（3）目标要协调一致且切实可行。目标之间不能冲突，总目标与分目标之间、各分目标之间要协调一致，并且目标不管量化与否，都要切实可行，太高的目标毫无使用价值。

**3）目标公众的确定**

公共关系活动的实施对象是公众，然而在一项公共关系活动中，不可能所有公众都是活动的针对者。每一次活动都应根据本组织目前的状况有意识、有目的地针对特定范围的公众进行。这些公众就是目标公众。目标公众一旦确定，即为公共关系活动指明了对象。

**4）公共关系主题的拟定**

公共关系主题即为贯穿整个公共关系活动的中心思想和要体现的中心内容，是公共关系活动的核心和灵魂。

表现公共关系活动的形式多种多样，一般用一个口号来概括，也可以是一句陈述或者表白，还可以是公共关系活动的主题音乐、主题歌曲或主题色彩、图案等。总之，只要能完整、全面、凝练地表现公共关系活动的中心思想就可以。

**5）公共关系活动措施与步骤的制定**

公共关系活动的具体措施包括公共关系活动的所有内容，并据此详细地提出开展方法，如此次公共关系活动共有哪些小的活动组成、邀请哪些宾客、活动现场如何布置、散发什么宣传资料、邀请哪些新闻媒体、由哪些领导出面讲话、如何引导公众参与这些活动并引起兴趣、要做哪些物资方面的准备等。在解决公关难点时，具体措施在实施过程中出现差错或行不通，就要启用备用措施以应急。活动步骤是具体措施的顺序化落实。

**6）工作日程的安排**

要确保具体措施有步骤地进行，公共关系活动必须按一定的进度开展。工作日程就是确定工作开始和结束的时限，可以做到：一是让公关人员心中有数，加强工作力度，在规定期限前完成任务，提高工作效率。二是便于督察。没有时间限制的公共关系活动是极难对其进行监督考察的。三是能够让公关工作按照既定步骤准时完成。

在日程制定中要考虑到一定的弹性，不论是分目标日程还是总目标日程，都要在时间上留有余地。对弹性日程的设置最基本的要求是绝对不能影响公共关系活动的进展。

**7）机构设置与人员分工**

任何公共关系活动都离不开相关机构的工作与人员的具体操作，而且机构设置状况和人员分工如何，会直接影响到公共关系活动的进程和效果。同样的工作项目，由不同的机构与人员来操作，其结果会大相径庭。

**8）经费的预算**

在公共关系活动策划书中，必须细致地进行经费预算，而且要遵循以下原则：首先，限制在组织能够予以支付的范围内；其次，在相同经费支出预算中选择最优方案；最后，非花不可的钱才花。经费预算内容一般包括工资、一般管理费、折旧费、广告费、赞助费、差旅费、应急资金等。

**9）公共关系效果的预测**

组织公共关系活动的成效即组织总体形象经历公关活动后知名度、美誉度、定位度的上升情况及组织产品的销售量增加情况等。公关人员在完成公共关系策划后，对于此项活动能够达到怎样的效果，应有所预计。效果预测的方法有定性预测法和定量预测法。

定性预测法是指依靠知识、经验、智慧和直觉对公共关系活动的成效进行预测的方法。它主要是通过对预测对象有关资料的定性分析来预测，只能描述其发展的大概趋势，适用于对资料数据不足、多数有关因素无法量化和发展状态不稳定事物的中长期预测。具体方法主要有专家意见法、头脑风暴法和经验判断法等。

定量预测法是指根据预测对象的有关资料和数据，通过建立数学模型，运用数学的方法进行处理和计算的预测方法。它主要是通过对预测对象有关资料的定量分析来预测，预测结果具体、明确、可量化，适用于对资料数据较完备、发展状态较稳定事物的中短期预测。具体方法有平均数法、指数平滑法和回归分析法等。

两种预测方法各有千秋，必须结合起来综合分析，才能得到可靠的预测结论。

## 11.3.2 制定公共关系策划书的注意事项

**1）要有实施方案**

应该把公共关系专题活动作为一个整体和系统工程来设计、规划。对于时间、地点、活动方式、参加者、环境、经费、交通、效果评估、宣传报道等各方面因素和细节都要考虑周全，事先要制订实施方案并请有关人士论证批准，然后按照活动方案进行操作实施，并且在实施过程中搜集反馈信息，如有必要可根据实际情况和反馈信息对方案进行合理调整。

**2）要有明确目的**

任何公共关系专题活动都应该有明确的目的，如影响哪方面的公众，要取得哪方面的效果，要达到怎样的公共关系目标，以及公共关系专题活动的主题是什么等，都应事先确定。

**3）要有专人负责**

公共关系专题活动不仅要请专家精心策划，而且要有专人负责实施，最好是组成专门机构一抓到底，善始善终。其机构成员最好具有公共关系策划能力和公共关系知识、实施能力，以便能“逢山开路，遇水搭桥”，保证公共关系专题活动的顺利进行。

**4）要有传播计划**

在公共关系专题活动开始之前，就要把有关专题活动的消息传播出去，以便渲染气氛，创造良好氛围，还要事先与新闻媒介进行联系，并且为记者采访、报道提供一切便利条件。专题活动之后，要注意搜集报道成果和反馈信息。总之，公共关系专题活动要有与之配合紧密的传播计划。离开了传播，公共关系专题活动的效果则会大打折扣。

## 策划案例与文案

### 辛巴售假燕窝事件

要说2020年直播电商行业最火爆的消息当属“辛巴燕窝售假”。起初，有消费者质疑辛巴在直播间售卖的燕窝是糖水，2020年11月4日后“糖水燕窝”事件开始发酵，到现在正式进入调查程序，到底都发生了什么呢？我们现在来梳理下时间线。

1）燕窝变“糖水”

辛有志别名辛巴，是知名电商平台头部达人，在快手拥有粉丝量7 000万、1 500多万消费用户，2018年创建“辛选”，2019年“双11”期间曾创个人21亿元销售额的佳绩，被誉为直播电商行业领军人物、快手电商第一人。2019年至今，据不完全数据统计，经由其个人线上所销售的金额已突破百亿元。

2020年11月4日，有消费者在社交平台发布视频，称在“辛选”旗下主播直播间购买燕窝后，发现“所谓的燕窝就是糖水，一点都没有燕窝的黏稠感”。随后，辛巴在直播间展示产品检测报告，并进行现场试验，以此来证明产品没有问题。

11月14日，职业打假人王海发布微博称：①辛巴燕窝是风味饮料不是燕窝。②辛巴的风味饮料属于不符合食品安全标准的食品，消费者可要求退一赔十。③若进价4.2元，忽悠消费者说赔钱卖、贴钱卖，属于欺诈。随后，王海上传相关检测报告，据检测结果，该产品蔗糖含量4.8%，而成分表里碳水化合物为5%，确认该产品就是糖水。

11月27日，辛巴在各大社交平台针对“糖水燕窝”事件致歉，并表示，经过检测，品牌名为“茗挚”的燕窝确实存在问题，后续将全部召回，退一赔三，共计退赔6 198万元，并启动团队内部整改，同时，还要追究品牌方的责任。

据辛选官方消息，截至12月7日晚间，辛选已向25 980名消费者进行了赔付，已经汇出的理赔金额为2 958万元。

12月8日晚，辛巴现身徒弟的直播间，鞠躬回应“糖水燕窝”事件：没有一个人一生不犯错，没有一个企业一生是完美的，有问题需要改进，改进才能更好！

2）一波未平一波又起

2020年12月23日，广州市场监管部门公布“辛巴直播带货即食燕窝”事件调查结果。广州市场监管部门表示，在此次燕窝销售过程中，辛巴涉事直播公司存在引人误解的商业宣传行为，其行为违反了《中华人民共和国反不正当竞争法》第八条第一款的规定。根据《中华人民共和国反不正当竞争法》的规定，市场监管部门拟对其作出责令停止违法行为、罚款90万元的行政处罚。燕窝销售方融昱公司为和翊公司直播活动提供的“卖点卡”，以及在天猫“茗挚旗舰店”网店发布的内容，均存在引人误解的商业宣传行为，其行为违反了《中华人民共和国反不正当竞争法》第八条第一款的规定。根据《中华人民共和国反不正当竞争法》的规定，市场监管部门拟对其作出责令停止违法行为、罚款200万元的行政处罚。同时，快手电商表示，根据广州市市场监督管理局12月23日公布的调查处理情况，快手电商决定进一步采取如下措施：即日起，对辛巴的徒弟、涉事主播“时大漂亮”追加封停账号60天；对事发后在直播间存在不当言行的和翊公司负责人辛有志，封停其个人账号60天。

其实真正让消费者感到不满的是燕窝售假事件发生之后，辛有志并未及时、有效地采取相关的措施，只是在直播间展示供应商提供的产品报告，而且试图封锁有关燕窝变糖水的消息。危机事件发生之后缺乏快速、有效的公关营销，也是造成事件持续发酵的重要原因。

在直播电商日渐成熟的今天，人们之所以会在直播间内购买产品主要是基于消费者对人、货、场的信任。人，是指直播带货的人，像自带流量的娱乐明星等，他们自身积累了很大的粉丝群体，在带货过程中充当KOL的角色引导消费者。货，是指直播间里的产品，产品的选择是关键，所选的产品：一是与账号定位属性相关，如美妆博主尽量选择美妆产品；二是所选的产品亲自使用，保障产品的质量；三是按照粉丝的需求选择高热度的产品；四是选择高性价比的产品。场，是指直播间内部的拍摄状，以及直播带货的宣传和气氛的烘托。三者是缺一不可。

3）直播电商背后的反思

目前“网红带货”已经成为多家电商平台的标配，电商正在进入“网红带货”时代。相关数据显示，2015年以前我国直播相关企业年注册量均不到千家。2015年后，直播行业开始快速发展，相关企业注册量逐年上升，2019年达到5 684家，为2018年的1.6倍。特别是在2020年3月后，疫情中人们都待在家中，刺激了直播行业的爆发式增长，直播相关企业月注册量屡创新高，5月份月达到2 877家，同比上升了684%。

不过，直播行业爆发式发展的同时，也产生了很多问题。比如，同年12月15日，罗永浩直播带货微博“交个朋友”发布《关于11月28日交个朋友直播间所销售“皮尔卡丹”品牌羊毛衫为假货的声明》，承认所售出部分羊毛衫为假货；在李佳琦直播间购买的型号为S-2021TS的山本空气炸锅，在使用几次后便出现故障，同时，对于该产品的投诉并不在少数，均为使用几次后，炸锅便发生故障且无法使用。

夸大宣传，不规范宣传；产品质量货不对板，假冒伪劣商品横行；直播数据造假，销售数据“注水”，欺骗商家与消费者；售后服务难保障，价格保底承诺难实现。而且，也出现了恶意刷单、花式踢馆、虚假举报等同业竞争问题。面对这些问题，大多数主播只是简单地采取赔偿、道歉和退款的方式解决，而对产品本身如何更好地选取、监督却避而不谈。直播电商更像是一颗冉冉升起的巨星，但如何更好的监管和净化直播电商环境，仍需要我们拭目以待。

资料来源　[1] 佚名. 辛巴就燕窝事件正式道歉[EB/OL]. [2020-11-30]. https://www.meihua.info/article/4013259869373440.

[2] 佚名. 封停辛有志个人账号60天 加大对虚假宣传的治理力度[EB/OL]. [2020-12-23]. https://finance.sina.com.cn/chanjing/gsnews/2020-12-23/doc-iiznezxs8533473.shtml.

**案例思考题：**

1.请结合消费者决策过程模型分析消费者对网红直播推销产品的购买决策过程。

2.简要介绍选择一个你喜欢的网红进行直播购物的依据。

3.结合案例内容简要分析购后行为对市场营销的影响。

4.结合案例，请对消费者的购买行为提出一些建议。

## 策划实战

（1）某社会慈善组织的一位领导给办公室经理布置了一个任务，要求用公共关系的手段与策略向社会公众经常性地宣传组织在各方面取得的成绩。其公共关系的目标是通过不断“亮相”，使社会公众进一步了解和熟悉组织，从而取得理解和支持。假如你是办公室经理，你如何运用公共关系手段完成任务？试制订一个公共关系的实施方案。

（2）一家著名日化公司欲使其系列产品“亮利”洗衣粉打开农村市场，准备策划一次面向农村的公共关系活动。若你是公司高级公关人员，由你负责这次企划案，请你作出一份详细的策划书。

## 本章小结

公共关系策划是组织为取得公共关系活动成功和实现形象战略目标而事先进行的有科学程序的谋划、构思和设计最佳方案的过程。根据公关实务活动组成要素的不同，可以将公共关系策划分为主体或部门公共关系策划、对象公共关系策划和功能性公共关系策划。

公共关系策划程序可分为五个阶段：确定公共关系策划目标，组建策划团队，制订策划方案，专家督导实施，评估公共关系策划效果。

公共关系策划书的内容结构包括组织环境分析、公共关系目标的确定、目标公众的确定、公共关系主题的拟定、公共关系活动措施与步骤的制定、工作日程的安排、机构设置与人员分工、经费预算、公共关系效果的预测等。

## 参考文献

[1] 赵驹，王小玲．公关策划［M］．北京：北京大学出版社，2006.
[2] 赵应文．公共关系学概论［M］．北京：清华大学出版社，2013.
[3] 曾琳智．新编公关案例教程［M］．上海：复旦大学出版社，2006.
[4] 伯灵，唐实．实用策划文案范本全书［M］．北京：北京工业大学出版社，2012.

[5] 徐飙．现代公关实务技巧［M］．北京：高等教育出版社，2011.

[6] 向国敏．公共关系写作［M］．北京：首都经济贸易大学出版社，2009.

[7] 张岩松．公共关系案例精选精析［M］．北京：中国社会科学出版社，2006.

[8] 德莱玛．公共关系历史经典与当代杰作［M］．上海：复旦大学出版社，2007.

[9] 倪东辉．公共关系策划［M］．合肥：中国科学技术大学出版社，2011.

[10] 孟繁荣．公关策划［M］．北京：经济管理出版社，2011.

[11] 杨俊．新型实用公关案例与训练［M］．合肥：中国科学技术大学出版社，2010.

[12] 李道平．公共关系学［M］．北京：经济科学出版社，2011.

[13] 开心零售观察．在线"求饶"的钉钉，一次成功的借势营销［EB/OL］．［2020-02-21］．https：//baijiahao. baidu. com/s？ id=1659126450091670585&wfr=spider&for=pc .

# 第12章 营销策划方案的类型与制订

### 学习目标

通过本章的学习，了解三种营销策划方案的区别以及应用范围，重点掌握三种营销策划方案的结构和书写技巧，同时把握书写过程中应注意的一些问题。

# 12.1 营销策划方案的类型

## 12.1.1 营销策划方案的类型划分

市场营销是现代企业最为广泛的经营管理活动，通过市场营销活动所产生的经济效益和社会效益，不仅是企业生存必不可少的，也是整个社会经济健康运行与发展不可或缺的。随着商品经济的发展以及人们认识水平的逐渐深化，市场营销也逐渐由实践上升为理论，其具体表现形式则是营销策划方案。因此，营销策划方案的重要性也愈加明显。本章将对营销策划方案的类型与制订进行介绍。按其策划的内容及应用的范围可以划分为策划型、诊断型、计划型。

**1）策划型——营销策划书**

营销策划书的策划对象是公司尚未推出的产品、服务、产品线或品牌，目的是将产品打入市场。在这个阶段一些市场信息不是很明确，因此在项目启动之前需要撰写一份完整的新产品营销策划书，以提高企业投入营销资源的有效性和竞争性。撰写营销策划书的人员可以是企业营销部门或企划部门的人员，也可以是企业外聘的咨询与策划人员。

**2）诊断型——营销诊断书**

营销诊断书的策划对象是企业在运营过程中所出现的问题，目的是提出切实可行的解决方案。该策划书通过调查分析企业经营的现况，发现存在的问题，从而运用科学的方法进行分析，查找产生问题的原因，提出改进方案，使企业良性发展。企业内部营销人员和企业外部策划人员都可以为企业撰写营销诊断书。

**3）计划型——年度营销计划书**

年度营销计划书的策划对象是企业下一年的营销工作规划。年度计划书一般在当年年底作出，一年一次，需要接受企业高层管理人员的正式审核、批准，当然也要随着环境的变化作出相应的调整。年度营销计划书是由企业内部营销人员作出的。

## 12.1.2 三种营销策划方案的比较

不同的营销策划方案其适用性是不一样的，为了更好地理解和应用上述三种营销策划方案，需要对三种营销方案进行比较分析，在明确各营销策划方案特点的情况下，更好地加以运用。以下将从策划人员、策划对象以及策划方案的用途三个方面对上述营销策划方案进行比较分析，如表12-1所示。

从表12-1可以看出，营销策划书和营销诊断书可以由企业内外部的营销人员制定，而年度营销计划书只能由企业内部营销人员制定。因为制定年度营销计划书需要了解很多企业内部的数据，为了确保企业信息的安全性，一般情况下，由企业内部人员在对已有业绩进行总结分析的基础上，制定公司内部的年度营销计划书。

表12-1 三种营销策划方案的比较

| 方案类型＼区别要素 | 策划人员 | 策划对象 | 方案用途 |
| --- | --- | --- | --- |
| 营销策划书 | 企业内部营销人员<br>企业外部策划人员 | 尚未推出的产品、服务、产品线或品牌 | 为新产品或服务打入市场提供营销方案 |
| 营销诊断书 | 企业内部营销人员<br>企业外部策划人员 | 企业在运营过程中出现的问题 | 解决企业运营问题，提出可行性解决方案 |
| 年度营销计划书 | 企业内部营销人员 | 企业下一年的营销工作规划 | 为企业下一年度的营销活动提供活动依据 |

由于策划对象的不同，三种营销策划方案的应用性也各有侧重。那么，如何才能根据不同的情况，制定出一份切实可行的营销策划书，则需要营销策划人员在对上述三种策划方案充分理解的基础上，有效把握以上三种策划书的结构和技巧。本章的后三节将对这些内容予以详细介绍。

# 12.2 营销策划书

## 12.2.1 营销策划书的结构

一般来说，营销策划书的结构包括七个方面，见表12-2。

这七项内容是营销策划书的一般结构，当然，并不是所有的营销策划书都应如此千篇一律、一应俱全。由于企业所处的市场环境、经营内容、营销战略等存在差异，不同的策划书在结构上也可以有所变化，对此策划者应该在书写过程中灵活运用。

## 12.2.2 营销策划书的技巧

了解营销策划书的结构能确保方案书写的完整性，但是如果要使策划书写得更加出色，更能吸引读者的眼球，还需在策划书的书写过程中注意一些技巧性问题，以使策划书更具有实效性，可以从以下三个方面把握：

**1）主题明确，战略统领**

一份营销策划书应该有一个明确的主线，使得整个策划内容都围绕这个主线展开分析，也就是要确定策划主题。例如，企业欲将一种新产品打入市场，那么在产品的导入期阶段，提高消费者的认知度则为主要营运目标。因此，在制定营销策划书时要以此为核心，无论是在战略的确定还是在策略的选择上，都要紧紧围绕该目标，制订切实可行的方案，以使更多的消费者了解并认可该产品，从而提高产品的知晓度，使其快速打入市场。

表 12-2 营销策划书的结构

纲要
- ◆背景资料
- ◆策划团队
- ◆主要内容

环境分析
- ◆宏观环境分析
- ◆竞争环境分析
- ◆SWOT分析

营销战略
- ◆市场细分
  - ◇确定细分变量
  - ◇细分有效性
- ◆目标市场选择
  - ◇确定目标市场模式
  - ◇分析目标市场结构的吸引力
- ◆市场定位
  - ◇选择定位依据
  - ◇明确定位战略
  - ◇选择差异化工具

营销策略
- ◆产品策略
  - ◇丰富产品层次
  - ◇优化产品组合
  - ◇实行品牌营销
  - ◇设计包装和标签
  - ◇实行服务营销
- ◆价格策略
  - ◇选择定价方法
  - ◇进行价格调整
  - ◇发动价格变更及其反应
- ◆促销策略
  - ◇明确促销目标
  - ◇选择促销工具
- ◆渠道策略
  - ◇选择渠道方式
  - ◇渠道设计决策
  - ◇渠道管理决策
  - ◇建立渠道系统

组织与实施计划
- ◆组织销售队伍
- ◆制定实施时间表

费用预算

控制应变措施

为了更好地运用这一技巧，在策划书中可以使用一些重点符号、特殊的版式、不同的字体或字号，对策划内容的主要观点给予强调、突出，以帮助阅读者能够快速准确地把握策划主题。

**2）结构完整，条理清晰**

虽然不同的营销策划书具有不同的主题，但是无论其侧重点如何，一份完整的营销策划书都应该囊括有关营销战略和营销策略的所有部分，而不是单单对于某一个方面进行策划。这就需要策划人员熟悉相关的营销理论，即通常所说的环境分析、战略制定、策略组合三大部分，用字母则可以表示为：SWOT、STP、4P。对于营销理论有整体的把握，可以使我们的思路清晰，从而有效地开展工作。

掌握上述营销理论框架的内容可以保证我们的营销策划书结构完整，也可以使整个策划文案内容层次清晰。对企业而言，面对一份厚厚的营销策划书，如果看完之后，脑子里乱糟糟的一团，很难想象该策划书会被企业接受。只有对策划方案有清楚的了解，才能进一步考虑其可行性。

**3）图表丰富，分析透彻**

要保证营销策划书的完整，不可避免地会增加文案的篇幅，然而从营销策划书的使用者角度来分析，企业在审核不同的策划书时，最基本的要求就是希望该文案不但简明扼要，而且分析透彻。因此，在制定策划书时须选择一种最佳的方式，以满足企业的上述要求。以图表来说明恰恰体现了企业对于策划书的上述需求。图表可以将我们的语言精练到最简化的程度，如表12-3所示。可见，在策划书中运用丰富的图表无疑是一种最有效的方式。

表12-3 **消费者口味调查统计表**

| 序号 | 口味 | 样本数（个） | 比例（%） |
|---|---|---|---|
| 1 | 辣 | 810 | 46.02 |
| 2 | 甜 | 600 | 34 |
| 3 | 咸 | 410 | 23.3 |
| 4 | 酸 | 340 | 19.312 |
| 5 | 麻 | 210 | 11.93 |
| 6 | 苦 | 30 | — |

此外，值得注意的是，图表虽然能够做到语言简洁，但仅通过图表不能反映一些深层次的内涵。因此，我们在运用图表时需要辅之以必要的分析说明，分析得越深入，其可信度就会越高，如此则可以为企业节省大量的时间，从而提高营销策划书的实用价值。

# 12.3 市场营销诊断书

## 12.3.1 市场营销诊断书的结构

市场营销诊断书是以企业的全部经营过程为研究对象，在具体分析企业经营活动的基础上，揭示企业经营中存在的各种问题，并提出对其进行改进的方法与对策。可见，营销诊断书所涉及的内容比较繁多。但无论其诊断的是哪种问题，营销诊断书的基本结构包括如下三个部分，我们称之为营销诊断三板斧，如图 12-1 所示。

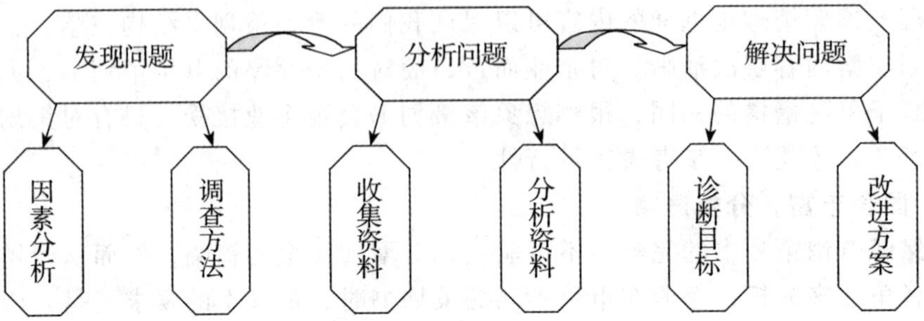


图 12-1　营销诊断三板斧

**1）发现问题**

（1）因素分析

营销诊断的第一项工作是要确定导致企业经营状况出现问题的原因，可以从以下几个因素入手：企业所处的市场环境（宏观环境和微观环境）、战略选择（目标市场细分、目标市场选择、目标市场定位）、营销策略（产品组合、定价策略、渠道设计、促销策略）以及营销管理（组织管理及执行控制）等。

（2）调查方法

没有调查就没有发言权，营销诊断书的编写要以大量的市场调查为基础，只有通过市场调查，才能了解市场动态，明确企业的营销战略、营销策略及营销管理中存在的弊病。因此，营销诊断一板斧的第二步是介绍诊断病情的调查方法，运用的方法越科学，调查结论越具有说服力。

**2）分析问题**

明确了病情，还要分析病因所在，以便对症下药。一般而言，对病因的解释须做如下两方面的工作：

（1）收集资料

诊断内容不同，所需收集的资料也不尽相同。例如，如果是对产品销售系统进行诊断，那么要收集的资料主要有：近三年的财务会计报表和统计资料；近三年的产品目录，各种产品的产、销、存情况；近三年采用的销售方式和销售方法；近三年的价格政策和执行效果；近三年的销售合同及执行情况；历次内部审计报告、销售机构，设置内部控制制度、岗位自认制度、销售管理及销售工作制度等；其他所需有关资料和文件。

（2）分析资料

要想准确查找企业存在问题的原因，则需要对收集到的材料进行整理、分析。如果材料很多，为避免诊断书的文案过于繁冗，可以用表格或图表的形式加以归纳整理，如表12-4所示。

从表12-4可以看出，从总的销售额来看，该年度该公司的产销情况不够理想：全年可供销售额8 380万元，只销售了6 920万元，产销比率为83%，期末库存1 460万元，比期初980万元增加480万元，相当于期初库存的49%，造成产品严重积压，资金周转受影响。

表12-4 **某年度产销比率分析** 金额单位：万元

| 项　目 | 可供量（或金额） | | | 本期销售额 | 期末余额 | 产销比率（%） |
|---|---|---|---|---|---|---|
| | 期初余额 | 本期生产 | 合　计 | | | |
| 年产销总额 | 980 | 7 400 | 8 380 | 6 920 | 1 460 | 83 |
| A类产品 | 270 | 1 000 | 1 270 | 480 | 790 | 38 |
| B类产品 | 500 | 5 000 | 5 500 | 5 200 | 300 | 95 |
| C类产品 | 150 | 600 | 750 | 640 | 110 | 85 |
| D类产品 | 60 | 800 | 860 | 600 | 260 | 70 |

再从公司生产经营的四类产品分析，B类产品产销比率为95%，C类产品产销比率为85%，它们的销量都超过了当年的生产量。期末库存比期初少，说明这两类产品受市场欢迎。而A、D两类产品销售较差，特别是D类产品，其产销率为70%。可见，D类产品作为企业多年来生产的老产品，技术上已经落后，样式也已陈旧。

从上例中可以看出，通过图表加解析的方式对材料进行分析，找出问题的原因所在，不但使营销诊断书简明扼要，而且有理有据，极具说服力。

**3）解决问题**

（1）诊断目标

既然在大量调查基础上发现了企业运营问题所在，那么根据该诊断书能将病情医治到何种程度是企业最关注的。因此，需要在营销诊断书三段论中的首段加以说明，以增加营销诊断书的说服力度。

（2）改进方案

改进方案可以说是营销诊断书的核心部分，是一份成功的诊断书的价值所在。如果说发现问题是切入点，分析问题是基础，那么解决问题则是关键。继续引用表12-4的例子，既然通过分析已经得出D类产品销量低迷的原因，那么就可以此为切入点，实施产品策略，如改变产品包装、增加产品种类、加大产品科技含量等。

**小案例12-1**

**××公司价格诊断书**

一、市场背景

由于本公司历史悠久，市场占有率高，因而别的公司想抢占本公司市场来代理其他国际品牌，以低价与本公司竞争。

二、对策

（一）采取分段定价法

本公司抢先引进某种新产品，一开始便采取高价策略，以获取抢先上市利润（同时，借以支付庞大的市场开发费用）。等许多竞争对手跟进时，则降价以打击竞争对手，防止市场被抢。如此，该种产品对本公司而言，总利润是划算的。

（二）采取副品牌策略

1.以分期付款和租赁的方式开发新产品。

2.采取非价格竞争策略。

（三）售前服务

推荐适用品种，提供试用方式。

（四）售后服务

保证零配件齐全，维修快捷，服务阵容强大。

（五）公关策略

邀请国外权威学者举办学术研讨会，并举办新产品经营管理研讨会。

## 12.3.2 市场营销诊断书的技巧

**1）提出问题的可靠性**

营销诊断书的应用性比较明确，就是为解决企业经营中出现的问题而提出解决方案。营销诊断书的第一板斧可以说是确保整个策划书具有实用性的基础和前提，只有提出的问题正确合理，才能保证后期的工作具有实际意义。如果问题的确定本身有误，不但会使原有问题得不到解决，甚至还会使情况继续恶化，从而会造成资源的浪费。这就好比是远航的帆船，无论帆船的设计多么牢固、精美，行程多么顺利，如果在扬帆起航时方向出现了错误，那么整个航程都会由于无法到达目的地而变得毫无意义。由此可见，要想使企业毫无疑义地投入资金，必须使问题的提出有充分的理论依据，以确保对症下药。

**2）分析问题的逻辑性**

要想把问题分析得准确透彻，就必须注意文案的逻辑性。同样的问题，从不同的角度分析则会得出不同的解决方案。因此，对于企业出现的问题，也可以有不同的解决方法，营销诊断书可以针对同一问题列出不同的解决对策。但是能够让企业信服并愿意实施的营销诊断方案必定是那种使用性最强，能够使问题在最短的时间内迎刃而解的策划。因此，营销诊断书应在对企业的内外部环境、经营状况、资源等因素进行分析的基础上，直接提出最优方案，这样可以节省企业自身在选择方案中所付出的成本。

**3）解决方案的针对性**

一份好的诊断书关键在于能够抓住重点，突出亮点。正如前文所述，企业最关注的永远是解决问题的对策。一般而言，诊断书后部分提出的解决办法应该与前面提出的诸多问题是一一对应的关系，所列的多个问题或对策之间按重要程度由高到低排列，把有关系的条目放在一起。为了使解决方案更加有针对性，可以使用指标测评方法对问题进行解析，从而给出解决方案，参见补充阅读12-1。

**补充阅读12-1**

**指标诊断法**

**项目一：客户档案诊断**

指标1：地区办事处客户档案中的客户数量占该地区同类客户总量的比例。

指标2：地区办事处用户档案数量占用户总量的比例。

这两个指标越高，表明该地区办事处的市场开发程度越深，同时，表明市场工作做得越细。

**项目二：客户沟通诊断**

指标1：参加培训的客户数量占客户总数的比例。

指标2：接受公司的客户数量占客户总数的比例。

指标3：参加公司员工活动的客户数量占客户总数的比例。

这三个指标反映了客户与公司的沟通程度。

**项目三：促销活动诊断**

指标1：企业促销活动持续天数占全年365天的比例。

指标2：企业万美元的促销费用实现的销售额。

这两个指标越高，促销拉动效果越好，就越有利于渠道网络的健康发展。

**项目四：渠道系统管理组织诊断**

指标1：从事销售工作3年以上且学历为大学专科以上的地区经理占销售经理总数的比例。

该指标越高，表明销售管理组织的素质和能力越强。

指标2：地区办事处自控终端零售商销售额占地区办事处销售总额的比例。

该比例越高，表明地区办事处在做市场，而不是在简单地做销售。

## 12.4　营销年度计划书

### 12.4.1　营销年度计划书的结构

管好一个企业就要管好它的未来，而管好未来就意味着对将来要有合理的规划。企业所处的市场环境动荡不定，新技术日新月异，市场需求变化多端，这就要求企业不仅要着眼于现在，更要关注未来。制定营销年度计划书则可以为企业制定未来的营销战略决策提供必要的保障和依据。营销年度计划书是对企业未来一年内的各项营销活动所进行的规划，主要包括以下三部分（见图12-2）：

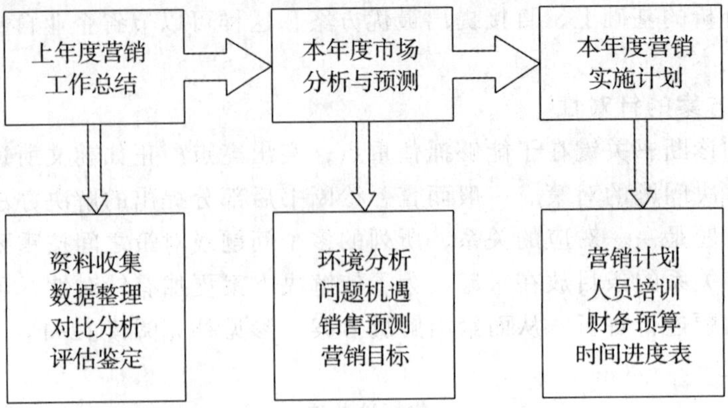


图12-2 营销年度计划书结构

**1）上年度营销工作总结**

（1）资料收集与数据整理

根据上年的营销年度计划总结销售业绩，通过对各项销售因素资料的收集，在整理分析的基础上，对实际与计划的差异做简要解释说明。为增强说服力，针对销售业绩所做的任何调查都应包括在内。也需要按照产品类别、品牌、销售地区、代理商等指标，把销售业绩进行详细的列表分类和比较。

（2）对比分析与评估鉴定

对于上年度各项开支的费用投入，可通过表12-5加以总结。

表12-5 费用开支实施情况分析表

| 费用项目 | 销售 | 广告 | 公关 | 调研 | 酬金 | 其他 |
|---|---|---|---|---|---|---|
| 预算费用 | | | | | | |
| 实际费用 | | | | | | |
| 占预算比例 | | | | | | |

在上年度营销计划书中对4P策略各种方案所要达到的目标已经确定了指标，因此在对相关资料分析的基础上，将有关结论与指标进行对比，同样可以利用表格的形式加以说明。

**2）本年度市场分析与预测**

（1）环境分析

这部分要对企业所面临的行业环境、政府政策、竞争者战略、消费者需求等方面的因素进行预测和分析，主要是参考上年度的资料以及在进行市场调研中所收集到的数据资料。

（2）问题机遇

① 问题：列出达到目标过程中可能遇到的各种问题以及消除风险的措施。

② 机遇：列出有助于达到目标的各种有利条件、机会。

（3）销售预测

列出下一财政年度的产品销售预测，如果有几种产品或产品线，则使用表格形式说明。

（4）营销目标

对下一财政年度的产品或产品线各项目标做简要陈述，可以从收入或利润、新产品预测、现有客户保持率等方面加以说明。

**3）本年度营销实施计划**

（1）营销计划

这一部分所包含的内容与营销策划书的结构内容基本相同，可参看表12-1的内容。

（2）人员培训

任何未列入营销机会的培训，如专门为客户设置的培训项目等。

（3）财务预算

提出下年度损益估算预测表。

（4）时间进度表

提出时间进度表，表明谁在什么时候要干什么，留出空白，让当事人签上名字和日期，以示同意。

**小案例12-2**

**××公司市场年度营销计划书精要**

为帮助分销商迎接新的挑战，全面推进分销商的生意，××公司在2020年10月推出了“分销商2021年计划”。该计划指明了分销商的生意方向和发展方向以及公司帮助分销商的一系列措施。

**一、分销商的定位和发展方向总结**

1.现代化的分销储运中心。

2.向厂商提供覆盖服务的潜在供应商。

3.向中小客户提供管理服务的潜在供应商。

**二、分销商的现状分析**

1.分销商除具备规模、效率、专业服务和规范的特点外，还具备很强的融资能力。

2.上半年公司将分销商数目削减了40%，推出了14天付款优惠条款，推出600箱订单优惠条款。

**三、下年度实施方案**

1.建立多部门工作组，开始向分销商提供有关财务、人事、法律、信息技术、储运等方面的专业化指导。

2.投资1个亿，用于分销商电脑系统建设和车辆购置，资助分销商购买依维柯约400辆，在全国的分销商总部以及分公司基本完成电脑系统的安装。

3.覆盖服务费、车辆销售。IDS和掌上电脑构筑起分销商对二级客户的标准、简单化的覆盖系统，分销商实现了初级的电子商务。

## 12.4.2 营销年度计划书的技巧

1）对比分析

有些策划者往往认为制订年度营销计划是一项全新的工作，需要提出新的战略、新的策略，从而过多地注重明年的计划工作，而忽视了今年的工作总结，导致今、明两年的工作衔接出现了“脱节”，无法形成一个完整的体系。然而，从计划制订的角度来讲，其实质是从所发现的问题出发，将其按照部门或特点进行分类，在深入细致分析的基础上，提出解决方案。这也是年度计划的真正意义所在，实为对上年度计划的完善改进。

年度营销计划的制订始于对需求、机会和问题的评估。明年的工作是建立在今年的工作总结基础上的，要想制订出真正有发展性的计划，既要对成功的经验进行总结，又要对出现的问题进行盘点，分析原因以避免再犯同样的错误。

2）阶段实施

目标管理是管理学中实用性很强的一种管理理念，即首先确定整个任务的总体目标，在规定了任务完成的期限以后则将总体目标按不同的时间段分解为子目标，从而在确保子目标完成的基础上，使项目的总目标得以实现。制定年度营销计划书同样如此，要想实现企业在本年度的营销目标，必须将目标进行分解，阶段性地去完成。在这里可以将年计划分解为季计划、月计划、周计划，甚至可以细分到日计划，究竟选择哪种类型更合适，需要根据企业外部环境的变化、目标任务的性质及企业自身的状况进行确定。

有的企业在制订年度计划时往往只制定年终目标，以此为企业的营销任务，使管理者及企业员工感觉到压力过大，任务目标遥不可及，以至于无法有效完成。

3）预算准确

营销人员必须利用环境分析阶段搜集到的信息，以及他们对市场和顾客的了解制定尽可能接近现实的年度计划书。由于一项营销年度计划必然要投入大量的人力、财力和物力等资源，因此科学的预算对于企业有效利用各项资源显得尤为重要。如果一项预测低估了成本，那么建立在其基础上的年度计划书会使公司不具备满足需求所需的足够的存货和员工；相反，如果一项预算高估了成本，那么就会出现庞大的开支问题。

任何一项计划在实施过程中都会遇到很多不确定因素，从而导致预算费用与实际费用的较大差别。因此在有些企业看来，实际运行情况很难把握，预算也无非就是形式而已，从而忽略了对其进行科学的分析。尽管预算最多不过是个不错的估计值，但还是要尽可能地制定这些预算项目，并进行科学的管理，从而保证年度营销计划的顺利实施，参见小案例12-3。

**小案例12-3**

**××公司年度销售计划管理办法**

第一条　销售额目标：本公司2020年全年销售目标××万元以上，全年实现利润××万元以上，其中新产品销售利润××万元以上。

第二条 为实现公司目标，本公司确立下列方针并付诸实施，本公司业务机构的所有人员都要精通其业务，具备危机意识。

第三条 为促进零售店的销售，应建立销售体制，将原有购买者的市场转化为销售者的市场，使本公司握有主导代理店、零售店的权力。

第四条 将工作的重点放在零售店上，并致力于培育、指导其促销方式，借此进一步刺激消费需求的增大。

第五条 新产品销售方式体制：

1.将所属零售商店按照区域划分，并在划分区内采用新产品的销售方式体制。

2.新产品的销售方式是指每人负责50家左右的店，每周做一次访问，借访问的机会督导、奖励销售，并进行调查、服务及销售指导、技术指导等，借此促进销售。

3.库存量维持在零售店为一个月库存量、代理店为两个月库存量的界限上。

4.销售负责人的职务内容及处理基准应明确化。

第六条 制订完善的广告计划：

1.在新产品销售方式体制确立之前，暂时先以人员的访问活动为主，广告宣传活动是未来要进行的主要活动。

2.针对广告媒体，再次进行检查，务必使广告计划达到以最小的费用，创造出最大效果的目标。

3.为达成上述两项目标，应针对广告、宣传技术做充分的研究。

## 策划案例与文案

### X银行信用卡市场营销策略①

1）策划概要

X银行是其总行在大连地区设立的一级分行。X银行总行的历史可以追溯到1954年。信用卡业务作为X银行长期战略业务之一，经历了十年的快速发展，大连地区银行业竞争激烈，加之国内信用卡产业面临转型期，消费信贷需求进一步释放，未来发展面临机遇和挑战。

在现阶段，充分挖掘信用卡客户价值成为商业银行的共识，它们积极探索新的盈利渠道，转变盈利模式。X银行的发卡量已达到了一定规模，地区用卡环境也逐渐改善，居民消费观念和习惯不断转变，持卡消费的比例及信用卡消费交易额得到稳定增长，加之近几年基于传统功能衍生的分期付款业务促进了信用卡盈利能力的进一步提升，可以说，规模经济效应的发挥已具备了基础的条件，如何进一步提升盈利水平，跨入盈利时代，是当前商业银行信用卡业务经营者重点思考的问题。以下是X银行信用卡的营销策略。

① 根据实际企业营销策划报告改编而成的策划文案。

2）市场环境

（1）行业分析

当下，国内信用卡业务已从导入期进入发展期，并表现出以下几个特点：一是客户群体因年龄递增，消费结构类型不断迁移；二是客户群体因地域及用卡环境等因素导致消费习惯差异大；三是信用卡业务由发展初期的信用透支消费功能逐步向消费信贷功能转移。这些特点都昭示着信用卡业务发展的空间仍然非常广阔。

（2）消费者分析

X银行信用卡用户消费结构较为理想，高收益行业消费占比高，但单卡消费交易笔数及金额偏低，用户消费能力不足，有待挖掘和进一步提升。

（3）自身分析

全行信用卡的经营模式和组织架构采取总分行制，由总行在全国下设38家一级分行，一级分行均设立信用卡中心或信用卡部，一级分行下设二级分行，部分省分行下设的二级分行也设立信用卡业务部门，发挥专业的优势。总行制定“重点区域”业务发展战略，采取“集中管理、集中经营、集中运作”的专业化、集约化信用卡业务经营管理模式。

2003年，X银行作为其总行下设的一级分行，在分行本部设置信用卡中心。在成立初期，其作为专营中心，职能包括营销、前台受理、征信审批等模块，后期随着市场环境的变化和业务的不断推进，成为分行信用卡产品和市场拓展管理部门，主要负责大连地区信用卡业务的整体经营和管理，并组建5个团队，分别为业务综合团队、市场开发团队、商户收单团队、分期业务团队和风险管理团队，现有员工35人，部分业务外包2人。

3）营销战略

X银行作为国有股份制银行，同时也是大型、综合型商业银行，信用卡是其零售业务的重要组成部分，长期作为战略业务发展。应切实保持信用卡政策连续性，将信用卡作为未来的重要增长点来定位，着眼现在，加快发展，并不断关注信用卡收入对全行的贡献。

4）营销组合策略

（1）产品策略

①产品设计

A.着手研究区别于传统信用卡的新型介质，如NFC一体化手机、SD卡和SIM卡等不同介质的移动支付业务、虚拟信用卡等，促使IC卡升级换代。

B.加强信用卡与其他个人金融产品创新融合，应尽早推出借贷合一卡。

C.打造消费金融平台，丰富分期付款产品线。

②产品卖点

有策略地进行产品差异化和功能集中化。差异化主要基于消费群体多元化的趋势进行市场细分，还体现在服务差异化上，基于信用卡基本功能和权益同质化的问题，服务的能力和水平也是决定产品是否具有竞争力的重要因素。集中化主要研究、推出多种功能的信用卡，从源头抓客户、抓资金，加快后续功能整合，提升产品竞争力。

（2）渠道策略

①加强信用卡业务与零售业务整合，结合零售业务产品与渠道推进房贷、个贷、理财、基金等客户的信用卡交叉销售，并重点推进公私联动、联盟营销。

②开发联盟伙伴关系管理平台，通过多种形式深化联盟伙伴合作，以联名卡产品或营销活动为切入点，与合作方开展联盟数据库营销，同时还可以发挥直销团队营销的作用。

③推进电子和自助渠道的使用规模和范围。

（3）价格策略

商业银行信用卡业务在扩大规模的同时更加注重营利性，努力实现风险调整后资产收益的最大化。

①建立较为完备的价格管理机制

信用卡具有与其他金融产品不同的盈利模式，利息收入比重高，中间业务（手续费）收入种类多。X银行应围绕这些环节建立完善的价格管理机制，明确价格管理机构、目标、价格底线、授权机制，可以考虑将部分价格权限下放，以支持各层级业务发展。

②从产品定价向客户定价转移

X银行应在已经实现的客户目标管理、客户考核基础上，增加以客户为维度的资源配置和客户定价管理。为配合产品定价向客户定价转移的综合定价策略，尤其是实现按客户群、客户交易、活动等多维度定价，需要创新定价模型和工具。

（4）促销策略

①文化营销提升客户认同度

提升“龙的传人用龙卡”的内涵价值和文化理念，在促销中融入文化营销，提升客户认同度。设计更多领域、更接地气的促销活动以提高客户认同度和用卡频率，并在宣传推广上，将龙卡品牌作为X银行的无形资产，使之成为促使客户选择的有力推手，成为信誉和品质的代名词。

②采取组合促销策略

从不同维度出发，以客户需求为导向，对客户进行差异化定位，在分类管理中运用组合促销策略，加强精细化管理。同时，结合广告、宣传、营销活动等多种促销方式，加强客户自然关联和主动选择，强化龙卡利民、便民的形象。

③加强新媒体的运用

在开展微信服务和营销的基础上，进一步加强微博、App等新媒体的管理，实现多种渠道的客户服务和营销模式。

扩大积分的使用范围，将积分用于交纳水、电、煤气、电视费，还贷款等个人日常生活消费的领域，提升积分的隐性价值。

5）组织与实施计划

（1）扩大营销专业人才队伍

在现有基础上补充信用卡营销团队或人员，优化岗位设置，持续加强信用卡专业人才队伍建设。

（2）优化财务资源配置

落实对信用卡产品的买单激励政策，直接兑现到营销人员，并要贯彻客户经营的理念，着眼长远。另外，加大对市场拓展费用的投入，包括宣传、营销活动、商户及客户维护费用等。

（3）强化考核机制

要进一步调整考核口径和标准，应逐渐调整为有效活跃客户，并应同步调整资源配置的口径，实施以效益为导向的激励约束政策，还要同步实现各个条线中对信用卡的KPI考核，以有效推动行内资源整合，条线联动营销。

**案例思考题：**

1.你认为这一策划案的结构是否完整？有没有遗漏的地方？

2.如果同时为这一产品作营销诊断书和年度营销计划书，你认为这和制定营销策划书有什么不同？

## 策划实战

康师傅公司的营业额在2015年、2016年已连续以百分比两位数的速度迅速下降，而对于企业最重要的净利润，2015年已下跌将近20%，2016年更是暴跌了66%。假设你是营销策划人，请分析以方便面为主营业务的康师傅公司陷入困境的市场原因，并为其撰写一个营销策划书以解决营销困境。

## 本章小结

营销策划方案是一种全局性、系统性的营销策划，它以消费者需求为核心，有效运用各种营销工具，充分发挥内外部资源的优势，使整个营销活动处于有组织、有秩序的系统性运营状态。

营销策划方案根据应用的对象不同可以分为三种类型：营销策划书、营销诊断书、营销年度计划书。对于上述三种策划书的文案结构和写作技巧的理解和把握，可以帮助我们完成一份出色的策划方案。

# 参考文献


［1］孟韬，毕克贵．营销策划方法、技巧与文案［M］．北京：机械工业出版社，2021.

［2］科特勒，阿姆斯特朗．市场营销［M］．楼尊，译．16版．北京：中国人民大学出版社，2015.

［3］李怀斌，周学仁．市场营销学［M］．大连：东北财经大学出版社，2011.

［4］胡占友．现代企业营销方案写作［M］．北京：机械工业出版社，2007.

［5］布莱．文案创作完全手册［M］．刘怡女，译，北京：联合出版公司，2013.

［6］李本辉，邓德胜．企业营销策划实务［M］．北京：中国经济出版社，2008.

［7］诸强新．如何制订营销计划［M］．北京：北京大学出版社，2006.

［8］赵秋梅．网络市场营销与策划［M］．北京：机械工业出版社，2008.

［9］冯开红．现代市场营销策划实务［M］．北京：电子工业出版社，2012.

［10］任锡源．营销策划理论与实务［M］．北京：首都经济贸易大学出版社，2006.

［11］周明．营销策划——策略与方法［M］．北京：北京大学出版社，2010.

［12］易开刚．现代营销策划学［M］．上海：上海财经大学出版社，2011.

［13］陈建中，吕波．营销策划文案写作指要［M］．北京：中国经济出版社，2011.

# 第13章 营销策划的实施与控制

## 学习目标

通过本章的学习，熟悉营销策划实施的整个过程，理解实施过程中的关键性问题，了解进行营销策划控制的必要性，熟悉控制的几种类型以及各类型的用途，掌握策划评估的方法，能够利用一般评估方法对策划案进行简单的评估。

# 13.1 营销策划的实施

在策划案形成并成功提案后，就要将策划案付诸实施，使其达到我们预想的效果。在实施的过程中，为了使结果与事先预想不至于偏离或偏离过大，就需要在这个过程中对营销活动持续地进行控制。对策划活动的领导者来说，能否让策划书中的各项措施落到实处，能否让策划者的意图得到真正的体现，将直接影响策划活动的效果以及策划目标的实现。

## 13.1.1 实施前的主要工作

策划的实施若要进展顺利，首先就必须在策划实施前做好充分的准备，避免打无准备之仗。策划是一项相当复杂的工作，要想使策划顺利进行并达到预期效果，实施者不仅要面对动态环境的变化，还要接受来自各种不确定因素的挑战。

**1）宣传造势**

在营销策划方案实施前和实施过程中，企业要注意进行对外宣传造势，这样能够扩大影响，有助于提升企业形象，改善公共关系。

不同的营销策划方案所要解决的问题不同，根据策划方案的目的进行各具特色的宣传造势，有利于处理好外部关系，促进策划方案的顺利实施。对于产品品牌的策划，宣传造势有利于品牌力的提升；对于价格策划，宣传造势有利于突出产品的市场定位；对于顾客满意策划，宣传造势有利于体现企业为顾客着想的形象。

营销策划的宣传展现了企业为提高自身的经营管理水平而作出的努力，对于塑造企业良好的形象、提升企业的知名度和美誉度有促进作用，从而能够改善企业的公共关系。当然，企业形象是日积月累形成的，并非通过一时的宣传就能树立起来。而且，如果宣传的内容与实际不符，言过其实，反而会造成相反的效果。因此，策划宣传对于企业形象的作用是双方面的，应注意适度把握。

**2）落实执行组织和人员**

执行组织和人员的落实，要围绕策划方案和具体的行动计划来进行。首先，要根据行动计划明确承担执行策划方案的机构，并组编、调配各层级组织及设立相应的领导班子，然后，在此基础上划定每个职位的职责、权限以及与其他相邻组织间的关系。同时，要制定相应的规章、制度，并明确注意事项等。

落实策划方案的执行组织和人员，比较关键的一点是要使每个执行组织和人员的分工和责任明确，从而使每个执行者能够各司其职，各负其责，使策划案的各项措施都能落到实处。其实，这也正是组织落实的目的所在。组织落实的目的就是要以最合理的组织安排和人员调配来保证策划方案执行活动所需的各项资源得到有机整合，充分发挥各项资源的效用，以保证策划活动的顺利实施。

**3）物资筹办**

物资筹办工作主要是由两部分内容构成的：一是物资的筹措；二是对物资进行

部署。物资筹措与物资部署之间既有联系又有区别，在进行物资筹办过程中要注意区分和把握。物资筹措，主要是对有形物资进行筹集。这些有形物资既包括用于各项开支的资金，也包括实施各项活动所必需的资料、设备和工具等。而物资部署，则主要是对筹集到的各种有形物资按编制预算进行最佳分配和调拨。

一般来讲，进行物资筹办，要设立专门的机构并由专人来负责物资的管理和调配，以杜绝物资流失与浪费情况的发生。

**4）人员培训**

策划方案的实施，归根结底是要由具体的操作人员来执行的。操作人员的素质、能力以及对方案的理解程度，都影响实施工作的顺利进行。因此，在正式实施方案之前，对操作人员进行培训就显得十分重要。

由于策划活动的内容、复杂程度不同，策划的侧重点以及实施人员具备的素质和能力不同，培训的内容也不尽相同。一般情况下，培训的内容主要包括策划的意图、策划的目标、实施内容、实施步骤以及实施的要领和注意事项等。培训的目的在于使实施者能够了解或熟练掌握它们，从而为更好地实施策划方案创造有利条件。

另外，在进行具体培训的过程中，关于方案的目标、意义及要求部分的内容，既可以由策划者来讲解，也可以由企业或单位的领导人来讲解，而对于具体操作和实施部分的内容，则应由相关的技术人员来说明。

总之，培训的目的就是要使每一个实施人员对策划实施工作都能有比较清晰的了解和认识。只有对这种认识更清楚、理解更深刻时，策划实施工作才更易于成功。

**5）思想动员和部门间协调**

思想决定行动的方向，协调能使工作人员之间更易交流，因此在策划方案实施前，进行思想动员和部门间协调也是非常必要的。虽然两者措施不同，但两者的目的是一样的，即为策划案的顺利实施统一步调，扫除障碍。

（1）思想动员，解决思想认识问题。思想动员，主要是通过对策划方案广泛而深刻地宣传和讲解，为策划活动的实施争取更多人的理解、支持与协作。它解决的是实施者思想上和认识上的问题。积极进行思想动员，一方面能有效调动实施者的工作热情，另一方面也能通过统一思想，为策划的实施创造出更为强大的推进力量。

（2）有效协调，化解部门间冲突。策划方案的实施，需要组织中各个部门的相互配合与协作，而不仅仅是策划部门或具体操作部门的事。部门间冲突对策划方案的实施来说是很不利的，在极端的情况下甚至会导致策划方案根本无法推行。因此，通过采取有效措施化解部门间的冲突是很有必要的。这就需要企业或组织的领导出面，对各个相关部门提出具体要求或进行协调，避免在实施过程中出现不协调的现象。

## 13.1.2　实施的主要步骤

营销策划方案的具体实施大体可以分为三个步骤：模拟实施、正式实施、过程考核。

1）模拟实施

营销策划方案的模拟实施是在正式实施前对真实场景的“模拟”。当然，这种模拟与模拟演练中的真实模拟也有一定的区别，它既可以依靠形象思维将策划方案在大脑中进行“彩排”，也可以是策划方案在小范围内的尝试性执行和实施。

营销策划案的模拟实施，首先，需要实施者熟悉策划案实施的整个流程和步骤；其次，找出实施过程中的关键环节并给予足够重视；最后，实施模拟时，还要尽可能地去发现实施过程中可能会遇到的各种问题，从而做好预防，为正式实施做好准备。

2）正式实施

正式实施，其实就是按照流程全面落实策划方案的各个部分。这是整个策划方案实施工作中最为核心的部分。营销策划案的正式实施不仅直接关系到策划目标能否实现，同时也是检验策划方案成效的一个重要标准。

要想让策划方案顺利实施，首先，策划活动的组织者要明确方案执行过程中各执行人员的分工和责任，将策划方案的各项措施落实到人；其次，在实施过程中要以策划方案为依据，并严格执行；再次，要对实际支出和工作进度进行有效控制；最后，对策划实施过程中出现的偏差和遇到的问题要及时反馈，并进行调整。

3）过程考核

过程考核对于营销策划案的实施来说也是十分必要的。通过过程考核，策划者和实施者可以及时掌握策划案的实施情况，从而实现对方案实施进度与实施效果的及时控制。做好过程考核，是策划者真实意图得到贯彻执行的有效保证。

一般情况下，过程考核的内容主要包括实施费用与支出的情况、实施进度、实施效果以及实施者的态度等。而对于考核时间的安排，则比较灵活，既可以定期评估，也可以随机抽查。另外，就考核方法与方式的选择来说，则更是灵活多样，策划工作的负责人可以根据具体情况灵活掌握。

## 13.1.3　实施过程中的关键

在营销策划案实施的过程中，我们要对实施的全过程进行掌控，以合理安排实施进程。但在这一过程中并不是说一定要完全按照方案来执行，也不是要单一部门付诸实施，而是既要全面考虑，又要抓住关键。一般认为，营销策划实施过程中要注意以下三点：

#### 1）强制性与灵活性相结合

在策划案的实施过程中，对实施工作强制性与灵活性的要求都是必不可少的。强制性原则，要求方案的实施必须严格按计划执行，不得随意变更；灵活性原则，则要求实施过程应依据环境及情况的变化而变化，不能拘泥于原有计划或方案的规定。虽然它们强调的内容正好相反，但它们在策划实施过程中的作用却是同等重要的。只有把强制性要求与灵活性要求结合在一起，使实施的过程既有强制性又富有灵活性，才能使策划案的实施顺利进行，保证策划目标圆满实现。

#### 2）做好沟通与协作

沟通与协作对于策划案的实施来说是相当重要的。沟通能保持信息通畅，实现部门间的相互理解与支持；协作能使效率提高，保证策划项目顺利完成。

策划案实施中必须强调沟通与协作，主要可以从以下方面说明：首先，在营销策划的实施过程中，策划者又是实施者的情况并不多。因此，要想使策划者的真实意图不在实施过程中走样，策划者与实施者之间必须保持良好的沟通。另外，策划案的实施既要由策划部门和操作部门来完成，也需要得到相关部门的理解、支持与配合。所以，做好部门与部门间的沟通与协作也是非常重要的。

#### 3）掌握实施的进度与效果

进度与效果是衡量策划实施工作成效的两个重要指标。进度反映的是计划任务进展的快慢情况；效果则反映的是计划任务完成的质量情况。

对于策划案的实施工作来讲，既要注意进度，又要注重效果。有进度无效果或有效果不能保证进度，都不能达到策划方案实施的要求。只有在计划的时间内实现了预定的目标，实施工作才算成功。要使实施工作既有进度又有效果，除了要求实施者严格执行计划外，企业还可设专人来监督和推进。另外，组织中良好的沟通环境也能为实施工作的顺利进行提供保证。

策划方案实施人员的执行力也是实施过程的关键，再优秀的策划案如果没有得到严谨、认真的执行也会落空或使效果打折扣。近年来，关于执行力的探讨成为国内外企业界的热点话题，补充阅读13-1通过一本畅销书来介绍如何提高执行力。

**补充阅读13-1**

**提高执行力的24原则**

科林·鲍威尔，美国前国务卿，一位平民出身的实干派领导人，他的领导艺术和领导风格在企业界已经被奉为高亲和度和高执行力的典范。《提高执行力的24原则》是一本关于执行力的国际畅销书，其作者以简明、实用的风格揭示了深藏于科林·鲍威尔决策习惯、成功战略与领导哲学背后的秘诀，并将其转化为24条简明易行的原则。

这24条原则是：①鼓励观点碰撞；②随时准备得罪人；③建立信任；④言行一致；⑤选择合适的人才；⑥倾听；⑦注意细节；⑧打破常规；⑨克制自我意识；⑩让变革带动增长；⑪寻求共识；⑫不要墨守成规；⑬简明扼要；⑭让形势决定战略；⑮做“第一个吃螃蟹的人”；⑯逼近敌人；⑰视下属为伙伴；⑱敢于挑战权威；⑲不要倚仗组织机构表和头衔；⑳相信同一个战壕里的人；㉑永远保持乐观；㉒从领导工作中享受快乐；㉓寻求平衡；㉔为孤独做好准备。

# 13.2 营销策划的控制与评估

营销策划工作不能没有控制，离开了有效的控制，策划目标将很难实现；策划工作也不能离开评估，离开了准确的评估，就不知道策划实施的好坏。要使策划工作顺利、有效地进行，策划活动的组织者就必须重视并做好控制和评估工作。

## 13.2.1 实施控制与评估的必要性

营销策划是一项系统而复杂的工作，从策划的立案、开发，到提案、实施，不仅环节众多，涉及内容、范围广，而且需要大量的配合与协作。环节众多与过程的复杂性，不仅大大增加了策划工作中的不确定因素，而且也使策划活动变得相当“脆弱”，极易出现失误或偏差，尤其是策划的实施，更易遭受来自环境变化所引发的冲击而出现问题。当这些失误、偏差和问题积累到一定程度时，就会严重阻碍策划活动的进行。因此，及时发现、纠正与解决这些失误、偏差和问题，就显得非常重要。这也正是策划活动需要做好控制工作的原因所在。正是因为有了控制，策划活动中的失误、偏差和问题才能被及时有效地纠正、解决；也正是因为有了控制，策划活动才能更好地沿着正确的方向顺利进行。可以说，没有良好的控制，就不可能有策划活动的成功，控制是营销策划成功的保障。

**小案例 13-1**

**巴黎世家：营销策略失误 “土味营销”过度玩梗**

临近七夕，各大奢侈品牌又开始了新一轮的营销“争奇斗艳”，展现品牌风格，然而存在感最强的莫过于近期广告翻车的巴黎世家了。

8月10日晚，巴黎世家发布了七夕限定沙漏包系列，包上用粗犷的字体印着中文三个大字“我爱你”“我爱我”“他爱我”“你爱我”，看着这种简单粗暴的文案不禁让人怀念起杀马特的非主流时代，却毫无设计美感可言。而其广告带有一股浓浓的城乡接合部影楼风，配色大粉大蓝，还有星星在闪动，文案也是土到掉渣。

网友也开始纷纷质疑巴黎世家的审美，认为巴黎世家这次的七夕限定敷衍至极；还有网友表示欣赏不了，这不像七夕限定，倒像喜欢一个人不小心走火入魔的疯婆子，给满世界的大墙上喷漆“我爱×××”；还有网友大喊救命，表示分不出巴黎世家和Gucci哪个更土了。

巴黎世家的“土味营销”引起热议，其忽略了奢侈品品牌营销很重要的一点就是“为消费者造梦”，让消费者在什么场景中想起品牌十分关键。这不同于购物渠道，原来我们说奢侈品品牌变得接地气，大多数期望的是在更年轻化的媒体上出现，或者可能是在更多的渠道可以购买，而不是永远摆在玻璃柜里。但消费者并不会期望奢侈品的场景是满是灰尘的快递盒。众多大牌奢侈品不适合“土味营销”，不仅不能靠这种营销手段吸引流量，还可能损失品牌在消费者心中的高端形象。

营销策划的评估，一般指的就是在策划实施工作结束后对策划案的实现情况以及实施结果进行评定与分析。然而，正是由于评估是在实施工作结束之后进行的，是评定结果而不是产生结果，因此评估常常被错误地看作一项可有可无的工作。

评估并不是可有可无的，它对整个策划活动来说有着极其重要的作用和意义。首先，评估是对策划工作进行评定与总结的过程，只有通过对策划结果、实施过程、操作手段等内容进行认真评估，才能有效判定策划工作的成绩和找出策划工作中的不足。其次，评估也是对策划活动进行反思，总结经验和教训的过程，正是因为有了评估，策划者才能不断积累策划经验，提高策划水平。另外，有效的评估工作，还是组织奖惩能够顺利进行的必要前提，假如没有对策划活动的评估，组织奖惩将失去有效的依据。因此，策划实施活动的结束并不代表整个策划工作的结束，策划工作者还要认真做好策划评估工作。

## 13.2.2 营销策划控制的类型

市场营销策划控制可分为四种主要类型，即年度计划控制、盈利能力控制、效率控制和营销战略策划控制（见表13-1）。

表13-1 市场营销策划控制的主要类型

| 控制类型 | 主要职能部门 | 控制目的 | 研究方法 |
| --- | --- | --- | --- |
| 年度计划控制 | 高层管理部门<br>中层管理部门 | 检查计划目标与效益是否实现 | 销售分析、市场占有份额分析、销售收入与费用支出之比 |
| 盈利能力控制 | 市场营销<br>控制主管 | 检查企业的盈亏状况 | 盈利分析、产品地区顾客群分销渠道订货规模 |
| 效率控制 | 市场营销<br>管理部门<br>控制主管 | 评价和提高市场营销费用的效果及效率 | 效率分析，销售队伍、广告促销与分销 |
| 营销战略策划控制 | 高层管理部门<br>市场营销<br>审计人员 | 是否正在寻找市场、产品渠道的最佳机会 | 市场营销效果<br>市场营销审计 |

**1）年度计划控制**

年度计划控制包括对当前市场营销努力和策划效果的监控，以保证实现年度销售目标与利润目标。主要方法有销售分析、市场占有率分析、市场营销费用与销售额对比分析、财务分析和顾客满意度跟踪分析。若检查出有不良的绩效，企业可采取纠正措施，包括削减产量、调整价格、增加销售人员压力和削减福利经费等。

年度计划控制的目的是保证企业达到在年度计划内制定的销售利润目标和其他目标。年度计划控制的核心是目标管理。年度计划控制系统包括四个主要步骤：

（1）制定目标。管理部门制定月度、季度目标。

（2）绩效测定。管理部门对市场营销的绩效进行监控。

（3）因果分析。管理部门找出造成严重绩效偏差的原因。

（4）校正行动。管理部门必须采取正确的行动来缩小目标和实际之间的差距，这就需要采取最佳的改正措施，改变行动方案甚至改变目标。

### 2）盈利能力控制

盈利能力控制是在关键性盈利指标的基础上评估组织的进展和业绩。不同的组织使用的衡量标准也不相同，但是通常都包含如下指标：投资回报、资产回报、所有者权益回报和其他回报指标，以及边际贡献、总的和净的边际利润。通过比较一段时间内的利润结果，营销人员可以发现重要的优势和劣势，并且尽早发现问题和机遇（参见小案例13-2）。

**小案例13-2**

**被收购的诺基亚**

2013年9月5日上午，微软和诺基亚官方宣布，微软将收购诺基亚设备与服务业务，即手机业务部门，交易数额是71.7亿美元。作为曾经的全球最大手机制造商，却落得被其他企业收购的境地，看起来确实有点让人痛心。但是，站在市场的角度分析，这似乎是其营销战略失败的必然结果。

营销战略的失误必然导致一个企业帝国的轰塌。诺基亚在智能机领域的反应一向为人所诟病，从对安卓的不屑一顾、坚守古老的塞班阵营到突然放弃塞班转而投向Windows Phone的怀抱。在营销战略方向出现偏差的时候，诺基亚错在没能及时正确地对自身的战略策划进行调整和调控，由此造成其市场份额不断下滑，没能如前CEO埃洛普预想的那样咸鱼翻身，反而走向了黑不见底的深渊。营销战略需要企业在动态环境中不断地调整和控制，对于智能机的开发不足、难以适应市场的变化是诺基亚被收购的重要原因。诺基亚缺乏危机意识和长远目光，对竞争对手估计不足，陶醉于曾经的独步天下，那么等待它的只能是被并购和重组。

### 3）效率控制

效率控制是采取提高效率的方式来管理销售人员、广告、销售促进及分销。企业决策者必须关注能反映这些营销活动效率的主要指标。例如：在对销售人员进行效率控制时，要考虑销售人员的每天访问次数、访问时间、访问的平均收益及平均成本等；进行广告效率控制时，要统计不同媒体类型的广告成本、顾客对媒体工具的关注度、顾客对广告内容和效果的意见及受广告刺激而引起的询问次数；进行促销效率控制时，要注意由于优惠而达成销售的百分比、每单位销售额的促销成本、赠券收回的百分比以及因示范而引起询问的次数；分销效率控制主要是对企业存货水平、仓库位置及运输方式进行分析和改进，以达到最佳配置并寻找最佳运输方式和途径。

### 4）营销战略策划控制

营销战略策划是企业根据既定的市场营销目标，在特定的环境中，按照总体的策划过程所拟订的可能采用的一系列行动方案。企业在进行营销战略策划控制时，可以运用市场营销审计这一工具。各个企业都有财务会计审核人员，可在一定期间客观地对审核的财务会计资源或事项进行考察、询问、检查、分析，最后根据所获得的数据，按照专业标准进行判断，得出结论，并提出报告。

### 13.2.3 营销策划控制的方法

**1）监督与检查**

所谓监督与检查，就是以方案的要求为依据，看操作者在实际操作时是否达到标准。这是一种非常有效的控制方法。在营销策划活动中做好监督与检查工作，一方面，能使策划活动的负责人或策划实施的组织者有效地掌握方案的实施情况和实施效果；另一方面，也有利于及时发现和解决策划方案实施过程中出现的问题。

对于营销策划活动来说，要做好监督和检查，首先，必须根据策划方案和执行计划的要求设立监督、检查的项目与标准，并广为传达和下发；其次，要制定严格的检查制度和工作标准，使检查工作有章可循；最后，要根据策划活动的具体情况，选用合适的检查方式与方法，并采取相应的检查措施。

做好监督和检查工作，关键是要运用好检查的方式和方法。两种常见的监督检查方式是定期检查和不定期检查。

定期检查，即检查按事先规定好的时间进行，如每周一次、每月一次等。定期检查能起到有效督促操作部门，增加操作部门发现和纠正工作中问题的主动性和自觉性等作用。但由于定期检查的时间、范围与内容是事先定好的，因此检查过程中应付检查或弄虚作假的情况常常无法避免。

不定期检查，即检查是在没有与检查对象事先约定的情况下进行的。由于没有事先约定，被检查者无法对检查的内容事先准备，因此其结果的可信性与真实性较强，有利于管理者对组织活动真实情况的把握。但也正因为没有事先约定，所以不定期检查也较易对检查对象的正常工作产生干扰。

这两种方法虽然各有优缺点，但都不失为有效的控制方法。利用好它们，能使策划活动顺利地进行。当然，要做好监督和检查工作，单靠一种监督检查方式是不够的，往往需要多种方式与方法的配合和灵活使用。例如，在对策划的实施情况进行检查时，将定期检查与不定期检查结合起来，既能起到督促实施者的作用，又能有效避免检查过程中的作假行为。

**2）利用反馈**

反馈是一个信息发送、回收与分析的过程，通过对回收信息的分析，控制系统就可以对再次发送的信息产生影响。策划活动中，利用反馈原理进行控制，也是一种不错的方法。

当策划活动开始后，方案的实施就是发送信息的行为。策划活动的控制者可以先通过一定手段和方式将策划实施过程中的各种情况收集上来，然后进行分析研究，再根据方案实施分析的结果和具体环境、条件的变化，对策划方案或实施过程进行调整，从而达到控制策划活动的目的。

对于营销策划活动来说，信息的反馈是相当重要的。有了反馈，才能有所调整；有了调整，才能实现控制。反馈应贯穿于策划工作的整个过程，即在策划前、策划中以及策划后都应该进行及时、全面的反馈。

（1）在策划方案确定前进行反馈。策划方案确定前，策划活动的组织者应组织有关领导或专家对策划案的完备性、可行性以及适用性进行充分讨论和评估，并在此基础上对策划案进行修正，以确定最佳的行动方案。在方案实施前进行反馈，能使策划案得到有效完善，从而为今后策划实施工作的顺利开展打下基础。

（2）在方案实施过程中进行反馈。方案实施的过程是复杂的，影响策划活动的因素也很多。即使策划方案制订得再完善，在执行过程中也难免出错，尤其是当环境动态性和不确定性程度较高时，实施过程出现偏差的可能性会更大。因此，在实施过程中，将方案的实施情况进行及时反馈，是策划活动能够顺利进行的必要条件。

（3）在策划活动结束后进行反馈。策划活动结束后进行反馈也是相当重要的。一方面，将策划实施的结果与原方案进行对比，能使策划者更有效地评估策划方案及策划工作；另一方面，通过对策划工作经验、教训的总结，有利于提高策划人员的策划水平。

企业在进行营销策划或营销活动时，虽有控制方案，但仍不能保证每次策划都能成功，当一个（或更多）原始方案被不可控制的环境因素打乱时，权变计划将成为引导组织实现目标的备选方案。关于权变计划书的制定可参见补充阅读13-2。

**补充阅读13-2**

**权变计划书制定要则**

权变计划书制定要则是指企业在制定权变计划书时必须要考虑的问题。权变计划书要则包括：

1.哪些环境、技术或竞争性突发事件及灾难可能严重扰乱组织的正常运转、设施或服务顾客的能力？

2.哪些具体的功能、系统和地点会遭受影响？

3.在发生紧急事件的时候要通知哪些内部的决策制定者？由谁首先发起通知？

4.组织可以做哪些高级的准备活动将突发事件的影响最小化？谁负责这些准备活动？需要哪些资源？

5.当突发事件发生后，为了恢复常态（或预定目标），组织要采取哪些步骤？以什么顺序？谁负责采取这些措施并且监控结果？

6.组织什么时候与顾客、投资者、雇员、媒体和其他利益关系人就突发事件进行沟通？以什么样的方式？指派谁作为组织的代言人？

### 13.2.4 策划评估的方法与注意事项

#### 1）策划评估的方法

做任何事情都要讲求方法，选取适当的方法对于做好策划评估工作也是非常重要的。策划评估的方法有很多，既有定性的，也有定量的。下面是几种比较常用的方法：

（1）综合评议法

在策划评估中，综合评议法是一种经常被用到的方法。该方法不仅操作简便，而且也有利于评估过程民主性的发挥。综合评议法主要由初评、综评构成，综合了专家评议、部门评议、个人评议等多种评议方式，因此，得出的评估结果一般也比较客观、全面。

综合评议法的步骤如下：首先，进行初步评定。由策划专家组成评议小组，对策划的结果及策划过程的各个环节进行评估，并给出专家组意见和评价。其次，策划活动的组织者、实施者及其他相关部门和人员也分别进行各自评估。最后，当初步评估完成后，将评议小组的结果与各部门及人员的意见搜集在一起，并按照各自的权重进行综合评估，得出最终评定结果。在实际评估过程中，不同评估者的意见在综合评估中的权重是可以调节的，从而达到、满足评估者不同的评估目的和评估需要。

（2）对照比较法

对照比较法是一种比较常用的评估方法。该方法的主要原理是：将策划的执行结果同原策划方案目标进行对照比较，从而判定和评价各项活动及目标的实现情况，并对原因进行探究和分析。

运用该方法，比较关键的一步是要确定对照比较的内容。一般情况下，对照比较的内容主要应包括以下几个方面：策划目标是否实现，实现的程度如何；实施工作是否按计划进行，调整的内容有哪些；操作手段是否合理；预算是否超支；预测是否准确。

（3）关键事件法

所谓关键事件法，即在评估过程中，评估者应将注意力集中在那些对活动有关键性影响或有关键意义的环节上，做好对关键事件的评定与分析。关键事件可以是对某个重要区域市场的开发，也可以是对某类品牌产品的市场推广，还可以是对企业形象、知名度等方面的塑造与提升。关键事件法也是一种非常有效的评估方法，它能使评估者在把握关键事件的基础上对评估对象有更深入的分析和认识。

除了这些方法外，在评估工作中经常用到的还有统计法、列表法等，在此就不一一列举了。在策划评估的工作中，具体要采用何种方法，评估者应根据具体情况灵活掌握。

**2）策划评估要注意的事项**

（1）评估过程要尽量客观全面

客观全面是对策划评估工作的基本要求。评估不仅是评定结果的过程，同时也是分析结果、总结经验教训的过程。如果这个过程不是建立在对客观情况实事求是与多角度全面分析基础上的话，评估结果的准确性和有效性将会大打折扣。另外，若没有对结果的正确分析与评价，教训总结与经验积累也就更无从谈起。

（2）定性与定量相结合

所谓定性，是指通过描述性的语言或文字对事物的特征进行阐释，而定量则是利用数据分析、模型、图表等对事物的规律进行说明。虽说两种方法各有各的优点，但也存在着各自的不足。在营销策划评估中，仅仅从定性上来评价和总结，不免会让人感到过于笼统，而仅仅从定量上来说明，又较易使人的视野被数字所局限。因此，有必要将定性方法与定量方法结合运用。这样不仅能弥补其各自的不足，而且能使评估的结果更加准确、深刻。

（3）评估结果要及时反馈

只有将评估结果进行反馈，策划工作者们才能对策划活动的效果有所了解，才能在成功与失败中汲取经验和教训，同时，使策划工作得到改进和提高，策划评估的意义才能真正得到体现。可见，对于策划评估工作来说，评估结果的反馈也是十分关键的一环，必须做好。

## 策划案例与文案

### “完美日记”的定制化服务战略

伴随互联网时代的到来，几乎所有的行业都面临洗牌。有人曾说过，未来的世界由数据驱动，商业模式将从B2C转为C2B，用户改变企业，企业的转型必然要以用户为中心。完美日记作为过去三年里中国美妆市场备受瞩目的明星品牌，在热度居高不下的情况下仍然精益求精，认真分析市场形势，于2020年6月推出了以定制化服务为主打的子品牌“完子心选（Abby's choice）”。Abby's choice是完美日记母公司（逸仙电商）推出的新品牌。“完子心选”定位C2M美妆时尚品牌，品牌英文名以第一位加入“完子”团队资深美妆顾问Abby名字命名。Abby's choice天猫旗舰店已于几天前正式上线，目前粉丝数近千人。

图片来源 完美日记官网。

完子心选并不是按照传统的“护肤线”“彩妆线”分类来考虑产品开发的。完美日记在未来的一段时间内，产品开发重心依然是围绕彩妆以及能满足由此而延伸出去的用户需求的产品。完子心选的产品线将涵盖护肤、彩妆、美容仪器、个人护理、饰品、美瞳品类，不仅仅是一个护肤品牌。完子心选与完美日记两个品牌在目标用户、品类、风格上将会有所区分。

完子心选的研发思路是“与粉丝共创”。其主推爆款产品“神仙小奶瓶”（见图7-1）保湿水就是收集了百万粉丝需求后开发出的第一款产品。目前，神仙小奶瓶已在小红书等平台以及品牌私域流量群里多有预热。同样以粉丝需求倒推产品研发的，还有完美日记2019年8月推出的“红蓝Buff安瓶”，解决皮肤状态不佳导致卡粉、卸妆后皮肤屏障受损的痛点。由此可见，完子心选将实现用户驱动生产的反向生产模式，生产出满足用户需求的工业定制化产品。完子日记也将深入完美日记没有涉及的垂直市场。逸仙电商已进入全渠道扩张阶段。完子心选的C2M模式也是逸仙布局中的重要一环，既可以更好地了解用户需求，生产出定制化产品，也可以极大增强品牌与用户的互动性和亲和力。用户黏性也会得到很大提升。

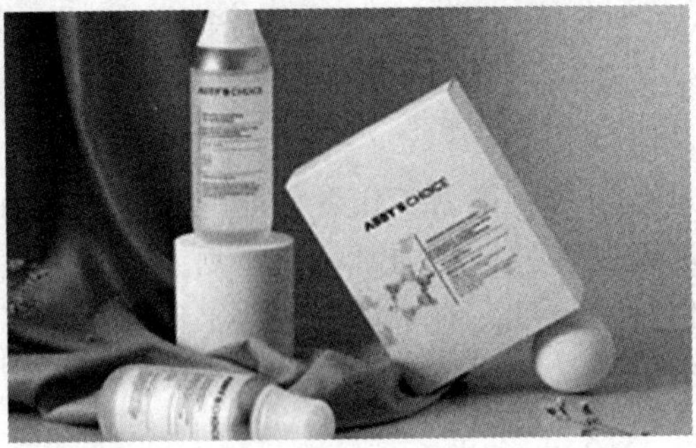


图13-1 神仙小奶瓶

CIC报告显示，2019—2025年，中国美妆市场规模预计增长299亿美元，约占到全球美妆市场的60%。更重要的是，中国拥有全球最大的千禧一代消费人群，截至2019年12月31日，中国有2.315亿千禧一代，按照2019年零售额计算，这些人的美妆产品消费量约占中国美妆产品总消费量的58.5%，是中国美妆市场的主力消费人群。针对这群互联网原住民，逸仙电商的互联网思维打法可以快速地孵化出一批满足他们需求的产品和品牌，这才是它给资本市场的真正想象空间。完美日记在快速打响品牌知名度、培养用户心智的同时，也获得了资本市场的青睐，3年完成5轮融资，估值也随之水涨船高，达40亿美元，是国内一级市场中估值涨幅最大的独角兽。

资料来源 佚名. 完美日记公司新品牌完子心选，定制化服务实现全布局战略［EB/OL］.［2020-03-12］. https：//socialone.com.cn/abby-choice-brand-c2m-2020/.

**案例思考题：**

1. 与传统美妆企业相比，完美日记的营销策划有什么创新点？
2. 完美日记是如何进行营销策划、实施的？

## 策划实战

中国一线城市国际化妆品品牌数量剧增，竞争日趋激烈。资生堂作为早来者，并没有取得令人满意的成绩。资生堂确立了以一线市场百货商场专柜为主的渠道模式，并提出了“高品质、高服务、高形象”的“三高”营销策略，在之后相当长的一段时间内，资生堂取得了很大的成功，但其销售额与宝洁、欧莱雅还有很大差距，显然，现有的专柜渠道无法让资生堂在短期内赶上竞争对手。资生堂一面继续实施“三高”营销策略，一面纠结于是否放低身段进入二三线市场。资生堂在战略方向上的犹豫不决，不仅贻误了战机，将庞大的市场拱手相让，而且一线产品与二线产品的定位混淆使资生堂品牌价值弱化，引起消费者的误解而导致营业额下滑。

面对品牌定位模糊化、管理体制混乱化、产品美誉度下降的局面，你认为资生堂在拓展市场业务时应采取什么措施？如果你是资生堂公司市场经理，能否制订一个营销策划方案及控制方案以避免这种情况出现？

## 本章小结

策划是一项相当复杂的工作，实施前需要做许多准备工作，一般包括：宣传造势、落实执行组织和人员、物资筹办、人员培训、思想动员和部门间协调。

营销策划方案的具体实施大体可以分为三个步骤：模拟实施、正式实施以及过程考核。

营销策划实施过程中要注意：强制性与灵活性相结合，做好沟通与协作，掌握实施的进度与效果。

市场营销策划控制可分为年度计划控制、盈利能力控制、效率控制和营销战略策划控制四种主要类型。

策划评估的方法主要有综合评议法、对照比较法、关键事件法等。

在营销策划评估过程中要注意：评估过程要尽量客观全面；定性与定量相结合；评估结果要及时反馈。

## 参考文献

[1] 黄聚河．营销策划——理论与实务［M］．北京：清华大学出版社，2013.

[2] 曹洪福．当品牌遇到策划［M］．北京：中国财富出版社，2013.

[3] 孟韬，毕克贵．营销策划方法、技巧与文案［M］．北京：机械工业出版社，2021.

[4] 赫宾．营销计划手册［M］．周鹏，高学会，译．北京：中国财政经济出版社，2005.

[5] 王杜春．市场营销学［M］．北京：机械工业出版社，2012.

[6] 科恩．营销策划［M］．刘宝成，译．北京：中国人民大学出版社，2007.

[7] 陈惠雄．市场营销案例集［M］．杭州：浙江大学出版社，2014.

[8] 庄贵军．营销管理［M］．北京：中国人民大学出版社，2018.